한·중·일 밥상문화

한·중·일 밥상문화

文化

김경은 지음

이가서
Leegaseo publishing

머리말

음식은 인류의 삶을 응축하고 있다. 인류학자 마빈 해리스는 "수많은 먹을거리 중 먹어도 좋은 것으로 분류해놓은 사회적 기준의 근거가 주어진 자연환경의 제약 조건 속에서 최대다수 인간의 생존에 가장 효율적이고 합리적인 조절의 결과"라고 간파했다. 해리스가 말한 '합리적인 조절'이란 특정 사회집단이 제한된 환경에서 최적의 먹을거리 조건을 맞춰가는 일련의 과정을 뜻한다. 즉, 음식문화를 만들어가는 경로이다.

각 나라의 다양한 음식은 사회구성원들에게 대대로 전승됨으로써 문화적 형태를 갖추게 된다. 굳이 사회학자 캐럴 M. 코니한의 말을 빌리지 않더라도 형성된 음식문화에는 특정 사회집단의 의식구조와 생활방식 및 행동양식이 함축되어 있다. 각 나라의 기호식품이나 대표적 음식을 살펴보면 문화의 차이를 이해할 수 있는 것도 이 때문이다.

한·중·일 동양 3국의 문화는 '쌀'이라는 동일한 문화의 뿌리를 갖고 있다. 문화의 원류를 공유하고 있는 것이다. 그래서 밀을 주식으로 하는 서양보다 동질성이 훨씬 강한 편이다. 그렇다고 '쌀 문화'라는 하나의 가마니로 묶기에는 이질적인 부분이 너무 많다. 쌀에서 파생된 세부 음식을 보면 '같은 뿌리 속의 음식문화일까?'라는 의문이 드는 부분도 적지 않다. 그것이 바로 문화의 상대성이다. 문화 속에 비밀이 숨어 있는 것이다. 문화의 상대성은 환경에 최대한 적응하려는 합리적인 과정에서 비롯된다.

같은 쌀 문화권이라 하더라도 나라마다 먹는 쌀이 다르다. 밥의 원료가 다르니 밥을 짓는 방법도 다르고 부식도 달라진다. 예를 들어, 한국에선 비빔밥이 발달한 반면 중국에선 볶음밥이, 일본에선 스시가 발달했다. 한국인은 자연스럽게 밥 짓는 과정에서 만들어진 누룽지를 즐기지만 중국인은 누룽지 요리를 조리하기 위해 일부러 누룽지를 만든다. 부식의 경우도 마찬가지다. 한국에선 콩으로 만든 장이 조미의 핵심이라면 중국은 고기를 삭힌 고기장이 조미의 대세를 이룬다. 중국은 생선보다는 고기를 선택하는 반면 일본은 고기보다는 생선을 좋아한다. 일본은 한국의 청국장과 유사한 낫토가 장의 대명사로 통한다. 한국에선 콩나물을 즐겨 먹지만 일본과 중국에선 숙주나물을 주로 먹는다. 이렇듯 일일이 예를 들 수 없을 정도로 많은 차이가 난다.

그럼에도 어느 분야보다 문화적 상대성을 파악하기 쉬운 부분이 음식이다. 음식문화는 다른 어떤 문화보다 독자성과 고유성을 유지하려는 보수적 경향이 강하다. 그러다 보니 상호배타적이다. 일제강점기를 지나 미군정이라는 급격한 외래문화의 유입 과정을 겪으면서도 우리의 전통적 음식문화의 골간은 크게 변화하지 않았다. 의식주를 놓고 보자면, 고유한 주거 양식은 거의 찾아보기 어렵고 한복은 행사용 의복으로 전락했다. 하지만 전통 음식만큼은 고스란히 남아 있다. 문화적 원형질을 그대로 유지하고 있는 것은 음식뿐이라고 해도 지나치지 않다.

왜 그럴까. 새로운 음식을 대하는 어린아이들의 태도를 보면 쉽게 알 수 있다. 어린아이들은 새로운 음식에 대한 호기심보다는 두려움이 훨씬 크다는 것을 곧 알아차리게 될 것이다. 습관화되지 않은 음식에 거부감을 드러내는 것이다.

"네가 무엇을 어떻게 먹는지를 말해주면 네가 누구인지 알 수 있다"는 서양 속담이 있다. 음식은 인간의 본질, 즉 문화적 유전자와 관련이 있다는 의미이다. 이것은 단지 개인의 취향에 국한되지 않는다. 민족과 국가에도 적용된다.

한·중·일 3국은 가깝고도 먼 나라로 일컬어진다. 수천 년 전부터 3국은 공존과 대립을 반복해왔다. 지리적 여건상 자연스럽게 서로 영향을 주고받으면서 한편으로는 자연적 풍토와 민족적 특성 차이로 독자적인 음식문화를 발전시켜나갔다. 같은 한자문화권에 있으면서도 그 쓰임과 음이 다르듯, 각기 다른 풍토와 민족성 차이로 3국은 저마다의 독특한 음식문화를 갖게 되었다. 고유성과 독창성이 가장 뚜렷한 음식문화는 동양 3국의 문화의 상이성과 유사성을 비교하는 데 유용한 도구가 될 수 있다.

한·중·일 3국의 음식문화 비교를 통해 본질적으로 상생과 발전에 도움이 되는 지역공동체를 만들어가는 데 티끌만큼이라도 보탬이 되었으면 하는 바람으로 이 책을 쓰기 시작했다. 문화 비교는 역사, 사회에 국한된 문제가 아니다. 각 시대 사회구성원의 의식구조와 행동양식까지 들여다봐야 하는 방대한 작업이다. 필자는 그런 작업을 하기에는 지식이나 역량이 크게 부족하다. 이 책을 마무리 짓는 순간에도 3국의 음식문화를 관통하고 지배하는 정신이 무엇인지 여전히 규정할 수 없다.

본래 의도하고 계획했던 것과는 달리 턱없이 부족한 책을 내놓게 되어 부끄러울 따름이다. 그래도 식구들이 옹기종기 모인 식탁에서, 직장 동료들이 둘러앉은 식당의 한 좌석에서, 혹은 다른 나라의 사업 파트너를 만난 자리에서 이야깃거리라도 된다면 그것만으로도 필자는 대만족이다.

이 책을 쓰는 데 여러모로 도움을 준 황태순 위즈덤센터 수석연구위원과 이숙경 씨, 그리고 임상빈 중앙대 교수, 《조세이지신(女性自身)》 히데미 특파원, 박종평 역사비평가, 하태복 이가서출판사 대표에게 진심으로 감사를 드린다.

끝으로 늘 부족한 것을 채워주고 용기를 복돋우며 격려를 잊지 않은 아내 정진진과 지금까지 반듯이 자란 두 딸 보름이와 소윤이에게도 사랑을 전한다.

2012년 10월 마지막 날
김경은

차례

머리말 · 4

1장 밥 짓는 문화

1. 벼 문화의 총체, 한·중·일 밥상의 세계

밥 한 그릇에 담긴 국민 개성 ··· 17
한 톨의 벼 낟알에서 우주를 보는 한국인 ··························· 19
쌀과 벚꽃이 상징적으로 결합된 일본 정신 ······················· 22
3국 쌀 문화의 갈래를 찾아서 ··· 24
밥상과 일생을 함께 하는 한국인 ··· 27
어울림이 응축된 중국의 원형식탁 ······································· 30
개인주의와 통일성이 충돌하는 일본의 밥상 ····················· 33

2. 3국 3색의 식탁 도우미

공동체의식이 담긴 가마솥 ··· 37
밥알을 서게 만드는 가마솥 ··· 39
음식문화를 풍부하게 만든 젓가락 ······································· 41
3국의 젓가락 문화 ··· 43
중국과 일본에도 젓가락 장단이 있을까? ··························· 45
몸과 조상이 되는 젓가락 ··· 46

3. 그릇으로 본 3국의 음식문화

동일한 모양과 무늬로 정갈한 맛을 돋우는 한국의 그릇 ·········· 50
멋을 맛으로 승화시킨 일본의 그릇 ····································· 53
전통과 역사를 중시하는 중국의 그릇 ································· 54

2장 3국의 밥상정치학

1. 계급음식과 음식으로 본 계급

권력자의 식욕이 문화가 되다 ·········· 59

음식과 정치의 함수관계 ·········· 61

2. 밥상 정치-위민정신

왕의 식사는 하나의 통치술 ·········· 65

왕도 간장만으로 식사를 했다 ·········· 69

3. 만한취안시-관용과 포용의 정치

만한취안시는 공자의 밥상에서 유래되었다? ·········· 72

만한취안시는 통합정치의 정수 ·········· 75

4. 가이세키 요리-도(道)의 실현

도요토미의 사인은 영양 불균형? ·········· 78

절식을 통해 통치의 절도를 보인 쇼군 ·········· 80

다도 문화가 밴 가이세키 요리 ·········· 82

5. 조선시대 왕은 무엇을 먹었을까

왕은 하루에 다섯 끼를 먹었다? ·········· 85

이에는 이, 눈에는 눈 ·········· 88

왕의 선택, 자신의 건강과 백성에 대한 사랑 ·········· 91

목욕은 청결보다는 치료 목적 ·········· 93

왕도 직업병에 시달렸다 ·········· 95

소식한 왕들이 장수 ·········· 96

6. 청나라 황제는 무엇을 먹었을까

다양한 음식문화가 총집결된 황제의 식단 ·················· 99
황제는 한 음식을 세 번 이상 먹을 수 없다 ··············· 102
불로장생의 꿈을 구현하려 했던 서태후의 밥상 ·········· 104

3장 추억도 살리고 건강도 챙기는 음식

1. 3국의 합창의 음식

종합건강식으로 다시 태어난 비빔밥 ······················· 111
돌솥비빔밥과 유사한 다키코미고한 ························· 116
차오판은 금가루를 뿌린 밥? ································· 118

2. 김밥과 스시, 국적 공방의 승부를 가린다

김밥 천지의 나라, 한국 ····································· 121
김밥은 즉석식품, 스시는 보존식품 ·························· 125
사무라이 정신이 발현된 스시 ······························ 128

3. 씹을수록 추억과 역사가 보이는 누룽지

'누룽지 약' 한 사발 드시지요 ······························· 131
누룽지로 도쿄를 폭격한 중국 ······························ 133

4. 입이 아니라 몸이 원하는 빈대떡

빈자의 떡, 빈대떡 ·· 136
부의 재분배 수단이 된 부침개 ······························ 139
라이빙은 복날 음식 ··· 141
애절한 향수에 젖게 하는 오코노미야키 ····················· 143

5. 추억 속의 짜장면

중국 노동자의 애환이 전이된 짜장면 ······················· 145
여름철 별미 음식 짜장미엔 ·································· 148
악화가 양화를 구축한 '검은색 국수' ························· 150

6. 동양 3국의 합작품, 잠뽕

짬뽕의 고향을 알려주세요 ·· 152
짬뽕을 초마면이라고 부르라고? ·· 155

4장 3국의 DNA 음식

1. 자연과 인체를 조화롭게 만드는 김치

발효 음식의 대명사가 된 김치 ··· 161
김치의 재료는 채소의 왕과 제후들 ···································· 162
김칫독은 초현대적 발효 실험기기 ····································· 165
김치는 파오차이의 표절 음식? ·· 168
일본이 재창조한 기무치는 겉절이 ····································· 172
중화된 일본 고유의 발효 식품, 오싱코 ······························ 174

2. 고추에 눈을 뜨다

독한 인종이네, 통고추를 고추장에 찍어 먹게! ··················· 177
고추를 먹으면 엔도르핀이 돈다 ·· 181
마오쩌둥은 고추로 공산혁명을 이루었다 ··························· 183
고추장 단지와 곳간 열쇠의 위력 ······································· 187
고추장은 진상품이었다? ·· 189

3. 대두 음식문화의 분화

상속된 발효의 지적재산권은 3국이 다르다 ························ 193
한국, 장(醬)은 장(莊)이다 ··· 195
이슬물을 받아 장을 담그다 ·· 198
일본의 어린아이도 아는 낫토의 영양가 ···························· 201

4. 두부 전성시대

서글픈 사연이 새겨진 두부 ·· 205
동양 3국, 두부로 정서적 교감을 하다 ······························· 208
문화상품으로 거듭나는 두부 ·· 212

콩나물과 숙주나물을 구분 않는 중국과 일본 ──────── 215
역사적 인물과 함께 다시 태어난 음식들 ──────── 218

5장 국물 있는 나라, 국물 없는 나라

1. 국은 싸구려 음식이 아니다

국은 정을 나눠 먹는 음식 ──────── 225
일본에서 밥을 국에 말아 먹으면 거지 된다 ──────── 229

2. 국물 음식의 대표선수

미네랄을 섭취할 수 있는 영양 창고 설렁탕 ──────── 232
일본 음식의 파격, 창코나베 ──────── 234
음식으로 천하를 구제한 훠궈 ──────── 237

3. 고기 음식에도 서열이 있다

식탐가 서태후는 쇠고기를 먹지 않았다 ──────── 240
송아지 쌍둥이 출산은 국가의 경사 ──────── 244
조선 초, 말고기 품귀 현상을 빚다 ──────── 248
육식 권하는 텐노를 용서하지 말라 ──────── 251
정부 정책이 만든 세계 4대 음식, 고베와큐 ──────── 254

4. 신에게 바친 선물, 통째요리

통째요리는 가장 완벽한 음식 ──────── 259
중국의 통째요리는 부귀영화의 상징 ──────── 261
통째요리는 목과 꼬리를 중시한다 ──────── 264

5. 삼계탕과 베이징 덕의 배틀

달콤한 악마가 된 삼계탕 ──────── 267
카오야 맛 뒤에 숨겨진 가학성 ──────── 270

6장 정력 때문이야, 정력 때문이야

1. 식도락의 극치를 보여주는 음식

식도락은 신이 준 선물 ·························· 277
2천5백 년의 역사를 가진 곰 발바닥 요리 ·········· 281
중국 음식 속의 국화 꽃잎이 뜻하는 것은? ·········· 283
한국인은 '괴물의 고기'를 즐긴다? ················ 285
일본 혐오 음식은 변형의 소산 ···················· 287

2. 문화가 된 금기 음식과 생활

중국인은 날계란을 먹지 않는다 ···················· 290
밥그릇을 깨끗이 비웠을 때 일본에서 생기는 일은? ··· 293
남편이 지어준 밥을 먹으면 입덧이 멎는다 ·········· 294
산후조리용 음식 ································ 298

3. 세속의 욕망이 꽃피는 보양 음식

양생의 정신을 먹는 보양 음식 ···················· 301
조선에서 가장 맛있는 개고기 ···················· 303
개고기에도 등급이 있다 ·························· 306
일본은 '소의 날'에 보양식을 즐긴다 ··············· 308

4. 정력 음식은 성력을 지키는 마음의 부적

정력의 도그마가 만든 음식들 ···················· 311
바다에 널려 있는 '산삼'들 ······················ 314
양생은 항생으로 통한다 ·························· 318

5. 피부색을 바꾸는 먹는 화장품

모녀가 자매처럼 보이는 비법 ···················· 322
조선시대 남성도 비만을 수치스러워했다? ·········· 326
고운 피부와 커다란 유방을 원하면 모과를 먹어라 ···· 330
양귀비는 '만들어진 미인' ························ 332

1장

밥 짓는 문화

1장
밥 짓는 문화

세계를 두 개의 음식문화로 구분한다면 '밥을 짓는 문화'와 '빵을 굽는 문화'로 나눌 수 있다. '쌀을 주식으로 하는 문화'와 '밀을 주식으로 하는 문화'로 나뉜다는 뜻이다. 쌀은 동양, 밀은 서양 먹을거리의 기본이다.

밥을 짓든 빵을 굽든, 그 원료는 경작의 결과물이다. '경작'이란 단어에 내포된 의미는 작물을 수확하기 위해 투여된 노동의 대가로 생산된 곡물에 국한되지 않는다. 자연과 노동이 결합된 경작물로 음식을 만들고 그 음식을 즐기는 일련의 과정까지 내포한다. 문화란 자연환경 적응의 사회적 산물이다. 하나의 작물이 주식이나 전통 음식으로 자리 잡기까지 수없이 많은 변화를 거치며 진화한다. 쌀은 쌀대로, 밀은 밀대로 발전의 경로를 갖게 된다. 진화는 기록이다. 기록된 진화가 바로 문화 발달의 과정이다. 쌀과 밀은 문화의 원형질이다. '문화(Culture)'의 어원은 라틴어 Cultura이다. Cultura는 '경작' 또는 '재배'의 의미를 갖고 있다. 경작의 전제조건은 정착된 주거생활이다. 인간은 한 곳에 모여 살면서 하나의 질서를 만들어나간다. 그런 일련의 과정 속에서 인간은 사회 구성원으로서 공동생활을 하기 위해 필요한 능력을 체득하게 된다. 그 총제적인 의미가 문화라는 낱말로 규정되고 정리된 것이다. 경작의 본래 의미가 문화라면, 경작의 산물을 조리한 음식은 '문화 중의 문화'라고 해도 틀린 말은 아닐 것이다.

1

벼 문화의 총체,
한·중·일 밥상의 세계

밥 한 그릇에 담긴 국민 개성

일본과 중국에서 밥의 의미는 한국과 다르다. 한·중·일 3국 국민에게 '밥을 왜 먹느냐'는 질문을 던지면 사뭇 다른 답변이 나온다고 한다. 한국인은 '영양가가 높아서'라고 대답한 반면, 일본인과 중국인은 '여러 가지 반찬과 함께 먹을 수 있어서'라고 답변했다는 조사 결과가 있다. 농경사회를 유지하며 밥을 주식으로 한 동양 3국 사이에서 밥을 대하는 본질적 차이가 있는 것이다. 이런 차이가 생긴 이유는 무엇일까?

한국에서는 주식과 부식이 뚜렷이 구분된다. 밥을 주식으로, 반찬을 부식으로 명확히 가른다. 밥을 중심으로 국과 여러 가지 반찬으로 한 끼의 식사를 구성한다. '따뜻한 쌀밥에 뜨거운 국', 이것이 한국적 음식의 기본이다. 밥 없이 반찬만으로는 끼니가 해결되지 않는 것이다. 밥은 절대 개별적 요리가 될 수 없는 식단 구조를 갖고 있기 때문이다. 국과 반찬

없이 냉수에 밥을 말아 먹을 수도 있고 고추장이나 간장에 비벼 먹을 수는 있다. 그러나 국수와 같은 별식을 먹을 때를 제외하곤 밥이 빠진 식사는 생각조차 하지 않는다.

반면에 일본과 중국에서는 주식과 부식의 구분이 모호하다. 밥이 주식이 되기도 하고 부식이 되기도 한다. 중국과 일본에서는 밥도 여러 요리 중의 하나일 뿐이라는 얘기다. 요리한 밥은 그 자체가 개별적 요리가 된다. 한국을 방문한 경험이 없는 일본인이나 중국인 관광객이 한국 식당에서 순두부찌개를 주문한다면 아마 순두부찌개만 제공되는 것으로 알고 있을지 모른다. 일본 식당에서 한국의 밑반찬과 같은 기본 반찬조차 값을 받는 것도 우리와 밥의 개념이 다르기 때문에 생긴 일이라 볼 수 있다.

밥의 개념 차이는 그 가치를 다르게 만든다. 밥의 가치라는 측면에서 일본은 한국보다 매우 제한적이다. 일본에서는 밥을 별도로 먹기도 하지만 스시, 마키, 카레 등과 같이 조리된 요리의 원료로 사용되는 경향이 짙다. 또 스시나 마키는 음식의 특성상 밥을 식혀서 조리해야 한다. 이것 역시 한국과 일본에서 밥의 의미를 다르게 만드는 요인이다. 뜨거운 밥을 먹거나 식은 밥도 데워 먹는 한국과는 전혀 다르다.

중국도 마찬가지다. 중국의 끼니는 판(飯)과 차이(菜)로 구성된다. 우리 식으로 말하면 밥과 반찬(요리)이 된다. 이것을 합쳐 '인스'라고 한다. 한국과 큰 차이가 없는 것 같지만 식사 요령을 보면 분명한 차이가 있음을 알수 있다. 중국 연회의 경우 육류, 채소류, 해산물, 조류고기 등으로 구성된 차이(반찬)가 먼저 제공된 다음 밥이나 면, 만두가 차례대로 나온다. 밥이 여러 요리 중의 하나에 불과하다는 증거이다. 베이징 요리를 예로 들면, 육류→채소류→해물류→식사류(밥 또는 면, 만두)→수프(국) 순으로 음식이 제공된다. 판과 차이는 동격이다. 차이 역시 판의 '보좌 요리'가 아니라 '독립 요리'이다. 차이 자체만으로도 한 끼의 식사가 된다. 그래서 충분히 요기가 됐다면 나중에 제공되는 밥이나 빵, 만두, 면 같은 음식은 먹어도 그만 안 먹어도 그만이다. 오히려 차이가 더 중시된다고 할 수 있다.

뿐만 아니라 중국인은 음식이 제공되는 순서나 음식의 배합과 같은 격식을 매우 중시한다. 초대한 손님에게 돼지고기 요리를 두 가지 내놓는다거나 육·해·공 중 어느 하나를 빠뜨리고 음식을 차리는 일은 거의 없다. 닭고기 요리가 나왔다면 오리고기 요리는 피하는 게 상식이다. 만일 그런 상례에 벗어났다면 손님은 '주인이 음식을 대접할 줄 모른다'거나 '주인에게 무시당한 기분이 든다'며 주인에게 눈총을 줄지도 모른다.

한 톨의 벼 낟알에서 우주를 보는 한국인

우리는 살아가면서 참 많은 사람을 만난다. 우연이든 필연이든 만남은 그 자체만으로 의미가 있다. 물론 인연을 어떻게 생산적으로 만들어 좋은 관계로 이어가느냐는 별개이지만 말이다.

한국인은 생산적 만남을 만드는 방법에 대해서 크게 고민하지 않는다. 한국인의 유전자 속에 면면히 전수되어 내려온 '비법'이 있기 때문이다. '밥 한 끼'를 나누는 '습성화된 버릇'이 그것이다. 우리는 의례적으로 처음 만나는 사람에게 '밥이나 한 끼 하자'고 인사를 한다. 함께 먹는 밥 한 끼에 각별한 의미를 부여하는 것이다. 그 말 속에는 '정을 나누자'는 뜻이 내포되어 있다. 따뜻한 온기와 정성이 가득 담긴 '한 그릇의 밥'이 사람의 마음을 연결해주고 정을 끈끈하게 이어주는 것이다. 식사를 함께 하는 행위는 사회적 유대관계를 강화하는 토대임은 물론이다.

밥을 함께 먹으면 관계가 좋아질 것이라는 기대를 갖게 된다는 '오찬효과'라는 심리학 용어가 있다. 사람들이 음식을 함께 먹게 되면 그 이전보다 상대방에 대한 호감도가 높아지며, 단둘만이 아니라 여러 사람이 함께 식사를 할 때는 그 효과가 더 커진다는 이론이다. 밥을 같이 먹으면서 대화를 나눈 사람에게는 좋은 감정을 갖게 되리라는 것은 동서양을 막론한 인지상정이다. 오찬효과는 인간관계에서 '동료의 압력(peer pressure)'을 설명할 때 사용된다는 점에서 매우 타산적인 인간관계를 전제로 한다. 하지만 한국 사람이 나누는 '밥 한 끼'에는 그런 계산이 존재하지 않는다. 정, 그 자체를 중시하는 오랜 관습 때문이다.

우리 민족에게 밥은 단순히 생명유지를 위한 수단만이 아니다. 밥은 우리 민족문화의 근간이며 민족성의 근본이라고 해도 과언이 아니다. 동학의 2대 교주인 해월 최시형은 "밥은 하눌님"이라면서 "밥 한 그릇을 잘 먹으면 우주의 모든 이치를 깨닫는 '만사지(萬事知)'를 얻을 수 있다"고 설파했다. 시인 김지하는 '만사지'를 "사는 것이 먹는 것이고 먹는 것이 곧 사는 것이다"라고 정의하면서 "먹는 행위는 생명뿐 아니라 행복과도 관련이 깊다"고 부연 설명했다. 김지하는 또 "밥이 입으로 들어갈 때 하늘을 몸속에 모시는 것"이라고 말했다. 우리 조상들은 밥을 '하눌님'으로 섬긴 것이다. 이식위천(以食爲天), 즉 '백성은 먹는 것을 하늘로 안다'는 말과 같은 맥락이다. 사실 근대화되기 이전의 농경사회에서 끼닛거리를 해결하는 것은 고통 그 자체였다고 해도 틀린 말이 아니다. 권력자에겐 백성들이 배곯지 않도록 하는 것이 곧 통치의 궁극적 목표이자 바람이었다.

밥이 평안한 삶을 의미하는 것이라면 신성시되는 게 당연한 이치가 아닐까. "밥 한 알이 귀신 열을 쫓는다"는 속담은 '밥의 권위'를 상징한다. 밥의 권위를 우리만큼 소중하게 여겼던 민족은 거의 없을 것이다. "밥알을 버리면 3대가 빌어먹는다", "누워서 밥을 먹으면 가난해진다", "남은 음식을 버리면 가난해진다"는 속담 하나하나에서 밥에 대한 경외심을 느낄 수 있다.

세태의 변화와 함께 밥의 의미도 변하고 있다. 철학적 차원에서 밥의 본질에 대한 고찰은 오래전부터 있어왔다. 밥을 통해 환경과 생명을 되돌아본 것이다. 김지하는 "밥은 똥이요, 똥은 밥이다"라고 역설했다. 자연과 우주의 순환구조를 이보다 더 명쾌하고 정확하게 표현할 수 있을까. 벼→모→쌀→밥→똥→퇴비→벼의 순환구조는 곧 만물의 순환법칙을 상징한다. 밥을 생태철학의 본질로 파악한 것이다. 밥알 한 알이 곧 살아 있는 우주이며 우주의 순환이라는 얘기다. 생명운동가 장일순은 아예 우주를 쌀 낟알 속으로 집어넣었다. 그는 하찮게 보이는 쌀 한 톨이 만들어지기까지 햇빛과 비, 바람, 대지, 농부의 손길, 그리고 미생물의 작용을 한마디로 압축해서 "나락 한 알 속의 우주"라고 표현했다. "나락 한 알이 만들어지기까지는 온 우주가 동원된다"는 문병란 시인의 말도 "우리 모두가 밥이다"라는 김지하의 통찰력과 일맥상통한다. 볍씨 한 알, 즉 '씨알'을 생명의 알맹이이며 자연 그 자체로 인식한 것이 우리 민족이다.

이 같은 밥의 정신은 생활철학에도 배어 있다. 생활철학이란 일상에서 얻은 삶의 지혜이다. 그런 지혜가 현대의학으로 입증된 사례도 적지 않다. 대표적인 것이 '밥이 보약', '밥심'이라는 말이다. 조금 더 설명해보자. 밥의 원료는 쌀이다. 이 세상에서 단일식품으로 사람에게 필요한 영양가가 밥처럼 골고루 갖춰진 음식은 없다는 게 최근 과학적으로 밝혀진 사실이다. 빵을 주식으로 하는 서구 선진국에서는 쌀을 '독이 없는 기적의 약'으로 부른다. 밥의 원료인 쌀을 서양에서는 최고의 해독작용을 하는 '약품'으로 취급하는 것이다. 밥이 완전식품임을 인정한 것이다. '밥심' 즉 밥에서 생기는 힘 역시 과학적으로 설명할 수 있다. 쌀은 전분 덩어리이다. 전분은 영양학적 측면에서 볼 때 거의 '가치'가 없다. 장기에서 소화가 되지 않기 때문이다. 쌀로 조리한 밥이 입안에서 침과 섞이면서 전분이 인체에 영향을 미치는 글루코오스로 바뀐다. 이것이 바로 단맛을 내는 포도당이다. 포도당은 곧 뇌의 활동을 돕는 에너지이다. 따라서 생쌀을 먹는 것보다 밥을 지어 먹으면 힘이 나는 것이다. 우리 조상이 '쌀힘'이라고 하지 않고 굳이 '밥심'이라고 한 이유가 여기에 있는 것이다.

쌀과 벚꽃이 상징적으로 결합된 일본 정신

식단에서 밥의 비중이 상대적으로 높지 않지만 중국과 일본에서도 밥의 의미가 한국보다 과소평가되는 것은 아니다. 여느 벼 문화권과 마찬가지로 '밥=식사'이면서 '밥=정신'으로 통용되기는 마찬가지다. 밥이 모든 양식을 대표함은 물론 농경사회에서 생산에너지의 상징이기 때문이다.

일본은 쌀을 일본의 정신(和魂), '일본의 심장'이라고 의미를 부여한다. 일본의 유명 작가 이노우에 히사시는 일본의 쌀 시장 개방을 반대할 때 "쌀은 상품이 아니다. 쌀은 문화이며, 일본인의 마음이다"라고 주장했다. 쌀 시장 개방 반대 논리에 문화를 결합시킨 것이다. 사실 일본인에게 쌀은 그 자체가 '신성한 식물'이다. 《일본서기》와 《고시기》에는 "천상의 나라, 다카마가하라(高天原)에서 재배하던 원초의 볍씨를 일본에 가져와 황무지인 일본 땅을 '벼이삭의 나라'로 만들었다"고 미화하고 있다. 쌀의 원산지를 일본으로 만들고 싶은 속내를 엿볼 수 있는 대목이다. 어떻든 일본 정체성 확립의 도구로 쌀을 활용하려는 의도가 숨어 있는 것으로 보인다. 일본인 학자가 쌀의 종자를 구분하면서 인디카(인도 쌀)와 자포니카(일본 쌀)로 규정한 것도 이런 의식을 반영한 것인지도 모른다.

일본의 민간신앙에는 농경우주관이 깊이 배어 있다. 이를 뚜렷이 보여주는 예가 바로 쌀과 벚꽃의 상징적 결합이다. 일본인에게 벚꽃은 '산의 신'이면서 '논의 신령'이다. 즉, 벚꽃이 '나무의 신(神木)'인 셈이다. 벚꽃이 신목이 된 데에는 연유가 있다. 민속학자 오리쿠치 시노부는 "고대 일본인은 '산의 신'인 벚나무가 많은 벼 수확을 위해 논으로 내려와 논의 신령이 되었다고 믿었다"면서 "논의 신령이 되었기 때문에 봄에 피는 벚꽃의 개화 시기를 보면 일 년 농사 즉 벼의 가을걷이 양을 점칠 수 있다"고 주장했다. 쌀의 수확을 관장하는 능력을 벚나무에 부여한 것이다. 벚꽃이 가을에 수확되는 쌀에 대한 봄철의 대응물인 셈이다. 산의 신은 가장 유력한 신이다. 유력한 신이 사는 곳은 가장 신성한 곳과 통한다. 가장 신성한 곳에 사는 벚나무 역시 비상한 능력을 갖고 있게 마련이다.

보다 구체적으로 설명해보자. 과거 일본에서는 벚꽃이 질 때 모심기를 했다. 모심기를 해야 할 때를 벚꽃이 알려준 것이다. 이런 중요한 역할을 하는 벚꽃이 조금이라도 천천히 지기를 기원했던 행사가 바로 '하나마쓰리'다. '요자쿠라' 즉 밤 벚꽃놀이를 할 때 쌀로 만든 술을 마시는 풍습이 생긴 것도 이와 연관성이 있다고 한다. 벚꽃 축제 이면엔 쌀을 바라보는 일본인의 정신이 숨어 있는 것이다.

벚꽃을 일본어로 '사쿠라'라고 하는데, 어원을 따져봐도 벚꽃은 쌀과 직접적인 관계가 있음을 알 수 있다. 사쿠라는 '논의 신령이 머무는 곳'이라는 뜻을 갖고 있다. 즉, '사(さ)'는 '논의 신령', '쿠라(くら)'는 '창고'를 뜻한다. 신성한 식물인 쌀이 생명을 유지할 수 있도록 에너지를 공급하고 지켜주는 게 바로 '사쿠라'라는 의미를 내포하고 있다. 에너지가 영속하기 위해서는 죽음을 극복해야 한다. 그 방법이 바로 환생이다. 벚꽃을 통한 환생은 곧 쌀의 영생과 의미가 중첩된다. 일본에는 '임종쌀'이라는 게 있다. 죽음을 앞둔 환자의 머리맡에서 원기회복을 기원하면서 쌀알을 넣은 대나무 통을 흔드는데, 이때 대나무 통에 넣은 쌀을 '임종쌀'이라고 한다. 쌀과 사쿠라는 일본인에게 동전의 앞면과 뒷면이라고 할 수 있다.

⚜ 3국 쌀 문화의 갈래를 찾아서

필자가 1990년 대 초반 중국 산둥성 취푸(曲阜)에 갔을 때의 일이다. 취푸는 공자의 고향이다. 이 도시에 있는 공부(공자의 사당)와 공묘(공자의 묘소)를 둘러보면서, 공자가 그의 사후 2천5백여 년 동안 '중국의 이데올로기 황제'로 군림했다는 사실을 눈으로 확인했다. 공부에는 헤아릴 수도 없이 많은 비석이 서 있었다. 대부분의 비석은 이름깨나 올렸던 중국의 황제들이 공부에 들러 공자에게 예를 갖췄던 흔적이다. 특히 남순(南巡)을 여섯 차례씩 했던 청나라 강희제와 건륭제가 세운 비석이 많았다. 그중에는 비석 하나가 6톤이 넘는 것도 있다. 비석은 태산에서 캔 돌로 만든 것들이다. 한겨울에 물을 뿌려 빙판을 만든 뒤 돌덩어리를 태산에서 공부까지(자동차로 약 30분 거리) 밀고 왔다고 한다. 하지만 그 많은 비석 중에 성한 게 별로 없었다. 문화대혁명 때 홍위병들이 '공자 죽이기' 일환으로 공부를 철저하게 파괴한 흔적이었다. 1966년 문화대혁명이 시작될 당시 18만 명 정도였던 취푸의 인구가 문화대혁명이 끝난 1976년에 12만 명으로 줄었다고 한다. 도시의 인구 3분의 1이 공자를 지키기 위해서 죽어간 셈이다.

취푸에서 공부의 충격과 비교될 만큼 큰 충격을 받은 일이 있다. 이질적 음식문화 때문이었다. 시내에 있는 일류 호텔 식당 입구에 살아 있는 뱀, 거북, 잉어 등 보양식 음식 재료가 버젓이 '전시'되고 있었다. 우리나라에서도 흔히 볼 수 있는 커다란 빨간 플라스틱 그릇에 요리 재료가 담겨 있었다. 어떻게 일류 호텔 식당에서 외국인이 '혐오식품'으로 여길 수 있는 동물을, 그것도 손님들이 드나드는 출입구에 버젓이 내놓을 수 있는지 도무지 이해할 수가 없었다.

그날 점심식사는 필자를 곤혹스럽게 만들었다. 밥알은 훅 불면 날아갈 것 같았다. 찰기가 전혀 없어 밥알을 젓가락으로 셀 수 있을 정도였다. 더욱이 밥은 식어 있었다. 젓가락으로는 도저히 밥을 먹을 수 없었다. 한국 쌀보다 길이가 두 배 정도 길어 낯설어 보였고, 맛 역시 차이가 있었다. 밥을 한 숟가락 입에 넣고 꼭꼭 씹을 때 느낄 수 있는 단맛이 전혀 나지 않았다. '호텔이라는 곳에서 밥 하나 제대로 짓지 못하나'라는 푸념이 절로 나왔다.

필자가 중국 친구에게 밥이 찰기가 전혀 없다고 넌지시 불만을 털어놓았더니 전혀 예상하지 못한 반응이 돌아왔다. 그는 "차지면 떡처럼 늘어지는데 그것을 어떻게 먹느냐"고 반문했다. 그의 말은 필자에게 하나의 문화 충격으로 다가왔다. 각 지역마다 좋아하는 밥맛이 다르고 또 지방마다 다른 쌀이 있다는 것을 처음 알게 된 순간이었다.

밥알이 날아갈 것같이 끈기가 없었던 것은 바로 우리가 먹는 벼와 품종이 다른 벼로 밥을 지은 탓이었다. 우리나라와 일본, 중국 동북부 지역 사람이 먹는 자포니카 쌀과 동남아시아 나라와 동북부 지역을 제외한 중국 사람이 먹는 인디카 쌀의 주성분인 녹말 구성 요소에 차이가 나기 때문이다. 자포니카 쌀은 차진 느낌을 주는 아밀로펙틴이, 인디카 쌀은 퍼석한 느낌을 주는 아밀로스가 다량 포함되어 있기 때문이다.

이 같은 주식 원료의 성질 차이 때문에 같은 쌀 문화권이라 하더라도 밥을 짓는 방법이 다르다. 인디카 쌀은 '밥을 짓다'라는 표현보다는 '밥을 찐다' 혹은 '쌀을 삶는다'라는 표현이 더 어울릴 법하다. 인디카 쌀로 밥 짓는 과정을 한번 보자. 우선 깨끗한 쌀(쌀을 씻지 않는 경우도 많다)을 충분히 불린 다음 쌀 부피의 1.5배 정도의 물과 함께 솥에 넣고 충분히 끓인다. 물이 끓어오르면 쌀이 바닥에 눌거나 엉키지 않도록 저어준다. 쌀이 다 익을 쯤 밥물을 모두 따라버린 다음 불을 약하게 줄이고 솥뚜껑을 덮은 후 뜸을 들인다.

밥 짓는 방법이 다르니 밥맛도 다르고 쌀을 이용한 요리법도 차이가 있다. 찰기와 수분이 적어 푸슬푸슬한 인디카 쌀은 숟가락을 사용하지 않고 맨손으로 먹는 게 보통이다. 분점성이 약한 인디카는 빵과 국수도 만들 수 있다. 자포니카 쌀보다 생산 저변이 넓은 인디카 쌀은 중국의 볶음밥인 양저우차오판(揚州炒飯)과 베트남 쌀국수 등과 같은 '유행 요리'라는 문화상품을 등장시켰다.

지구상에 벼가 처음 재배되기 시작할 당시에는 자포니카와 인디카의 구분이 없었다. 논벼와 밭벼의 구별도 없었다. 자연스럽게 가뭄에 견디

는 특성의 차이로 점차 논벼와 밭벼로 생태적 분화가 이루어지게 되었다
는 게 학계의 일반적 견해이다.

  벼의 생태적 분화가 관개시설의 발달에 따른 것이라면 한·중·일 3국
사이에 논과 밭에 대한 명칭이 혼란스런 이유는 무엇일까. 한국에서는
'밭'을 의미하는 田자가 일본에서는 '논'을 뜻한다. 그리고 일본에는 한국
에서 '논'을 뜻하는 글자 畓은 아예 없다. 대신 畑 또는 畠이라고 쓴다. 뿐
만 아니라 한국의 畓과 일본의 畑 또는 畠자는 중국에서 발견되지 않는
다. 중국에서는 논과 밭의 구분 없이 田자가 논과 밭, 두 가지 의미로 통
용된다. 왜 이런 단어에 혼란이 생겼는지는 명확하지 않다.

✿ 밥상과 일생을 함께하는 한국인

한국인의 일생은 상(床)과 함께한다고 해도 과언이 아니다. 특히 생로병
사, 관혼상제 등과 같은 인생의 매듭마다 반드시 상을 차렸다. 이어령은
"서양의 '요람에서 무덤까지'를 우리 식으로 표현하면 '돌상에서 제사상
까지'라고 할 수 있다"면서 백일상, 돌상, 초례상, 혼인상, 환갑상, 희수
상, 미수상, 백수상, 제사상 등 인생의 희로애락을 담고 있는 상차림을
일일이 열거했다.

  얼마 전까지만 해도 3, 4대 가족이 어울려 살던 한국 가정의 일상적 밥
상은 잔칫상이나 진배없었다. 한집에 사는 4대 가족이 한자리에 모여 식
사하는 모습을 자주 보여주었던 MBC 드라마 〈전원일기〉를 떠올려보라.
한국 농가의 전통적인 가족관계를 밥상을 통해 보여준 〈전원일기〉를 보
면, 할머니(정애란 분)와 김 회장(최불암 분)이 마주 앉아 작은 상에서 먹고,

나머지 식구들은 커다란 상에 둘러앉아 함께 밥을 먹는다.

할머니와 마주 앉은 가장의 밥상과 따로 차려진 나머지 식구들의 밥상은 안방에 모여서 밥을 먹는 한 가족 안에서의 전통적인 위계질서를 보여주었다. 이 같은 장면은 나이 든 사람들에겐 익숙한 풍경이다. 그러나 급격한 산업화와 핵가족화는 밥상공동체에 커다란 변화를 몰고 왔다. 밥문화권의 질서가 깨진 것이다.

대가족 해체에 따른 핵가족화는 '전원일기 식 밥상'을 무너뜨렸다. 특히 존재 자체가 권위였던 아버지에게 많은 상처를 남기고 사라졌다. 가족의 해체는 결국 '아버지의 밥상'을 빼앗아간 것이다. 불과 30여 년 전만해도 아버지는 소반에 독상을 받는 게 일반적이었다. 아버지의 밥상은그 자체가 감히 넘볼 수 없는 가장의 권위이었다. 자녀들은 된장찌개 한가지에 보리밥을 먹으면서도 아버지의 독상에 오른 맛있는 반찬을 바라보며 투정조차 할 수 없었다. 상대적으로 풍성한 밥상은 집안의 어른인아버지의 당연한 권리라고 여겼다.

옛날에는 집안의 어른은 으레 독상을 받았다. 한국의 전통적 상차림은독상이 기본이다. 김홍도의 〈기로세련계도(耆老世聯稧圖)〉에도 노인들이모두 독상을 받고 있는 모습을 볼 수 있다. 전통적 유교 풍습을 계승하고있는 안동 김씨 종가는 여전히 독상 풍습을 지키면서 살고 있다. 제사를지낸 뒤 음복을 할 때 가족은 물론이고 동네 어르신들을 모셔다가 모두에게 독상으로 대접하는 풍경을 요즘도 볼 수 있다. 안동 김씨 종가뿐만 아니라 보통의 뼈대 있는 가문에서는 이런 풍습을 지켜왔다.

우리나라의 식사법은 준비된 음식을 한꺼번에 모두 상에 차려놓고 먹는 게 일반적이다. 이 때문에 식사 예절이 엄격하고 상차림도 까다롭다.

심지어 상에는 음식이 놓이는 자리가 따로 정해져 있을 정도이다.

상차림의 격식은 조선시대 때 정해진 것이다. 상차림은 상을 받는 사람의 신분에 따라 명칭이 달랐다. 즉, 아랫사람에게는 밥상, 어른에게는 진짓상, 임금에게는 수라상이라 불렀다. 밥상에도 신분이 있었던 셈이다. 한 사람이 먹도록 차린 밥상은 외상(독상), 두 사람이 먹도록 차린 밥상은 겸상이라 하고, 여럿 사람이 둘러앉아 먹는 크고 둥근 밥상은 두리반상, 손님을 대접할 때 쓰는 사각형의 큰 밥상은 교자상이라고 했다.

음식차림표의 순수한 우리말은 '음식긔'다. 오늘날 '식단' 또는 '메뉴'라는 단어로 대체되어 쓰이고 있다. 독상은 보통 3첩, 5첩, 7첩, 9첩, 12첩 등의 식단으로 차려진다. 첩이란 김치, 조치(찌개나 찜), 종지(간장, 고추장 따위) 등 밑반찬을 제외한 접시에 담는 반찬의 가짓수를 말한다. 3첩반상은 보통 가정의 상차림이었고, 5첩반상은 어느 정도 생활의 여유가 있었던 중인층의 상차림이었다. 7첩반상은 여염집이나 신혼부부를 위한 상차림이다. 9첩반상은 양반집의 상차림이고, 12첩반상은 임금을 위한 수라상이다. 수라상은 반드시 12첩반상이 아니어도 상관없으며 그런 예는 아주 흔하다.

옛날에는 함께 밥을 먹을 수 있는 사람의 신분도 엄격히 구분했다. 겸상의 경우는 더욱 까다로웠다. 같은 항렬의 동성인 사람들만 한자리에서 밥을 먹을 수 있었다. 아버지와 아들이, 당숙과 생질이, 시어머니와 며느리가 항렬이 다르다는 이유로, 그리고 일심동체라는 부부도 이성이라는 이유로 겸상을 할 수 없었다. 항렬이 같고 동성인 올케와 시누이도 한자리에서 식사하는 것을 예의에 벗어나는 것으로 여겼다. 심지어 부부가 함께 온 손님에게도 별도의 상을 차려 대접했다.

귀부인이 아닌 여자들의 경우에는 겸상은 고사하고 상에 밥을 올려놓지도 못했다. 젓가락을 사용하지 않는 경우도 다반사였다. 필자도 충분히 밥그릇을 놓을 공간이 있는데도 방바닥에 밥그릇을 놓고 식사를 하시던 할머니와 어머니의 모습을 기억한다. 젓가락이 있는데도 굳이 숟가락 손잡이와 손가락을 이용해서 김치를 집어 드시던 모습을 이상하게 여기곤 했다. 지금의 젊은 세대는 상상할 수 없는 일이다. 30년 전까지만 해도 이런 모습은 사회의 통념이었다.

⊛ 어울림이 응축된 중국의 원형식탁

중국은 일찍이 식탁 문화를 수용했다. 당나라 시대부터 북송 시대까지의 시기에 식탁에 여러 사람이 둘러앉아 식사하는 방식이 정착되었다. 여러 사람이 한 가지 요리를 다 먹고 난 다음 다른 음식을 먹는 식사법도 이 시기에 정착되었다고 한다.

중국의 가정식 백반을 '자창판(家常飯)'이라고 하는데, 집에서 일상적으로 먹는 보통 식사를 뜻한다. 자창판은 '흔히 있는 일' 즉 '다반사(茶飯事)'라는 의미로도 사용된다. 먹는 즐거움을 중시하는 중국인의 의식이 단어에도 배어 있는 셈이다. 중국인은 직접 요리를 만들면서 행복한 인생을 만든다고 생각한다. 하지만 우리가 생각하는 것보다 단출하고 검소한 식단을 구성한다. 3채 1탕이 기본 식단이다. 야채나 고기를 볶은 반찬 서너 가지에 만두나 밥을 곁들이는 게 보통이다. 반찬은 물론 밥과 수프도 공동 식기에 담고, 식사 도구로는 젓가락만 사용한다.

식탁은 보통 둥근 모양이다. 여러 사람이 음식을 떠서 먹기 편하게 하기 위한 것이다. 여러 사람이 함께 식사하는 데 따른 불편을 해소하기 위해 '좐판(轉盤)'이라고 부르는, 돌아가는 둥근 판을 식탁 위에 올려놓기도 한다. 큰 쟁반에 담긴 음식을 좐판에 올려놓으면 좐판을 돌려 자기 앞에 놓인 그릇에 음식을 덜어 먹는다. 음식은 한꺼번에 나오는 게 아니라 순서대로 여러 차례 나온다.

중국의 식사를 한마디로 설명하자면 '공찬(供饌)'과 '합찬(合饌)'이라고 할 수 있다. 이는 둥근 식탁에 둘러앉아 먹는 식사를 뜻한다. 물론 그 속에는 '함께 먹는다', '나눠 먹는다'라는 뜻이 담겨 있다. 중국인은 함께 나눠 먹을 때 만족한 식사를 한 것으로 여긴다. 혼자 식사를 하면 밥맛도 없어 결국 여윈다고 생각하기 때문에 살이 찌고 즐거운 식사를 위해선 공동 식사를 해야 한다고 말한다. 중국인은 음식을 나눠 먹으면서 "요리에 그림이 보이고 이야기가 들어 있다. 그리고 그 속에 마음과 정이 깃들어 있다"는 말을 자주 한다. 과거 5대동당(五代同堂: 5대가 한집에서 함께 사는 가정)을 이상적 가정으로 생각한 중국인은 가정의 행복이 식탁에서 나온다고 여겼다. 이런 습성은 친지나 친구 사이에서도 드러난다. 좋은 관계를 맺고 싶을 때 식사 자리를 먼저 마련하고 공동 식사의 대표 음식이라고 할 수 있는 훠궈(火鍋)를 대접하는 이유도 여기에 있다. 중국인은 함께 나눠 먹을 수 있는 음식인 훠궈에 '영원한 공동 식사'라는 의미를 부여해왔다.

대칭과 균형을 중시하는 중국인의 관념은 식사 자리에도 적용이 된다. 초대할 손님의 숫자를 짝수로 맞추고, 음식 가짓수도 마찬가지다. 아마도 '좋은 일은 짝을 이룬다'는 생각이 몸에 배어 있는 중국인에게 이 같은 행위는 자연스러운 것일지도 모른다.

먹는 것을 최우선시하는 중국인의 의식은 결혼식에서도 잘 드러난다.

한국은 다소 형식적이긴 해도 결혼식의 가장 중요한 행사는 어디까지나 결혼 의식이다. 하지만 중국은 식사가 중심이다. 청첩장을 보면 예식 행사와 예식장에 대한 안내는 없고 하객을 대접하는 음식점 약도와 전화번호가 적혀 있다. 어울려 먹는 한 끼가 곧 잔치인 셈이다.

중국 어디에 가든 반점(飯店), 빈관(賓館)이라고 쓰인 간판을 쉽게 볼 수 있다. 한국에서는 중국음식점을 통칭하는 단어인데, 중국에서는 반점은 일류호텔, 빈관은 여관 등 숙소를 뜻한다. 호텔이나 여관의 최우선 기능은 곧 식사 제공임을 암시한다. 이런 이름이 붙게 된 것은 옛날부터 귀한 손님이 멀리서 오면 밥을 지어 대접하고 묵게 했던 북쪽 지방의 풍속에서 비롯된다. 그래서 '밥(飯)'의 의미 속에 '숙박'이라는 뜻도 포함되어 있는 것이다.

중국인은 식사를 또 다른 의미로도 사용한다. 실용주의적 사고가 일반화된 중국에서는 밥이 거래를 위한 수단이 되기도 한다. 중국인들이 자주 쓰는 단어 중에 '반국(飯局)'이라는 단어가 이를 입증한다. 반국이란 반주가 곁들여진 둥근 식탁에서 이루어지는 상거래 협상 혹은 담판을 의미한다. 반국이라는 말 속에는 식사 자리에서 이루어지는 협상이 잘 풀린다는 중국인의 인식이 담겨 있다. 반국의 대표적 사례로는 송나라 초대 황제 조광윤의 고사, '배주석병권(杯酒釋兵權)'를 꼽을 수 있다. 천신만고 끝에 송나라를 건설한 조광윤은 건국을 도왔던 공신들이 역모를 할지도 모른다는 두려움에 시달리다가 마침내 공신들과의 식사 자리를 마련하고 담판을 지어 공신들로부터 병권을 모두 회수하였다고 한다. 배주석병권은 본래 '술자리를 통해 병권을 놓게 한다'는 뜻이지만 지금은 술자리에서 상하 관계를 떠나 터놓고 즐긴다는 의미로 통용된다. 중국인에게 식사란 건강한 사회적 생활을 위한 하나의 수단인 셈이다.

🌀 개인주의와 통일성이 충돌하는 일본의 밥상

일본도 한국과 마찬가지로 곤다데(獻立)라고 하는 '평면전개형' 식단을 꾸민다. 개인이 차부다이(卓袱台)라고 부르는 독상을 받는데, 이를 이치닝마에(一人前)라고 한다. 철저한 개별식 식사다. 이런 상차림을 '젠(膳)'이라고 한다. 일본은 일즙일찬이 원칙이다. '일찬'은 '중심 요리'를 뜻한다. 한국과 마찬가지로 우메보시(매실장아찌), 쓰게모노(장아찌), 차왕무시(계란찜), 낫토(청국장) 등과 같은 밑반찬이 있다. 일본의 식단은 요리 중심의 상차림이기 때문에 상대적으로 많은 반찬을 올리지 않는다. 이 같은 식사법은 무로마치 시대에 완성된 것이다.

만일 개별 밥상이 없어 큰 탁자에서 여러 명의 일본인이 식사하는 모습은 어떨까? 개별식 상차림이 가능할까? 그 대답은 '가능하다'이다. 오키다 슈이치 감독의 〈남극의 쉐프〉라는 영화를 본 뒤 얻은 답변이다. 〈남극의 쉐프〉는 남극의 기상변화를 연구하는 관측대원 여덟 명의 공동생활을 다룬 영화다. 식사시간이면 늘 여덟 명이 함께 식탁 앞에 모인다. 하나의 밥상을 복사한 것같이 한 탁자 위에 여덟 개의 상차림을 한다. 이런 밥상에서 압축과 통일이라는 일본 문화의 코드를 엿볼 수 있다. 상차림만이 아니다. 자리 배치도 마찬가지다. 식탁 양편으로 기지대장과 막내 격인 주방장이 마주 앉는다. 나머지 여섯 명은 세 명씩 마주 앉아 식사를 한다. 한가운데 쇼군이 앉고, 양쪽에는 그의 부하들이 한 줄로 늘어서 밥상 앞에 꿇어 앉아 있는 일본 사극의 한 장면을 연상시킨다. 영화가 끝날 때까지 자리바꿈은 한 번도 없었다. 이런 장면은 이케가미 에이코의 《사무라이의 나라》를 떠올리게 했다. 미국에서 살던 이케가미는 이 책에서 일본의 모순, 즉 개인성과 집단성의 충돌을 지적했다. 영화의 한 장면만으로도 충분히 엿볼 수 있는 일본 문화의 단면이다. 독상 같은 상차림과 식탁 앞에 정연하게 자리한 기지대원들의 모습에서 '개인주의적(독상) 통일성(상차림과 자리)'을 읽어낼 수 있는 것이다.

일본에서 아직 사무라이 정신이 이어지고 있음은 부정할 수 없는 사실이다. 〈남극의 쉐프〉에서 기지대장이 '이타타키마스(잘 먹겠습니다)'라고 인사하면서 '기도 손'을 해야 비로소 식사가 시작된다. 업무 지시가 이루어지는 것도 바로 식사시간이다. 가정교육도 밥상에서 이루어지는 게 보통이다. 전통이 살아 있는 일본 가정에서는 가장은 좀처럼 '무게중심'을 잃는 법이 없다고 한다. 집안의 '어른'으로서 자세를 흐트리는 일이 없다는 얘기다. 자녀들이 식당 같은 공공장소에서 큰 소리로 말하거나 입을 벌리고 웃기라도 하면 어김없이 아버지의 훈계가 이어진다. "개구리는 입을 벌리면 뱃속까지 다 보인다"라거나 "석류처럼 입을 벌리면 마음속을 읽힌다"라고 이르면서 자녀들의 자기조절 능력을 키워주는 게 일본의 아버지들이다. "한마디라도 우는 소리를 내면 무사로서 부끄럽지 않게 널 죽이겠다"고 불호령을 치던 메이지 시대의 백작 가쓰 가이슈의 일화를 연상케 한다.

일본의 상차림은 한국이나 중국보다 까다롭고 매우 규격화되어 있는 게 특징이다. 인공적인 느낌을 지울 수 없다. 특히 젓가락의 배열이나 색깔과 젓가락 용도의 구분 등에서 이런 면을 엿볼 수 있다. 일본은 한국이나 중국과 달리 '하시오키'라는 젓가락 받침대를 사용한다. 하시오키 위에 손잡이 부분이 오른쪽을 향하도록 젓가락을 가로 방향으로 놓는다. 왜 굳이 불편함을 감수하면서 젓가락을 가로로 놓는 것일까. 정설은 없다.

서양인은 식사할 때 손을 탁자 아래로 내려놓지 않는다. 식사할 때 칼을 사용하기 때문에 손이 보이도록 내놓고 식사하는 게 예법이다. 일본인이 젓가락을 가로로 놓는 것도 서양과 비슷한 이유일 것으로 추정된다. 상대방의 몸 쪽을 향하고 있는 젓가락을 가로로 누임으로써 안심하고 식사를 같이 해도 된다는 의미를 전달하려는 뜻이 담겨 있다는 것이다. 무사의 예의가 밥상에도 투영된 것이다. 아주 오랜 옛날부터 일본인들은 우측통행을 한다. 왼쪽에 칼을 찬 무사들이 좌측통행을 하면 칼이 부딪칠 수 있다. 무사들에게 칼의 부딪침은 곧 목숨을 건 싸움이다. 이를 피하기 위한 방편이었다.

일본의 밥상에는 음식이 담긴 큰 접시와 함께 각자 자신이 먹을 음식을 덜어놓는 별도의 접시가 있다. 개인 젓가락과는 별도의 도리바시(큰 접시의 음식을 덜 때 사용하는 젓가락)도 상 위에 오른다. 교토 등 관서지방에서는 도리바시 대신 양쪽을 가늘게 다듬어 양쪽 모두 쓰는 리큐바를 사용한다. 어느 반찬을 먹을까 하고 젓가락을 이리저리 움직이는 것을 '마요이 하시' 혹은 '마토이 하시'라고 하는데, 모두 버릇없는 행동이라는 뜻으로도 사용된다. 가정에서는 개인용 젓가락이 따로 있다. 뿐만 아니라 성별에 따라 젓가락 색깔도 구분한다. 남편은 검은색, 부인은 빨간색을 주로 사용한다.

일본은 온 식구가 모여 식사를 할 때도 가족 수만큼 독상을 차린다. 제2차 세계대전 이전엔 상자 모양의 전용 휴대용 밥상이 있었다. 상자 속 서랍에 밥공기와 접시, 젓가락 등이 들어 있는데 식사할 때 이를 뒤집어 밥상으로 사용했다. 각자의 음식을 따로 먹는 게 일본의 관습이다. 전용 식탁에 개인의 인격이 투영되어 있다고 여기는 것이다.

식사하는 모습도 한국과 다르다. 일본인은 밥그릇을 들고 입에 댄 채 젓가락으로 음식을 먹는다. 밥을 상 위에 놓고 먹으면 '이누구이(いぬぐい)'라고 한다. 개처럼 고개를 숙이고 밥을 먹으면 가난해진다는 속설에서 나온 식습관이다.

2

3국 3색의
식탁 도우미

🥄 공동체의식이 담긴 가마솥

현대화 과정에서 한국의 부엌과 주방용품만큼 급격히 변화한 것을 찾기
는 쉽지 않다. 최첨단 주방용품으로 가득 찬 '시스템 주방'이 보편화된 요
즘 부엌의 변신만큼 우리 삶의 질을 획기적으로 바꾼 것도 그리 흔하지
않다.

　한 예로, 재래식 전통 부엌의 필수품인 가마솥은 이제 농촌에서도 찾
아보기가 쉽지 않다. 있다고 하더라도 기껏해야 쇠죽을 끓거나 허드렛일
용도로 사용될 뿐이다. 농촌 주택의 부엌은 1980년대 이후가 돼서야 변
하기 시작했다. 주방개량사업을 통상적으로 '아궁이를 뜯어낸다'라고 했
는데, 이는 '가마솥을 없앤다'라는 뜻이었다. 옛날에는 '새집으로 이사한
뒤 짐을 풀었느냐'는 뜻으로 으레 "(가마)솥은 걸었느냐?"라고 물었다. 가
마솥은 이를테면 주방용구의 대표였다는 얘기다. 가마솥은 그만큼 우리

생활과 밀접한 관계를 맺고 있었다. 서로 허물없이 가깝게 지내는 관계를 '한솥밥을 먹는 사이'라고 표현한다. 식구의 범주에 포함시킨 것이다. 가마솥은 밥을 짓고 국을 끓이고 물을 끓이는 단순한 기능 이상의 의미를 갖고 있는 것이다.

가마솥은 우리 조상들의 가족공동체를 끈끈하게 이어준 매개체이다. 산업사회로 접어들기 전에는 농경사회와 대가족문화가 정착되어오면서 훈훈한 인정이 넘치는 사회였다. 의사 전달을 통한 가족 간의 화합과 번성은 바로 가마솥이라는 매개물에 의해서 이루어졌다. 마을공동체 역시 가마솥으로 만든 음식을 통해 이루어졌다. 가마솥에는 공찬과 합찬의 의미가 담겨 있는 것이다. 이 같은 '한솥밥 정신'은 가정에서 벗어나 사회로 연장되어 지역사회의 화합과 인화 증진을 중시하는 합근문화와 연결되었다. 합근문화란 먹을 것이 귀한 사람에게 먹을거리를 나눠주는 공동체 의식에 토대를 두고 있다.

합근문화로서의 가마솥의 가치를 잘 보여주는 유물이 바로 태조 왕건이 고려를 창업한 직후 창건한 개태사의 철확(鐵鑊)이다. 이 가마솥은 개태사에 기거하던 승려와 신도 5백 명의 국을 끓였다고 한다. 지름이 3미터, 높이가 1미터, 두께가 3센티미터라고 하니 철확의 크기를 짐작하고도 남는다. 그 크기에서도 후삼국으로 분열되어 대립하던 한 민족을 하나의 국가로 대통합하려는 의지를 읽을 수 있다.

그 같은 왕건의 정신이 이어진 것인지는 몰라도 일제강점기에 일본군이 파괴하려 했던 위기를 극복하고 개태사 자리를 굳건히 지킨 철확의 일화가 전해져 내려오고 있다. 일본군이 무기 제작에 쓸 요량으로 철확을 부수려고 할 때 갑자기 천둥 번개가 치고 세찬 소나기가 쏟아지면서 날이

어두워져 일본 병사들이 놀라서 도망갔다고 한다. 그때 일본군이 파손시킨 테두리 부분의 흔적이 아직도 남아 있다.

🌾 밥알을 서게 만드는 가마솥

밥을 푸기 전 가마솥에 있는 밥을 꼼꼼히 본 일이 있는가. 그랬다면 밥알이 서 있는 모습을 보면서 매우 신기하게 여겼을 것이다. 왜 이런 '이상한일'이 일어나는 것일까? 가마솥 뚜껑은 솥 전체 무게의 3분의 1을 차지할정도로 매우 무겁다. 사용하기에 불편할 정도이다. 하지만 그 무게 속에조상의 지혜가 숨어 있다.

육중한 솥뚜껑은 솥 안의 공기와 수증기의 외부 유출을 막아 솥 내부의압력을 급격히 상승시키고 내부 온도가 빨리 올라가게 만든다. 밥도 그만큼 빨리 익는다. 그래야 쌀의 맛과 향이 유지될 수 있다. 보통 솥에 짓는 것보다 영양소 파괴도 훨씬 적다. 또 뜸을 들이는 동안에도 고온 상태가 유지되어 밥이 고르게 익는다. 밥이 고르게 익기 때문에 '삼층밥'이 만들어질 리가 없다.

여기서 우리 조상의 지혜는 한 번 더 발휘된다. 가마솥 뚜껑을 차가운행주로 여러 번 닦아주는 게 지혜다. 솥 겉과 속의 온도 차이를 인위적으로 만드는 것이다. 이로 인해 뚜껑 내부에 서린 수증기가 뚜껑을 타고 흘러내린다. 세칭 '눈물'이라고 불리던 흘러내린 수증기는 뚜껑과 솥 사이의 틈을 막아주게 된다. 결과적으로 솥 내부와 외부를 완전 차단하게 되는 것이다.

밥알을 서게 하는 가장 중요한 이유는 특이한 솥바닥 구조다. 가마솥바닥은 둥글면서도 두께가 고르지 않다. 바닥의 한가운데가 가장자리보다 훨씬 두껍고, 가장자리로 갈수록 얇아진다. 더욱이 가마솥 외부의 밑바닥은 마감 처리도 매우 거칠게 되어 있다. 이런 구조는 열의 전도에 영향을 미친다. 가마솥에선 단순한 형태의 대류와는 다른 복잡한 형태의 열 흐름이 만들어진다. 외부로 탈출이 불가능한 내부 공기는 일종의 혼란 상태에 빠지게 되는 것이다. 이것이 바로 밥알이 선 채로 익는 원인이다.

　가마솥은 일본에 지대한 영향을 미쳤고, 지금까지도 영향을 미치고 있다. 가마솥이라는 우리말을 일본어로 사용하고 있는 점도 그 예 중 하나다. 일본어로 가마솥은 '가마'라고 부른다. 질그릇으로 만든 가마솥은 '도카마'라고 한다. 흥미로운 것은 '가마'라는 단어가 '부뚜막'이나 '아궁이'라는 뜻으로도 쓰인다는 점이다. 굳이 가마솥과 구분할 때에는 부뚜막을 '가마토'라고 하기는 하지만 부뚜막에 걸린 가마솥을 연상하는 데에는 무리가 없어 보인다. 철기 제련 기술이 뛰어났던 신라가 일본에 가마솥 제작 기술과 아궁이 만드는 방법을 함께 전해주었음을 추정할 수 있는 증거이다.

　가마솥의 원리를 과학에 원용한 것도 일본이다. 1965년 미나미 요시타다가 세계 최초로 전기밥솥을 발명하여 1970년대 중반부터 대중화되기 시작했다. 초기의 전기밥솥은 하단에 열판을 깔아 솥 안쪽을 가열하는 방식으로, 단순 취사와 보온이 기능의 전부였다. 밥의 찰기가 부족하고 맛이 없다는 이유 때문에 수요가 크게 늘어나지는 않았다. 이 같은 단점을 보완한 제품이 바로 일본 회사 조지루시가 1980년대에 개발한 전기압력밥솥이다. 하지만 전기압력밥솥은 밥알이 절대 일어설 수 없다. 바닥 구조가 가마솥과 다르기 때문이다.

음식문화를 풍부하게 만든 젓가락

인간은 '도구의 동물'이라고 한다. 손으로 물건을 잡을 수 없다면 도구를 활용할 수 없음은 불문가지다. 도구의 활용은 뇌의 작용을 활성화시키는 작용을 한다. 14개의 작은 뼈와 64개의 근육과 30여 개의 관절로 움직이는 손을 '외부의 뇌', '제2의 뇌'라고 하는 이유다. 독일의 철학자 임마누엘 칸트는 손을 '눈에 보이는 뇌', 러시아 출신의 미국 시인 조지프 브로드스키는 '정신의 일부'라고 규정했다. 이를 종합하면, 손을 많이 사용하면 사용할수록 두뇌가 젊어지고 좋아진다는 것이다. 손 활동이 뇌세포 활성화와 뇌 혈류 개선에 도움이 된다는 게 과학계의 상식이다.

아마도 일상적 생활 가운데 가장 집중적인 손동작 중 하나가 젓가락질이 아닐까 싶다. 세계 뇌과학 분야에서 젓가락을 사용하는 민족과 나라에 관심이 높아지는 것도 이를 반증하는 것일지도 모른다.

하지만 생각만큼 젓가락을 사용하는 민족과 나라는 많지 않다. 세계적으로 젓가락을 쓰는 인구는 전 세계 인구의 약 30퍼센트, 15억 명 정도로 추정하고 있다. 한·중·일 3국뿐 아니라 베트남, 태국 등 일부 동남아시아 국가에서도 모양과 재질은 다르지만 젓가락을 사용한다. 쌀을 주식으로 하는 밥 문화권과 거의 일치한다. 빵 문화권의 식사 도구는 나이프와 포크인데, 그 인구는 30퍼센트가량 된다. 맨손으로 음식을 먹는 인구는 약 40퍼센트로 가장 많다.

젓가락이 사용된 역사는 정확히 알 수 없다. 은나라 때 사용한 청동제 젓가락이 발견된 중국에서는 적어도 청동기시대부터 사용했을 것으로 짐작하고 있다. 우리나라에서도 벼농사가 전래된 무렵부터 젓가락이 사용됐을 것으로 보고 있다. 일본은 우리보다 몇백 년 뒤진 것으로 알려져 있다.

젓가락을 사용하기 전에는 손가락이 식사 도구였다. 검지를 '식지(食指)'라고 하는 데에서도 손으로 음식을 집어 먹었음을 짐작할 수 있다. 그러다가 불을 이용한 뜨거운 음식이 등장하면서 손가락을 대신할 식사 도구가 필요했을 것으로 추정된다.

'빵 문화권' 나라들은 '밥 문화권'보다 손으로 음식을 먹는 행위를 훨씬 뒤에까지 이어왔다. 일반 가정에서 보편적으로 포크와 나이프가 사용된 것은 18세기 르네상스 시대에 이르러서였다. 포크 사용을 추정할 수 있는 최초의 기록도 10세기경이다. 동로마제국 황제 오토 2세의 황후인 테오파뉴가 포크로 추정되는 도구를 사용한 기록이 남아 있다. 그 이후로도 거의 6백~7백 년 동안 손으로 음식을 집어 먹었다는 기록이나 일화가 있을 뿐 포크나 나이프를 식사 도구로 사용했다는 증거는 거의 없다. 중앙집권체제가 자리잡아가던 15세기의 서양 식사 예절을 다룬 서적에는 음식을 먹지 않는 손으로 용변 뒤처리를 하고 코를 풀어야 한다고 적혀 있다. 식사 도구인 손의 위생에 대한 설명인데, 여기서도 포크 사용이 대중화되지 못했음을 알 수 있다. 16세기에 이르러서야 이탈리아 상류사회로 전해졌지만 포크는 궁중에서도 매우 귀한 도구로 여겨졌다. 이 시대의 귀족 사상가 몽테뉴가 음식을 손으로 먹다가 손가락을 깨물었다는 일화가 전해진다.

식사 방식도 하나의 문화다. 문화에 대해 해석하고 주석을 달아보려는 것은 사회학자들의 본능적 행위이다. 일본을 여행하고 난 뒤《기호의 제국》라는 명저를 남긴 프랑스의 기호학자 롤랑 바르트는 젓가락과 포크 문화를 관통하는 코드로 '발톱'과 '부리'를 찾아냈다. 서양은 살아 있는 동물을 잡아먹는 맹수(발톱)에, 동양은 곡식을 쪼아 먹는 새 (부리)에 비유한 것이다. 포크에서 고기를 뜯어 먹는 모습을, 젓가락에서 밥알을 쪼아 먹는 모습을 연상한 것으로 알려져 있다. 여기서 더 나아가 '포크 문화'는 공격적이고, '젓가락 문화'는 수동적이라고 주석을 단 학자도 있다. 물론 어느 편이 우월하고 어느 편이 열등하다는 의미는 아니다. 우리는 맨손으로 쌈을 싸먹는데 이를 미개하다거나 원시적이라고 말할 수 없는 것과 같다. 자연에 순응하면서 체득한 식사 방법이기 때문이다. 그럼에도 젓가락이 포크보다 음식문화를 풍부하게 만든다는 점은 부정할 수 없는 사실이다.

3국의 젓가락 문화

포크를 사용하는 나라가 어느 나라이든지 그 사용법은 큰 차이가 나지 않는다. 재질도 대동소이하다. 크기도 개인의 취향이나 음식 종류에 따라 다를 뿐 차별성을 발견하기가 쉽지 않다. 하지만 젓가락을 사용하는 동양 3국은 다르다. 각 나라의 음식문화에 따라 다른 양상을 보이며 발전해왔다. 길이와 굵기, 모양과 재질도 다르다. 젓가락을 놓는 방향도 차이가 있다. 이 때문에 젓가락 길이와 굵기를 갖고 동양 3국의 문화적 특질을 구분하기도 한다. 중국은 길고 굵고, 일본은 가늘고 짧다. 한국은 길이와 굵기가 중국과 일본의 중간쯤 된다. 젓가락 재질도 한국은 쇠, 일본과 중국은 나무를 주로 사용한다.

어떻든 굵기와 길이가 달라진 것은 식사 방법과 음식 재료 때문이다. 중국인은 온 식구가 커다란 둥근 식탁에 둘러앉아 식사를 한다. 멀리 떨어진 음식을 먹기 편리하도록 젓가락 길이를 늘인 것이다. 또 기름기가 많은 음식을 먹기에 불편함이 없도록 끝이 뭉툭하게 처리된 나무젓가락을 사용하여 음식이 미끄러지는 문제를 해결했다.

일본인은 밥그릇을 왼손에 들고 오른손에 쥔 젓가락으로 밥을 먹는다. 식사할 때 젓가락만 사용하다 보니 밥그릇이나 국그릇을 들고 먹게 된 것이다. 거기다가 작은 독상이기 때문에 굳이 젓가락이 길 필요가 없다. 그리고 생선을 발라 먹거나 회를 먹는 데 용이하도록 끝이 뾰족하다.

한국인은 가족이 함께 먹기는 해도 밥상을 따로 차렸기 때문에 중국처럼 젓가락이 길 필요가 없다. 또 중국처럼 기름기 많은 음식도 없고 일본처럼 해산물을 많이 먹지 않으므로 중국처럼 뭉툭하거나 일본처럼 뾰족할 이유가 없었다. 무엇보다 눈길을 끄는 대목은 한국은 금속을 사용해서 젓가락을 만들었다는 점이다. 재질 자체가 미끄러운 쇠젓가락은 나무젓가락이나 사기젓가락에 비해 사용하기가 어렵다. 또 무게감 때문에 묵과 순두부같이 연한 음식을 집어 먹기가 불편하다. 금속문화의 발달이 쇠젓가락을 사용한 이유로 알려져 있다. 어떻든 쇠젓가락을 사용할 때에는 절묘한 힘 조절이 필요하지만 재활용이 가능하다는 장점이 있다.

중국과 일본은 보통 나무젓가락을 사용한다. 일본은 삼나무, 중국은 대나무를 애용한다. 중국 통계 당국의 발표에 따르면 중국에서 한 해에 소비되는 나무젓가락 수는 8백억 매나 된다는 보도가 있었다. 이 보도에 따르면 8백억 매를 한 줄로 연결하면 지구와 달 사이를 21번 왕복할 수 있는 거리라고 한다. 20년생 나무 한 그루로 만들 수 있는 일회용 젓가락이 4천 개 정도라 하니, 중국인이 소비하는 나무젓가락을 충당하기 위해서는 연간 2천만 그루의 나무를 베어내야 하는 셈이다.

일본 역시 젓가락을 만드는 데 사용되는 나무가 만만치 않다. 특히 일본은 손님을 대접할 때 일회용 나무젓가락을 내놓는 게 보통이다. 한 보도에 따르면 2005년 한 해 동안 사용된 젓가락이 대략 262억 매이며 한 사람당 연간 205개를 사용했다고 한다. 이는 2층 목조건물을 1만 채 건립할 수 있는 양이라고 한다.

🌀 중국과 일본에도 젓가락 장단이 있을까?

한·중·일 문화를 비교하면서 가장 먼저 떠오른 의문이 '중국이나 일본에도 젓가락 장단이 있을까'라는 것이었다. 한국도 이젠 젓가락 장단을 맞추며 노래하는 일은 거의 사라졌지만, 어떻든 젓가락 장단은 한국인이 즐기던 독특한 놀이였다.

민족적으로 독특한 '습관'이 '창작의 원천'이 되는 사례를 흔히 본다. 한국의 성공한 문화상품이 된 '난타'도 그중 하나다. 4백만 명 이상의 외국인이 난타 전용극장을 다녀갔다고 한다. 난타에선 온갖 식사 도구가 리듬악기로 사용된다. 국자로 음식물 쓰레기통을 두드리고 칼로 도마를 두드리는데, 여기서 나오는 리듬은 신명 그 자체다. 이보다 더 훌륭하게 감정을 표현할 수 있는 '악기'가 있을까. 리듬악기가 발달된 나라는 한이 많은 나라라고 한다. 우리 조상들은 젓가락 장단을 맞추면서 삶의 애환을 달래고 감정의 카타르시스를 느낀 것은 아닐까. 어쩌면 난타의 발상은 젓가락 장단에서 나온 것인지도 모른다. 젓가락 장단이 한국의 드럼 연주로 바뀐 것이 아닐까 싶다.

젓가락 장단은 한국만의 유일한 풍속은 아니다. 러시아에는 〈젓가락

행진곡〉이 있다. 필리핀 사람들도 젓가락 장단에 맞춰 노래 부르길 좋아한다. 하지만 중국은 젓가락으로 밥그릇을 치는 행위를 매우 예의 없는 천박한 행동으로 여긴다. 더욱이 젓가락으로 장단을 맞춘다는 것은 있을 수 없는 일이다. 중국에서는 예법으로 젓가락 장단을 금지하고 있다. 젓가락 사용 예법으로 통하는 '젓가락 6계명'에 '젓가락을 두드리면 안 된다', '젓가락 춤을 추어서는 안 된다'고 '금지령'을 적시하고 있다. 젓가락을 두드리거나 젓가락을 들고 추는 춤이 마치 거지가 구걸할 때 밥통을 수저로 두드리고 추는 춤과 유사하기 때문이라고 한다. 이 때문에 식탁에서 수저를 두드리는 행위를 하면 '한국의 품바' 취급을 받기 십상이다. 심지어 젓가락을 사발 위에 올려놓는 것을 절대적으로 피한다. 손님에 대한 무례한 행위로 여기기 때문이다. 만일 손님이 그런 행위를 했다면 주인의 대접이 소홀했다는 불만을 표시한 것으로 해석한다.

일본도 마찬가지다. 젓가락을 높이 들거나 하는 행동에 깜짝깜짝 놀란다. 젓가락으로 상을 치며 노래를 부르는 것은 일본인으로서는 상상할 수 없는 일이다. 일본인이 함께 한 자리에서 젓가락으로 장단을 맞춘다면 '몰상식한 사람'으로 취급받을 각오를 해야 한다. 일본엔 "그릇을 두드리면 귀신이 나온다"라는 말이 있다. 가난하게 살던 시절 배고픈 아이들이 그릇이나 상을 두드리면서 밥을 달라고 투정을 부린 데에서 유래된 금기다.

🜚 몸과 조상이 되는 젓가락

한·중·일 3국 문화의 공통분모를 말할 때 대표적인 예로 소개되는 것이 한자, 불교와 유교, 쌀, 젓가락 등이다. 젓가락을 통해 한·중·일 3국은 자연스럽게 문화적 소통과 연대를 통해 하나의 문화권을 형성했다. 젓가락은 3국의 문화를 비교할 때 '문법'이거나 '코드'로 인식되어왔다. 코드와 문법이란 무엇인가. 사전적 의미는 언어의 구성 및 운용상의 규칙을 말한다. 아무런 생각 없이 말한 것일지라도 서로가 알아듣는 데 어려움이 없도록 만드는 무엇이다. 몸에 밴 공유의식 없이는 나올 수 없는 것이다. 그래서 젓가락은 3국의 국민성을 드러내는 도구로 인식되어온 것이다.

한국인은 젓가락을 몸의 일부로 여겼다. 언어학자 겸 소설가인 고종석은 "'가락'은 가늘고 길게 도막낸 물건의 낱개를 의미하며, 동사 '가르다'의 어근 '갈'에 접미사 '-악'이 붙어 만든 명사"라고 설명했다. 손가락, 발가락, 머리카락과 같이 '가락'이라는 접미사가 붙은 단어 모두가 공교롭게도 신체의 끄트머리에 있다. 여기서 젓가락과 숟가락이라는 식사 도구를 신체의 일부로 연상하여 여겼음을 유추할 수 있다. 이어령은 "옷을 피부의 일부로 여긴 것처럼 젓가락과 숟가락을 손의 일부분으로 생각했다"고 주장했다.

몸과 생명은 아무리 부모로부터 얻은 것이라 하더라도 부모에게서 분리 독립된 개별적 존재이다. 독립된 존재에 부속된 도구인 수저를 공유하거나 함께 사용할 수 없는 것은 당연하다. 이 때문에 집단주의적 성향이 유난히 강하고 가족공동체 의식을 최우선으로 여기는 한국인은 숟가락과 젓가락은 내 것, 네 것을 엄연히 구분해서 사용했다. 적어도 수저는 가족 소유가 아니라 개인 물품이다. 옷이나 화장품과 같은 것을 형제 자매가 함께 사용하는 것과는 상당히 차이가 난다. '수저를 놓았다'는 관용 표현 역시 숟가락과 젓가락은 가족보다 개별적 인격체임을 보여주는 예이다. '수저를 놓았다'는 곧 죽음을 의미하기 때문이다.

일본은 수저의 소유권을 한국보다 더 뚜렷하게 구분하는 게 특징이다. 성별에 따라 젓가락 색깔도 구분한다. 남편은 검은색, 부인은 빨간색을 주로 사용한다. 제사를 지낼 때는 반드시 흰색을 쓴다. 흰색에 존경의 의미가 담겨 있다고 생각하기 때문이다.

한국인과 일본인이 수저를 대하는 태도가 신체학상 그르지 않다는 사실이 미국의 뇌과학자 샌드라와 매슈 브레이크슬리 모자에 의해서도 어느 정도 확인되었다. 두 사람은 신체와 그 주변과 뇌의 연계작용을 연구해서 출판한 《뇌 속의 신체지도》라는 저서를 통해 "뇌 속 지도에서는 자신이 사용하는 도구나 연장을 신체 일부로 인식한다"면서 "젓가락으로 반찬을 집을 때, 야구방망이를 휘두를 때 뇌가 인지하는 몸은 도구를 포함해 일시적으로 넓어진다"고 주장했다.

중국인에게 젓가락은 공동 식사와 가족질서를 의미한다. 이 때문에 중국인은 젓가락을 당연한 공유의 물품으로 여긴다. 결코 개인별로 소유하지 않는다. 적어도 수저에 관한 한 가족의 공유의식이 한국과 일본보다 강하게 나타난다고 할 수 있다.

중국인은 젓가락을 조상과도 연계시킨다. 조상 중 한 분이 호상을 맞았을 때 붉은 젓가락을 사용해 장사를 지낸다. 죽은 사람 덕분에 장수하고 재해를 막을 수 있다고 여기기 때문이다. 우리나라 사람들이 문 앞에 북어와 실타래를 묶어놓듯이 중국인은 지붕의 한 귀퉁이에 조상이 쓰던 젓가락을 엇갈려 걸어놓고 이를 '조상신'으로 여긴다. 한국인이 젓가락을 신체의 일부로 여겼다면 중국인은 젓가락으로 조상의 몸을 대신하는 셈이다. 조상의 젓가락이 후손의 안녕을 지키는 도구로 사용된 것이다.

중국에서는 젓가락이 불행을 예방하고 복을 부르는 길상지물이기도 하다. 그만큼 소중하고 귀하게 여긴다. 이 때문에 좋고 비싼 젓가락을 중요한 행사의 선물로 자주 이용한다. 한 예로 화려한 결혼식으로 세간의 입에 오르내린 대만의 최대 여행사 톈시(天喜) 사장 궈정시와 일본의 온천 부호로 유명한 신다코 쇼코의 결혼식 때 하객들이 받은 선물이 바로 고급 젓가락이었다. 상서로운 기물인 만큼 젓가락이 부정 타지 않도록 각별히 조심하는 게 중국의 풍속이다. 이를테면 길이가 다르거나 짝이 맞지 않는 젓가락을 사용하는 것을 금기시한다.

3

그릇으로 본
3국의 음식문화

동일한 모양과 무늬로 정갈한 맛을 돋우는 한국의 그릇

그릇은 '문화의 원점'이다. 그릇은 시대 구분의 도구로도 사용된다. 신석기시대를 빗살무늬토기 시대, 청동기시대를 민무늬토기 시대라고 한다. 인간 생활의 중대한 변화를 가져온 원인 중의 하나가 바로 그릇임을 반증하는 것이다. 그릇은 또 정주생활과 비정주생활을 구분하는 기준이 된다. 민무늬토기의 뾰족한 밑부분은 그릇을 땅에 묻었음을, 앙소토기는 두레박으로 사용됐음을 보여준다. 인류는 한곳에 모여 살면서 원시적인 경작을 시작하게 되었고, 사회질서를 갖춰나갔다. 집단적인 정주생활이 생에 대한 두려움까지 해결할 수 있었던 것은 아니다. 초월적인 힘에 의지하는 신앙의 출현하게 되고 그 증거 중의 하나가 그릇이었다. '그릇'과 '컵'의 뜻을 가진 glass의 어원은 grail이다. grail은 '성배(聖杯)'라는 의미를 갖고 있다. 제사 용기로 그릇이 사용됐음을 추론할 수 있다. 그릇의 역사는 문화적으로 중요한 위상을 차지하고 있는 것이다. 더욱이 그릇의 개발은 음식에 있어서 하나의 혁명이었다고 해도 과언이 아니다.

음식은 내용이고 그릇은 형식이다. 내용은 형식을 규정한다. 형식도 내용을 제한한다. 이런 반복된 과정, 즉 변증법적 발전은 그릇을 사용하는 사람들의 생활이 고스란히 담긴 가장 문화적인 산물로 변해갔다. 그릇에 '문화의 거울', '문화의 집결체'라는 의미를 부여하는 이유가 여기에 있다. 시대적 흐름에 따라 그릇의 가치와 형태도 변화하면서 지리적 환경과 생활 습관에 따라 각양각색의 음식문화에 영향을 준다. 한·중·일 3국 음식문화의 차이를 가장 분명하게 보여주는 것 중 하나가 바로 그릇이다.

그릇이 음식 맛의 본질은 아니다. 그렇다고 음식을 담는 용기라는 기능적 측면으로만 그릇을 바라본다면 '그릇의 능력'을 과소평가하는 것이다. 식기가 단지 음식을 담는 용기에 지나지 않는다면, 어떤 그릇이든 관계없이 그릇에 담긴 음식의 맛은 동일해야 한다. 그러나 실제는 그렇지 않다. "음식은 담기 나름이다", "보기 좋은 떡이 먹기도 좋다"라는 속담을 들먹이지 않아도 그릇에 따라 음식 맛이 다르다는 사실을 누구나 한번쯤 경험해봤을 것이다. 시각적인 효과와 미각은 서로 연관되어 있다. 식당에 대한 인상이 좋지 않으면 그곳에서 먹는 음식도 제맛이 안 나는 것과 마찬가지다. 어울리지 않는 그릇에 담긴 음식도 맛을 느끼기 어렵다.

요리 전문가들은 맛있는 음식을 만드는 요령으로 먼저 음식의 특성을 이해하라고 충고한다. 음식 재료, 요리 방법, 식사 방법, 음식의 특성, 그릇의 종류 등에 대한 고려가 있어야 한다는 얘기다. 물론 음식의 특성을 알아야 음식을 돋보이게 하고 맛을 배가시킬 수 있는 그릇을 선택할 수 있다. 음식을 먹어보기 전이라도 특성에 맞는 그릇에 담긴 음식을 보는 것만으로 음식의 맛은 이미 결정되는지도 모른다. 어떤 그릇에 담아내느냐에 따라 입맛이 달라지기 때문이다. 그릇이 입맛을 당기게도 하고 빼앗아가기도 한다. 음식과의 첫 대면이 중요한 이유다. 청량감이 생명인 막걸리는 양은 주전자가, 깊은 맛을 내야 하는 청국장은 뚝배기가 제격이다.

음식이 그릇을 결정하는 주요 요인이기는 해도 그릇의 모양을 결정하는 것은 아니다. 무엇보다 그릇의 모양은 식사 방법과 깊은 관계가 있다. 일본인은 밥그릇을 손에 들고 밥을 먹는다. 따라서 손으로 잡기에 편하게 만들어져야 했다. 그래서 밥그릇에 굽이 있고, 위쪽보다 아래쪽의 폭이 좁은 종지 모양이다. 거기다가 가족구성원의 손의 크기에 따라 밥그릇의 크기가 달라야 했다. 그릇의 소유자가 따로 있는 필요성이 생긴 것이다. 남녀가 모양과 크기가 다른 식기를 사용하는 풍습이 생긴 것도 이런 연유에서 비롯된다. 재미있는 것은 개별 밥상을 사용하면서도 부부의 국그릇은 구분하지 않는 경우가 흔하다는 점이다. 국그릇을 따로 쓰면 두 집 살림을 한다는 속설 때문에 그렇다고 한다. 또한 여름에는 찬 느낌을 주는 자기를, 겨울에는 따뜻한 느낌을 주는 도기를 주로 사용한 것 역시 사용자의 입장을 고려한 배려라고 할 수 있다.

반면에 한국은 밥그릇을 상 위에 놓고 뜨거운 국과 밥을 숟가락으로 떠먹는다. 이 때문에 그릇을 선택할 때 무엇보다 안정성을 중시했다. 상대적으로 일본보다 넓적하고 무거운 그릇을 사용하게 된 것이다.

그릇의 무늬는 상차림과 관계가 있다. 한국은 한꺼번에 음식을 차리는 평면전개형 상차림을 한다. 그것이 자연스럽게 '한 벌의 식기'를 선호하게 된 까닭이다. 세트용 식기는 당연히 동일한 모양과 무늬를 갖게 된다. 통일된 무늬와 모양은 음식을 정갈하게 보이는 데 도움을 준다. 한국의 그릇은 대체로 흰색 바탕에 약간의 무늬가 가미된 게 보통이다. 흰색을 선호하는 것은 민족적 특성으로 여겨진다.

우리나라 공예품 중에 도자기는 세계적으로 인정받고 있다. 고려청자, 조선백자, 분청자기 등은 우리의 자랑이다. 지금이야 최고의 예술품으로 치지만 만들어졌을 당시에는 어디에선가 그릇으로 쓰였던 것들이다. 계절과 용도에 따라 다른 그릇을 사용했다. 여름에는 사기그릇(사기와 질그릇), 겨울에는 금속그릇(은그릇과 놋그릇)을 사용했고, 발효 음식은 질그릇에 담았다.

🍶 멋을 맛으로 승화시킨 일본의 그릇

한국 주부들이 끼니때마다 어떤 반찬을 마련할까 걱정한다면 일본 주부들은 어떤 그릇을 사용할 것인지에 더 많은 관심을 쏟는다고 한다. 식사 때마다 음식과 그릇의 균형과 조화를 맞추는 습관 때문이다. 일본 음식은 '눈으로 먹는다'고 할 정도로 화려하고 예쁘다. 가능한 조화의 미를 살리기 위해 배색과 보색까지 고려하는 등 음식 치장에 정성을 쏟는다. 음식의 빛깔만으로 충분하지 않을 경우에는 그에 어울리는 장식을 하기도 한다.

일본인은 밥이든 반찬이든 혼자 먹기도 부족할 만큼 음식을 조금씩 담는다. 아름다운 그릇에 놓인 고기 한 토막, 젖꼭지만 한 우메보시는 여백미를 느끼게 할 정도이다. 여백미에 만족하지 못한다면 음식을 담은 그릇에 다양한 무늬와 모양의 장식을 활용한다.

밥상에 놓인 그릇이 주는 느낌도 한국의 것과는 많은 차이가 난다. 일본인의 밥상에는 똑같은 모양이나 무늬의 그릇을 사용하는 법이 없다. 그릇 색깔도 매우 화려한 편이다. 장식과 모양을 중시하는 일본인의 습성이 반영된 것이다. 일본의 밥상은 한국에 비해 간소하지만 음식의 조화를 중시하기 때문에 제공되는 음식의 성격과 특성에 따라 필요한 식기를 선택한다. 일종의 '푸드 코디'가 생활화되어 있는 셈이다.

그릇의 다양성을 보다 확실하게 확인할 수 있는 음식은 생선회다. 생선회가 주메뉴를 이루는 식단에서 이런 특징이 뚜렷하게 나타난다. 생선회의 신선함을 잘 살려주기 위해 화려한 그릇을 선호하는데, 이 그릇을 '무코우즈케'라고 부른다. 일본에서 스시를 먹을 때 마치 바다의 향기를 맛보는 것 같은 기분이 들 때가 적지 않다. 회로 국화와 학을 뜨기도 하는데, 마치 예술 작품을 보는 듯해서 먹기가 아까울 정도이다. "한 점 먹고 죽는 것과 같은 맛"이라는 소동파의 표현이 무색할 정도로 아름답다. 이런 음식을 뷔페식당에서 사용하는 커다란 쟁반에 담아낸다면 어떤 맛을 낼까.

그릇의 섬세함과 다양함을 더하게 된 것은 개별식 식단 구성 때문이다. 다양한 색깔과 무늬는 그릇이 누구 것인지를 구분하는 데 도움이 되었다.

⚫ 전통과 역사를 중시하는 중국의 그릇

그릇에 담긴 요리에서도 중국의 실용적 사고와 대륙적 기질을 엿볼 수 있다. 화려한 멋을 내기 위해 음식에 모양을 내는 것은 일본과 비슷하다. 음식의 성질에 따라 그릇을 결정하는 것도 한국이나 일본과 유사하다. 하지만 그릇의 모양에는 그다지 신경을 쓰지 않는다. 우리의 상식으로는 납득되지 않는 면도 있다. 깨진 그릇을 사용한다는 점이다. 일류 식당에서도 이가 빠지거나 금이 간 그릇이 식탁에 오르는 일을 흔히 볼 수 있다. 우리나라 식당에서라면 큰일 날 일이다. 깨진 그릇에 음식을 담으면 '재수 없다'거나 '들어오던 복도 나간다'고 여기기 때문이다. 하지만 중국에서는 깨진 그릇이 많이 나오는 식당을 그만큼 역사와 전통이 깊은 식당으로 인정하고 자랑스럽게 여긴다. 중국인의 실용적 사고를 그릇 사용에서도 확인할 수 있는 대목이다. 뿐만 아니라 흰색과 푸른색을 좋아하는 전통을 유지 계승하기 위해 거의 모든 중국인 가정에는 흰색이나 푸른색을 띤 식기를 갖추고 있다고 한다.

깨진 그릇에 대한 관용은 인사말에서도 찾아볼 수 있다. 식당이나 초대 받은 집에서 손님이 실수로 그릇을 떨어뜨렸다면 주인이나 초대자는 "쑤에이 쑤에이 핑안(歲歲平安)!"이라는 인사를 한다. 깨진다는 의미의 碎(쑤에이)와 동음이어인 歲자를 차용해서 오히려 복을 빌어주는 것이다. 술자리에서 그릇이나 술병이 깨지면 오히려 좋은 징조로 여긴 데에서 비롯된 관용적 인사말이다. 실수에서 비롯된 미안한 마음을 덜어주면서 복을 빌어주는 중국인의 대륙적 기질을 느낄 수 있다. 하지만 베이징 올림픽 개최를 계기로 고급 식당에서 깨진 그릇을 내놓는 일은 거의 사라졌다.

2장

3국의 밥상정치학

3국의 밥상정치학

이안 해리슨의《마지막에 대한 백과사전》을 통해 알려진 프랑수아 미테랑 전 프랑스 대통령의 '최후의 식사'는 세상을 깜짝 놀라게 했다. 프랑스가 문화적 관용과 다양성을 선도하는 나라라고 해도 그 충격을 감소시키지 못한다. 한 나라의 대통령을 지낸 인물의 식도락이라고 보기엔 믿어지지 않는 엽기적인 장면이 소개되었기 때문이다.

전립선암에 걸렸던 미테랑은 1995년 12월 31일 오터런 요리를 먹은 뒤 이튿날부터 식사를 거부하다가 사망했다. 멥새의 일종인 오터런은 세계적으로 사냥과 매매가 금지된 희귀조다. 보호조를 먹었다는 것보다 그 요리법의 잔혹성이 알려지면서 세상은 더 큰 충격에 빠졌다. 스튜어트 리 앨런이 쓴《악마의 정원에서》는 그 요리법을 상세히 적고 있다.

"레몬색의 오터런은 순결과 예수의 사랑을 상징한다. 덫을 놓아 산 채로 잡은 이 새를 캄캄한 상자 안에 넣은 채 한 달간 기장, 포도, 무화과 열매 등 영양가 높은 음식을 잔뜩 먹인다. 어른 발가락만한 몸집이 네 배가량 불어나면 아르마냐(프랑스 아르마냐 지방산의 코냑)를 채운 스니프터(몸통 부분이 넓고 입구가 좁은 튤립형의 대형 술잔) 안에서 산 채로 절인다. 이런 사디스트적인 연출로 말미암아 순결의 상징이었던 오터런은 폭식이라는 타락의 대표성을 부여받게 된다. 요리는 단순하다. 죽은 새를 그냥 높은 온도의 오븐에서 6~8분 정도 굽기만 하면 그만이다. 전통 문양이 수놓인 천을 머리에 뒤집어쓴 다음 4온스의 그 새를 통째로 입속에 집어넣는다. 단, 머리는 물어뜯어버린다."

'시대의 양심'으로 존경받던 미테랑이 죽어가면서까지 갈구했던 음식을 얘기하려는 것이 아니다. 인간 미각의 잔혹성에 대해 언급하려는 것도 아니다. 계급사회의 상징이었던 '음식계급'을 설명하기 위해 미각의 나라 프랑스의 대통령 미테랑과 순결을 상징하는 새 오터런을 선택한 것이다.

1

계급음식과
음식으로 본 계급

🥢 권력자의 식욕이 문화가 되다

권력은 자원을 배분하고 자원의 우선순위를 결정하는 자격으로 정의할 수 있다. 과거엔 먹을거리가 중요한 자원이었다. 권력자는 터부와 금기라는 사회적 시스템을 통해 음식을 배분했다. 그것은 음식 자원의 불평등을 양산하는 원인이 되고, 귀하고 좋은 음식은 권력자에게 독점되는 현상을 낳았다. 그것이 바로 음식계급이다.

금기와 터부는 일종의 사회적 배제다. 프랑스의 사회학자 피에르 부르디외는 《구별짓기》라는 저서를 통해 "경제적·문화적인 것뿐만 아니라 개인적인 취향까지도 계층에 따라 구별되는데 상류층은 이러한 구별을 통해 사회를 통제한다"고 주장했다. 음식 취향도 사회적 계급의 결정인자가 된다는 말이다. 사실 어느 사회나 상관없이 '음식계급'이 존재해왔다. 음식 선택의 기준이 이를 단적으로 보여준다. 현대에도 음식의 가격을 불문하고 음식 맛을 찾는 미식가가 적지 않다. 또 요리사의 명성, 고품격의 식당에 목숨을 거는 기호가도 있다. 반면에 길거리 음식이나 정크 푸드로 끼니를 때우는 데 급급한 사람도 있다.

사회학자들은 음식도 사회적 계급을 구분할 수 있는 중요한 요소로 주목해왔다. 음식을 '연성권력'이라고 규정한 것도 그런 연구의 결과이다. '연성권력'은 두 가지 형태로 나타난다. '많이 먹기(갖기)'와 '다르게 먹기'다. 잭 구디는《역사인류학 강의》에서 "계급 차이가 발달한 문화에서 상층계급은 하층계급과 다른 희귀한 재료와 정교한 조리법으로 자신들만의 '고급음식문화'를 만들었다. 특권계층의 음식에 대해 평민들에게 제한함으로써 '부족함 없이 먹을 수 있는 특권'을 독점하려 했다"고 갈파했다.

몇 년 전 방영된 KBS 다큐멘터리 〈중국 음식에는 계급이 있다〉라는 프로그램은 계급화된 중국 사회를 적나라하게 해부해 보여주었다. 하루 세 끼를 2위안 정도 하는 딤섬 몇 조각으로 해결하는 사람이 있는가 하면, 베이징 덕에서 1천8백 위안짜리 카오스를 먹는 사람도 있다. 먹는 것에 최고의 가치를 둔다는 중국이지만, 누구나 먹고 싶은 음식을 다 먹을 수 있는 것은 아님을 극명하게 보여주었다. 현대사회에서도 이러할진대 힘이 센 사람만이 좋은 음식을 획득했던 과거에는 이런 현상이 더 두드러졌음은 설명할 필요도 없을 것이다.

음식에 의한 계급화 현상의 역사는 길다. 인간이 조직생활을 시작하고 공동노동, 공동분배라는 원시경제 시스템이 깨진 이후부터 지금까지 지속됐다고 해도 과언이 아니다. 권력자들은 최고의 식탁을 통해서 자신의 권력과 부유함을 과시했다. 심지어 통치력과 식욕은 비례관계에 있다고 인식했다. 음식을 먹는 게 아니라 음식을 통해서 권력을 향유한 것이다.

뿐만 아니라 잦은 전란과 인구의 증가 등으로 인해 음식의 수요공급의 불균형과 불안전성은 음식의 계급화를 심화시켰다.

'토지=음식'이라는 인식이 굳어진 전제군주와 봉건시대를 지나면서 음식에 대한 권력자들의 집착은 더욱 심화되었다. 다양한 재료의 선택, 조리 방법의 개발 등으로 음식에 새로운 가치가 부여되었다. '음식이 곧 약'이 되었고, 약으로서의 효용성을 높이기 위해 음양오행 사상이 접목되었다. 오색·오미·오향 음식이 등장하면서 더욱 다채롭고 화려한 음식이 개발되는 발전 과정을 겪기도 했다. 상류계층은 먹을거리라는 본래의 기능에 더해서 음식에 '미학'이라는 철학적 개념을 도입했다. 인간이 꿈꾸는 최고의 식탁에 만족하지 않은 것이다. 음식미학은 미각과 닿아 있다. 여기에 예술의 개념도 도입된다. 저널리스트 토르스텐 미츠너가 말했던 것처럼 미각을 충족시키기 위해서는 엄청난 사회적 비용을 지불해야 하는 결과를 낳았다.

🐕 음식과 정치의 함수관계

고급문화는 특권 귀족층의 전유물이다. 문화를 독점하는 방법 중의 하나가 '비밀' 또는 '은폐'다. 옛날 황제 등 최고 권력자의 건강 비법은 철저하게 비밀에 싸여 있었다. 왕권이 기세등등할 때 '왕실양명술'의 한 구절이라도 외부에 알릴 수 없었다. 만일 그런 일이 벌어졌다면 정보유출자, 아니 '문화전달자'는 능지처참을 당할 각오를 해야 했다.

뿐만 아니라 가진 자들은 자신들의 행동양식에 고상한 가치를 부여했다. 음식 예절, 그릇의 고급화, 식당의 품격 등 까다로운 형식을 만들어 보통 사람과 차별화를 꾀했다. 음식에서 삶의 즐거움을 느낄 수 있는 것은 권력자 또는 상류계층에 속하는 사람들뿐이다. '역사를 바꾸는 주체는 창조적 소수'라는 아널드 토인비의 말을 변용해서 '문화를 만드는 주체는 소수의 권력자'라고 말할 수 있을까.

그렇다면 음식과 정치는 어떤 관계가 있는 것일까. 도가사상의 창시자인 노자는 "큰 나라를 다스리는 것은 작은 생선을 지지는 것 같아야 한다"고 음식을 정치에 비유했다. 백성을 다스림에 있어서는 작은 생선을 구울 때처럼 조심스레 다루라는 의미이다. 공자도 "예는 바로 음식에서 시작된다"고 보았다. 공자사상의 핵심인 도덕적 실행의 출발점을 음식에 두었음을 알 수 있다. 다시 말하면 어진 정치, 즉 올바른 예의 실현은 '먹음에 있어서 그 입맛을 백성과 달리 하지 않는 것'으로 해석할 수 있다.

중국의 최고 권력자들은 음식과 요리를 이용하여 불로장생과 강장강정을 추구했다. 하나라의 폭군 걸왕은 애첩 매희를 만족시키기 위해 곰발바닥 요리를 먹었고, 불로장생을 꿈꿨던 진시황은 불로초를 갈구했다. 후궁을 3백 명이나 거느렸던 한나라 무제의 건강 비결은 사슴의 정액이었다. 초나라 장왕은 각종 동물을 잡자마자 간을 빼서 날로 먹었다. 이 같은 진귀한 요리를 만들어서 대접해야 하는 요리사는 예로부터 파격적으로 좋은 대우를 받았다. 음식에 관한 지식과 기술 습득은 중국 사대부 계급의 중요한 자격 요건이었다. 《사기》에 따르면 은나라 탕왕의 재상이었던 이윤은 본래 요리사였다. 몇몇 자료에 따르면 애초에 이윤이 탕왕의 총애를 받게 된 것도 요리 솜씨 때문이라고 한다. 중국 현대작가 전종서는 산문 〈밥을 먹다〉에서 "이윤의 눈에 모든 인간사회는 요리를 하는 부엌과도 같았다"라고 썼다. 《여씨춘추》에도 "이윤이 맛을 내는 이치로 왕

한·중·일 밥상 문화

을 설득하고 군침이 돌게 하는 식단으로 가장 위대한 통치철학을 이야기했다"는 기록이 있다. 이윤보다 요리 실력이 더 뛰어난 전설적 인물로 역아를 꼽는다. 두 개의 강물을 섞어놓아도 본래의 맛을 구분해낼 수 있다고 해서 그의 이름을 딴 '역아지미(易牙之味)'라는 고사성어가 있을 정도이니 그의 실력을 짐작하고도 남는다. 그와 관련한 유명한 일화가 있다. 제나라 환공이 지나가는 말로 "사람 고기의 맛이 궁금하다"고 말하자 역아는 자기 아들을 죽여서 요리를 해서 환공에게 진상함으로써 자신의 정치적 위상을 공고히 했다고 한다.

요리와 정치를 한 카테고리 안에서 인식하는 중국인의 사고는 아직까지 이어지고 있다. 중국에는 "맛으로 기를 움직이고, 기로 뜻을 충만하게 하고, 뜻으로 말을 확정하고, 말로 명령을 내린다"는 속담이 있다. 중국의 사학자 장파는 《동양과 서양 그리고 미학》이라는 저서에서 "맛이 기, 뜻, 말, 명령, 정치의 논리를 형성한다"고 설파했다. 장파는 이 책에서 "맛의 화해는 기의 화해로, 기의 화해는 마음의 화해로, 마음의 화해는 정치의 화해로 이어진다"면서 "음식의 화해와 인체 기의 연관관계는 사회적 화해의 기초가 된다"고 강조했다. 음식과 권력을 이어주는 것이 기(氣)라는 얘기다. 중국에서 특히 요리를 중시하는 것도 이런 생각과 맥이 닿아 있는지 모를 일이다. 장파는 또 "중국 문화에서 음식의 화해는 전한 시대에 와서 전 우주의 화해적 체계가 최종적으로 확정되는 데 중요한 역할을 하게 됐다"면서 "음식의 화해는 정치와 긴밀한 관계를 갖게 된다"고 기술하고 있다. 중국의 역사에서 먹을거리 부족 문제가 심각하지 않을 때가 거의 없다는 점을 고려한다면 장파의 음식과 정치 관계의 분석은 상당히 설득력이 있어 보인다.

사실 '요리'라는 단어는 원래 음식과 전혀 관련이 없는 단어였다고 한다. '헤아려 일을 처리한다'는 게 본래 뜻이다. 양회석 전남대 중문과 교수는 《떠나는 중국 문화 여행》에서 "'요리'라는 단어가 '음식을 만들다'는 뜻으로 의미가 치환된 것은 일본인들이 당나라 장문성(長文成)의 전기소설 《유선굴》 가운데 '방을 치워라'라는 의미의 '요리중당(料理中堂)'을 잘못 해석한 데서 비롯됐다"고 지적했다.

2

밥상 정치
-위민정신

왕의 식사는 하나의 통치술

《감시와 처벌》의 저자 미셸 푸코가 말했던 것처럼 조선은 '모든 사람이 한 사람만을 바라보는 사회'였다. 그 '한 사람'이란 모든 것을 가진 왕을 가리킨다. 왕은 무한권력의 소유자였다. 하지만 자신의 정책적 의지를 실천에 옮길 수 있는 실효성 높은 권력은 갖지 못했다. 왕의 주변에는 실질적 권력 행사를 막는 신하들이 있었다. 왕은 늘 신하들과 싸움을 해야 했다. 이 때문에 조선의 역사를 '왕권과 신권의 싸움의 역사'라고 규정하곤 한다. 조선은 왕의 나라였지만 신권이 늘 개입할 수 있는 왕조였던 것이다.

국정에만 국한된 문제가 아니었다. 사생활도 마찬가지였다. 왕의 일거수일투족은 신하의 간섭을 받았다. 왕의 행동 하나하나가 모두 정치의 영역에 포함되기 때문이었다. 왕의 밥상도 결코 개인적 영역이 될 수 없었다. 《왕의 식사》의 저자인 함규진은 "조선시대 왕의 식사는 '사적인 섭식(攝食)'을 넘어선 '공적인 의례'였다"고 갈파했다. 밥상의 정치학이 존재했다는 얘기다. 밥상이 민생의 현장이라면 왕의 식사는 민생을 돌보는 정치행위인 셈이다. 밥상이 민생의 현장이 될 수 있던 것은 진상품 제도 때문이다. 진상품은 대개 각 고을의 이름난 토산품이었다. 조선의 왕들은 전국 각지에서 올라온 진상품의 상태를 꼼꼼히 살펴 각 지방의 작황과 경제 상황을 짐작했다고 한다. 당연히 밥상은 위민정신을 구체적으로 실천하는 정치현장이 되었다.

조선의 왕들은 절도 있는 식생활로 건강을 유지했다. 신분이 왕일지라도 구조적으로 호의호식과는 거리가 멀었다. 왕의 밥상, 즉 수라상에 좋은 재료로 만든 많은 가짓수의 음식이 오를지언정 반가의 밥상과 큰 차이를 보이지 않았다. 《조선왕조실록》〈태조편〉에 대전과 중궁전, 세자궁 등에 배당된 1일 음식 재료의 분량이 기록되어 있다. 멥쌀과 세장국은 대전과 중궁전에 6되, 세자궁에 4되 5홉, 대구어는 대전과 중궁전에 매일 2마리, 세자궁에 3일에 4마리, 과일은 잘 익은 날것과 말린 것 두 종류를 매일 진상했다고 적고 있다. 어쩌면 현대인이 조선의 왕들보다 더 잘 먹고 있다는 생각이 들 정도로 변변치 않아 보인다.

왕의 식사에 관한 내용은 《조선왕조실록》에서 엿볼 수 있다. 밥상 정치의 틀을 세운 사람은 다름 아닌 태조 이성계다. 사대부의 등에 업혀 역성혁명에 성공한 태조의 입장에서는 민심을 장악하기 위해서라도 검소한 생활을 보여줄 필요가 있었다. 《조선왕조실록》을 보면 태조 원년 가을에 "친척집의 여인들이 문안하러 왔기에 태조와 강비(태조의 부인)가 물에 만 밥을 대접했다"는 얘기가 나온다. 역시 《태조실록》에는 "임금(태조)의 아버지 환왕의 제삿날인 관계로 임금이 끼니 음식의 가짓수를 줄이고 대궐 안에서 중들을 시켜 불경을 읽게 했다"는 것 외에도 절식 기록이 수도 없이 나온다.

조선시대 왕들의 소박하고 검소한 식생활의 사상적 근거는 '천인감응론(天人感應論)'이다. 하늘과 사람이 긴밀히 연결돼 있어 인간사회에 큰 폐단이 있으면 자연히 하늘의 경고나 견책이 따른다는 이론이다. '천인감응론'이란 곧 '왕도정치'의 근간이라고 할 수 있다. 왕도정치는 위민정치를 본질로 한다. 백성들의 안녕과 평안을 최고의 가치로 여긴다는 얘기다. 국정 혼란으로 인해 백성의 안태가 깨지고 생활이 궁핍해졌다면 '국가지도자'는 응당 하늘에 사죄해야 한다고 여겼다.

특이한 것은 하늘에 사죄하는 방식이다. 즉, 수라상에 오르는 음식으로 사죄했다. 이런 방식은 다른 나라에서 좀처럼 볼 수 없는 일이다. 음식을 통한 '사죄의 행위'로 감선(減膳), 철선(撤膳), 철주(撤酒) 등이 있다. 감선은 음식 가짓수를 줄이거나 아예 수라를 거르는 것이고, 철선은 육식을 거부하는 것이다. 철주는 말 그대로 술을 마시지 않는 것이다. 가뭄이나 홍수 같은 천재지변이 일어났을 때 왕이 솔선수범해서 근신하는 모습을 보이기 위해 이 같은 정치행위를 단행했다. 백성들의 식사를 하늘과 동일하게 간주했음을 짐작할 수 있다.

태종은 감선과 철선을 자주 실행했던 왕으로 기록되어 있다. 재위 18년 동안 홍수와 가뭄 등 자연재해나 가족의 상을 당해 감선을 15차례, 철주를 9차례나 단행했다. 잦은 감선으로 인해 신하들이 건강을 걱정했다는 기록이 《태종실록》에 남아 있다. 잦은 철선과 감선처럼 자기 자신에 대해 철저한 면모를 보인 것은 형제의 목을 쳐내고 권력을 잡은 데 대한 회한이 한몫했을지도 모른다. 하지만 자신에게 철저한 면모를 보였던 태종도 자식에 대한 사랑만큼은 끔찍했다고 한다. 세종은 고기반찬이 없으면 밥을 먹지 않을 정도로 육식을 좋아했는데, "상중이라도 세종에게 고기를 먹을 수 있도록 하라"고 유언을 남겼을 정도이다. 또 열네 살에 죽은 아들 성녕대군을 잊지 못하여 생전에 좋아했던 닭고기를 제사상에 올리라는 지시도 아버지로서의 인간적 면모를 보여주는 것이라 하겠다.

임진왜란이라는 국란을 겪었던 선조도 마찬가지였다. 효종의 부마인 정재륜이 지은 《동평위 공사견문록》에 의하면 선조는 검소함을 덕으로 숭상하여 금빛의 화려한 옷을 입지 않고 고기반찬은 두 가지 이상 올리지 못하게 할 정도로 검소한 식단을 고집했다고 한다. 외침으로부터 백성의 안태를 지키지 못한 데 대해 왕으로서 사죄의 뜻을 나타낸 것인지도 모른다. 또 부마들을 불러 점심을 대접할 때조차도 수라상엔 물에 만 밥 한 그릇과 마른 생선 조각, 조린 생강 그리고 김치와 간장이 전부였다고 한다. 식사가 끝난 뒤에는 "남은 것은 모두 싸가지고 가라"고 말한 것으로 전해진다.

병자호란 때 남한산성으로 피난 간 인조는 침구가 없어 옷을 벗지도 못한 채 잠자리에 들어야 하는 상황에 빠졌다. 수라상에도 닭다리 하나만 놓였다. 인조는 어느 날 새벽 닭 울음소리가 들리지 않음을 깨달았다. "필시 나에게 닭을 바쳤기 때문일 것"이라고 생각한 인조는 "앞으로는 닭고기를 쓰지 말도록 하라"고 지시했다. 최악의 상황에서도 장졸들을 위로하기 위한 유일한 방법이 감선이었던 것이다.

왕도 간장만으로 식사를 했다

영조는 재위 중 감선을 89차례나 실행했다. 이 부문에서 조선 역대 왕 중 최다 기록을 갖고 있다. 영조는 특히 탕평책을 실현하기 위해 감선을 단행했다는 게 이채롭다. "거듭 탕평을 지시했음에도 아직도 당습에 얽매이는 모습이 개탄스럽다"면서 "이는 내가 교화를 잘못한 탓이 아닌가?"라면서 감선을 단행했던 것이다. 영조에 이어 등극한 정조는 가뭄 땐 간장 한 가지만으로 수라를 받아 굶주리는 백성의 아픔을 함께하려는 모습을 보이기도 했다.

천인감응론의 다른 통치행위로 진휼(賑恤)이라는 게 있다. 큰 가뭄이나 홍수로 인해 궁휼해진 백성을 구제하기 위해 궁궐의 식량을 백성에게 나눠주는 제도이다. 세종이 등극한 이듬해부터 7년 동안 큰 가뭄이 이어져 국가적 위기상황에 처해 있었다. 이때의 가뭄이 얼마나 심했는지 '세종 7년 대한'이라고 부른다. 세종은 6조 관아(지금의 광화문 네거리) 앞에서 솥을 걸고 내탕미로 죽을 끓여 백성들에게 나눠주도록 했다. 물론 세종도 그 자리에 있었다.

궁핍에 찌든 백성들의 몰골을 본 세종은 궁궐로 돌아오자마자 충격적 명령을 내린다. 경회루 옆에 초가집을 지을 것을 명한 것이다. 신하들이 화재 위험 등의 이유로 반대했지만 세종은 한발 더 나아갔다. 새로운 건축자재를 쓰지 말고 경복궁에 널려 있는 낡은 목재를 사용해서 집을 지으라고 명령했다. 왕과 왕비의 침소인 교태전에서 불과 20여 미터 떨어진 곳에 초가집이 완성되었고, 세종은 "백성들이 굶주리고 있는데 임금이 기왓장을 지고 누워 잘 수 없다. 백성의 아픔을 함께하겠다"며 그 초가집을 침소와 집무실로 사용했다. 신하들은 물론 왕비인 소현황후도 초가집 앞에서 무릎을 꿇고 앉아서 만류했지만 소용이 없었다. 무려 2년 3개월 동안 초가집 집무가 이어졌다고 《세종실록》은 적고 있다.

왕이 식사를 통해 위민정치를 구현한 또 다른 형태로 봉송(奉送)이 있다. 봉송은 다른 나라에서는 찾아볼 수 없는 '상물림'이라는 궁궐 내 풍습이다. 왕이 식사를 마치고 물러나면 정1품부터 종9품까지 궁궐 관리들이 품계 순서대로 물려받은 상에서 식사를 하는 것이다. 궁궐에서 상물림을 마치는 데 네 시간 이상 걸렸다는 기록이 남아 있다. 음식이 남으면 왕족과 고관대작 이외의 사람들은 궁중 음식을 싸가지고 궁궐 밖으로 나갈 수도 있었다.

문화는 물처럼 높은 곳에서 낮은 곳으로 흐른다. 궁궐의 문화는 한양의 반상사회로 전파되었다. 왕이 신하에게 상물림을 했던 것처럼, 양반은 평민들에게 '상물림'을 했다. 양반이 평민에게 내리는 밥상은 '꾸러미'라고 했다. 상물림을 위해서는 한꺼번에 많은 음식을 마련해야 한다. 세자 책봉, 왕의 생일 등 국가적인 행사나 큰 명절 등에 행해지던 일종의 잔치인데, 이때 왕실에 올리는 잔치 의식이 끝난 뒤에 음식을 백성들에게 나눠준 것이 봉송과 꾸러미의 기원이다. 당시만 해도 평민이나 노비들의 하루 생활은 먹을거리를 얻기 위한 투쟁 그 자체였다. 이들에게도 한 끼나마 배불리 밥 먹을 기회를 제공한 것이다.

봉송과 꾸러미는 구중궁궐과 반가를 잇는 음식의 가교였다. 반가 음식은 바로 이렇게 서울의 양반가로 전해진 궁중 음식의 영향을 크게 받았다. 이 때문에 궁궐 음식과 반가 음식은 별 차이가 없다. 다만 음식 명칭을 구분하고 규모에서 차이가 있었을 뿐이다. 예를 들면 궁중에서는 신선로라 부르는 음식을 반가에서는 열구자탕이라 한다든지, 궁중의 전골

틀을 일반 양반가에서는 벙거지꼴이라 했다. 궁중에서 조치, 송송이, 골동반이라고 부르던 것을 반가에서는 각각 찌개, 깍두기, 비빔밥이라고 부르는 식이다. 규모면에서는 왕의 밥상인 수라상은 12첩으로 하고, 사대부는 9첩, 일반 양반가는 7첩 이상의 상차림을 할 수 없도록 제한했다.

궁궐 음식과 반가 음식의 또 다른 소통 통로는 은사물이다. 은사물은 왕이 신하와 백성에게 예의를 표시하는 방식의 하나로 왕이 하사하는 선물을 뜻한다. 공로에 대한 치하, 학문에 대한 격려, 업무와 관련한 위로와 같은 공적 이유뿐만 아니라 사적 이유로 은사품을 내렸다.

고산 윤선도가 인조와 봉림대군으로부터 받은 선물 목록인《은사첩》을 보면 대개의 은사품은 쌀, 문방구, 각종 음식 재료 등이었다. 향토사학자 정윤섭은 "일상생활에서 쓰는 식료품과 같은 성격의 물품이 많다"면서 "일종의 물물교환과 같은 성격이 있다고 보인다"고 추정했다.

3

만한취안시
–관용과 포용의 정치

만한취안시는 공자의 밥상에서 유래되었다?

중국 요리는 지역적 특성에 따라 루차이(魯菜), 촨차이(川菜), 화이양차이(淮陽菜), 웨차이(越菜) 등 4대 요리로 구분된다. 루차이는 산둥성, 촨차이는 쓰촨성, 화이양차이는 화이양성, 웨차이는 광둥성 음식이다. 여기에 후난성, 안후이성, 저장성, 푸젠성 등 4개 지역의 요리를 더해 8대 요리라고도 한다.

징차이(京菜), 즉 베이징 요리는 이 분류 체계에서 제외된다. 중국 요리 중에서도 차별화된 위상을 차지하고 있는 게 그 이유다. 명나라와 청나라를 거치면서 중국 전역의 이름난 요리와 조리법이 수도 베이징에 집결하게 되었고, 이것이 중국 요리의 '종합 세트'라고 할 수 있는 베이징 요리의 원천이 되었기 때문이다. 또 황실 요리로 발전된 베이징 요리를 굳이 지역적 분류에 포함시킬 필요성을 느끼지 않았을 수도 있다. 최근에는 경제권에 따라 베이징 요리, 상하이 요리, 쓰촨 요리, 광둥 요리로 구분하기도 한다.

베이징 요리를 대표하는 것은 중국 전통 궁중 요리의 완결판이라고 할 수 있는 만한취안시(滿漢全席)이다. 만한취안시의 유래는 청나라 강희제 시대로 거슬러 올라간다. 강희제는 자신의 회갑을 맞아 만주족과 한족의 최고급 요리만을 모아 잔치를 열었다. 65세 이상의 노인 2천8백 명을 초청한 이 대연회는 사흘 동안 베풀어졌는데, 이것이 역사 기록에 나타난 최초의 만한취안시이다.

만한취안시의 기원은 공자가 살던 춘추시대까지 거슬러 올라간다는 사학자도 있다. 만한취안시는 산둥 지방의 요리로 공자의 손님 접대 음식인 '공부연(孔府宴)'에서 그 유래를 찾는 것이다. 공씨 집안에서 개발한 공부연은 황제와 관리들을 대접했던 최고급 요리였다. 특히 진귀한 재료를 이용한 풍성하고 화려한 상차림으로 유명하다. 애초부터 희귀한 재료를 이용한 음식을 마련한 것은 아니었는데 점차 음식 종류가 늘어나고 진귀한 음식들이 더해졌다는 게 중국 음식학자들의 생각이다. 공부연이 최고급 요리로 거듭날 수 있었던 것은 공자의 까다로운 식성과도 깊은 관계가 있을 듯하다. 《논어》〈향당편〉에는 "공자는 가늘게 썬 생선회를 좋아했다. 밥에서 냄새가 나거나 맛이 변한 것은 먹지 않았다. 냄새가 고약하거나 뭉그러진 생선도 먹지 않았다. 빛깔이 칙칙해도 먹지 않았고 너무 익거나 설익은 음식도 먹지 않았다. 때가 아니면 먹지 않았고 음식이 반듯하게 잘리지 않은 것도 먹지 않았다. 간이 맞지 않은 것 역시 먹지 않았다. 고기반찬이 많아도 주식보다는 많이 먹지 않았고, 시장에서 구입한 술이나 육포는 아예 입에 대지 않았다. 생강은 물리치지 않고 먹었으나 많이는 먹지 않았다"라고 기록하고 있다. 기록대로라면 웬만한 특급호텔 주방장의 특선요리가 아니고서는 그 식성을 맞추기가 어려울 정도이다.

공부연이 중국 최고 음식의 본산으로 자리 잡은 데에는 또 다른 이유가 있다. 성인(聖人) 대접을 받던 공자의 집안에 시집오는 여자들이 꼭 지참해야 하는 게 있었다. 친정의 명품 요리 레시피이다. 공자의 집안과 시집을 오는 집안은 최고 명문가의 집안임은 자명할 터, 따라서 공부(孔府)는 중국 전역에서 내로라하는 명품 요리의 집결지가 될 수 있었던 것이다. 공자의 72대손과 혼인한 건륭제의 딸이 만한취안시를 담아내는 식기 세트를 혼수품으로 가져간 것도 이를 뒷받침한다. 어떻든 만한취안시는 공부연에다가 만주족과 한족이 먹던 각 지방의 산해진미가 결합한 것으로, 이것이 중국 요리의 상징으로 자리 잡게 된 것이다.

만한취안시에 등장하는 요리는 무려 196가지나 된다. 404개의 최고급 은그릇에 담긴 요리가 정해진 순서에 따라 나온다. 하루 두 차례씩 사흘에 걸쳐 총 여섯 차례의 대연회가 열렸다고 하니 그 규모는 상상조차 가지 않을 정도이다. 중국에서 가장 호사로운 향연인 만한취안시는 노인대접이라는 공경사상을 명분으로 한, 만주족과 한족의 통합을 위한 하나의 '정치쇼'이면서 '푸드쇼'였다.

이 '푸드쇼'의 하이라이트는 천하제일연이라고 부르기에 손색이 없는 음식 재료였다. 개의 간과 창자, 붉은 제비, 백조, 비룡, 물고기 부레, 낙타 혹, 곰 발바닥, 표범 태반, 원숭이 골, 코뿔소 꼬리, 사슴의 힘줄과 자궁, 노루 새끼, 제비, 닭의 골, 잉어 꼬리, 독수리, 호랑이 고환, 모기 눈알, 매미, 전갈, 바퀴벌레, 토끼 뒤, 오리 혀, 사슴 눈알, 코끼리 코 끝부분, 바다제비집 등으로 진귀하다 못해 엽기적이기까지 한 음식 재료들이

동원되었다.

요리된 음식 역시 '예술품'이란 이름을 붙여도 손색이 없다. 나비가 날아다니는 모양을 재현한 호접해삼(胡蝶海蔘)은 닭 가슴살과 왕새우 살로 나비 몸통을 꾸미고, 해삼으로 날개를 단다. 더듬이는 상어 지느러미로 만든다. 이것을 암탉으로 우려낸 맑은 육수에 띄운다. 선인지로(仙人指路)는 학 모양의 애피타이저이다. 제비집과 닭고기를 다져 만든 소로 날개를, 숙주나물로 날개 깃털을 표현하고, 새끼 비둘기를 다진 고기로 몸통을 형상화한다. 탄소목단포(炭燒牧丹鮑)는 은대구 껍질을 벗겨 모란꽃 모양을 만들고 숯불에 구운 전복을 가운데에 올려놓는다. 완성된 요리는 마치 활짝 핀 모란꽃이 연못에 떠 있는 모습이라고 한다. 귀비해삼(貴妃海蔘)은 뼈를 발라낸 닭 날개를 구운 다음 푹 곤 해삼을 그 위에 얹는다. 참선하던 스님들도 향기에 취해 절담을 뛰어넘을 정도로 맛이 훌륭하다는 불도장(佛跳牆)은 사슴 힘줄, 잉어 부레, 상어 지느러미와 입술, 돼지 힘줄, 전복, 조개, 버섯, 죽순 등을 푹 고아낸 최고의 보양탕으로 꼽힌다. 만한취안시에서 빠뜨릴 수 없는 요리는 장수면이다. 장수면의 면발은 옥대면(玉帶麵)이라고 해서 우리의 칼국수보다 넓적하다. 이것은 관복의 옥대를 상징한다. 장수면에는 메추리알 반쪽을 넣는데, 해와 달(메추리알)처럼 임금님과 부모님이 오래 사시라는 소망이 담겨 있다고 한다.

🎋 만한취안시는 통합정치의 정수

청 왕조 만주족은 한족을 지배하기 위해 강경책과 온건책을 혼용했다. 이를테면 중요 부서의 관리는 만족과 한족을 함께 쓰되 우두머리는 반드시 만주족 출신을 임명했다. 하지만 음식에서는 만한분리 정책을 폈다. 만주족의 한족 동화를 막기 위한 조치였다. 청조의 궁중 연회는 크게 만주식 연회인 만석과 한족식 연회인 한석을 엄격히 구별하여 한 연회에 두 가지 방식을 혼용하는 것을 철저히 금지했다. 이런 전통이 만한취안시로 깨진 것이다. '만주적인 법도'의 상실을 재촉하는 계기가 된 만한취안시는 중국 통합의 상징으로 다시 태어난 셈이다.

만한취안시는 달에서도 보인다는 만리장성, 명나라의 대표적 건축물인 자금성, 중국 전통 의상 치파오, 천년 전통의 니싱 도기, 신비의 맛을 자랑하는 마오타이주 등과 함께 21세기 중국을 상징하는 문화 코드다. 만한취안시는 또 56개 민족으로 구성된 중국의 대통합을 상징하기도 한다. 만한취안시의 역사는 불과 1백여 년밖에 되지 않는데, 일천한 역사에도 불구하고 중국을 대표하는 문화 코드가 된 이유가 궁금해진다.

이시바시 다카오의 《대청제국》을 보면 나름의 해답을 찾을 수 있다. 이시바시는 "중국 역사상 최대의 제국인 청제국은 복합 다민족 국가로서 현대 중국에 유산을 남긴 기틀을 마련했다"고 주장했다. 현대 중국의 원형은 한족이 아닌 만주족이 세운 청나라라는 얘기다. 그는 또 "1백만 명도 안 되는 만주족이 1억 명에 가까운 한족의 중국을 정복하여 2백80년 가까이 통치할 수 있었던 것은 지역성을 극복하고 다양성이 공존하는 관용과 융합의 정신이 있었기 때문에 가능했다"면서 "관용과 융합을 통해서 현재 중국의 모습이 갖춰진 것이며, 그런 정신을 함축하는 대표적인 상징물이 만한취안시"라고 주장하고 있다. 만한취안시는 곧 대청제국의 관용과 통합 정신의 상징이라는 의미이다. 이시바시가 주장하는 만한취안시의 기원과 유래는 실제 중국인들이 믿는 것과는 차이가 있다. 이시바시는 "18세기 중엽 양주를 중심으로 강남 지역의 민간에서 만한취안시라는 용어가 등장한다"고 전제하고 "건륭제가 재위 60년 동안 총 여섯 차례에 걸쳐 남순하면서 만주족 음식을 본격적으로 접하게 된 민간에서 일부 음식을 섞으면서 시작된 것"이라고 추정했다. 즉, 만한취안시는 만주족과 한족 사이의 갈등을 씻고 화해와 통합을 이루려던 강희제, 옹정제, 건륭제의 노력이 음식으로 나타난 결과라는 것이다.

만한취안시와 같은 화이동거(華夷同居) 체제의 흔적은 수도 없이 많다. 자금성 내정에 있는 문이나 전각의 편액 등에는 한자와 함께 여러 문자가 병기되어 있다. 이것을 합벽이라고 하는데, 왼편에는 한자, 오른편에는 만주문자 등을 병기했다. 동북부에 있는 옹화궁의 편액에도 한자, 만주문자, 몽골문자, 티베트문자가 병기되어 있다. 황제의 여름 별궁 즉 피서 산장인 승덕의 이궁(離宮) 정문인 여정문(麗正門)에는 왼쪽부터 몽골문자, 위구르문자, 한자, 티베트문자, 만주문자 순서로 다섯 가지 문자가 새겨져 있는데, 이를 오체 합벽이라고 한다. 이궁과 멀지 않은 곳에 있는 팔묘에는 대부분 몽골문자와 티베트문자를 사용한 한만사체 합벽이 있다.

베이징의 자금성과 선양의 봉천행궁(奉天行宮)에서 청조가 거행했던 제사에서도 만주족의 독자성을 유지하면서도 타민족에 대한 배려의 마음을 읽을 수 있다. 자금성 안의 곤녕궁과 봉천행궁의 청녕궁에는 과거 황제를 겸한 칸이 샤먼교의 제사를 지냈던 제신전이 있다. 피서 산장에는 라마교 사원이 버젓이 들어서 있다. 이 사원은 티베트 라싸의 궁전과 사원의 모양을 복사한 듯 유사하다고 한다.

4

가이세키 요리
-도(道)의 실현

🎋 도요토미의 사인은 영양 불균형?

일본에는 궁중 요리라는 단어가 없다. 한국이나 중국과 궁궐의 개념이
다르기 때문이다. 일본의 성은 막부(幕府)의 우두머리인 쇼군의 처소다.
헤이안성의 비장함이나 오사카성의 웅장함은 쇼군의 권력과 비례한다.
쇼군은 막강한 권력을 가졌지만 매우 절제되고 검소한 생활을 했다. 12
세기 말에 출현한 최초의 무사 정권인 가라쿠마 막부 시대에 형성된 금욕
적인 규율이 전통이 되어 내려온 것이다. 쇼군은 '자신을 희생하여 영지
를 지키는 일'을 가장 중시했다. 만일 사치와 영달에만 관심을 보인다면
그를 지지하는 무사나 백성들로부터 인정을 받지 못했다. 음식 사치란
생각도 할 수 없는 일이었다.

 쇼군의 아침상에 오르는 음식은 밥과 국, 야채 두 가지, 생선조림, 보
리멸구이 등이 전부였다. 특이한 것은 매일 아침 보리멸이라는 생선을

먹었다는 점이다. 기름진 음식을 절제했던 쇼군에게 훌륭한 비타민 공급원이 되었을 것으로 추정된다.

쇼군이 얼마나 절제된 생활을 했는지 보여주는 사례도 적지 않다. 도쿠가와 이에야스 가문의 14대 쇼군인 이에모치의 사망 원인은 비타민 A의 부족으로 인한 각기병이었다는 설이 있다. 그는 다리가 저리면서 부어오르고 설사와 요실금, 심부전 증세를 보였다고 한다. 최근에는 임진왜란을 일으킨 도요토미 히데요시도 같은 병으로 죽었다는 주장이 제기되었다.

쇼군의 절제된 식생활은 음식이 다양한 권력 수단으로 표현되지 못했음을 의미한다. 부와 권력을 가진 상류층도 쇼군의 영향을 받아 음식 사치가 상대적으로 적었을 것으로 짐작된다. 막부의 음식은 국가나 권력자부터 독립되어 있지 않았다. 쇼군은 절제된 식욕과 검소한 식생활을 통해서 자신의 권력과 권위를 유지하려 했다. 단출한 식생활 문화는 '생존의 미학'이었다.

쇼군의 검소한 생활 기조는 메이지유신 이후 천황시대가 열린 이후에도 크게 변하지 않았다. 천황의 식생활을 다룬 《쇼와 텐노의 일일 식사》에도 '궁중 요리'로 분류할 만한 특별한 요리를 발견할 수 없다. 텐노(천황)가 좋아하는 음식을 주로 밥상에 올렸음을 알 수 있을 뿐이다. 쇼군은 음식 대신 차(茶)를 통치 수단으로 활용했다. 차가 권력을 만들었고, 다인(茶人)이 권력자가 되었다. 다회(茶會)의 규모와 화려함은 쇼군의 권력과 비례했다. 이를 상징적으로 보여주는 사건이 있다. 때는 일본 통일의 기틀을 마련한 오다 노부나가의 집권 시기였다. 당시 낮은 직급이던 도요토미 히데요시가 전투에서 큰 공을 세우고 돌아오자 오다가 칭찬하면서 도요토미에게 원하는 것을 물었다. 도요토미가 "차를 마시고 싶다"고 대답하자, 오다는 불같이 화를 내며 "낮은 신분인 주제에 많은 것을 탐한다"고 나무랐다. 이런 수모를 당했던 도요토미는 권력을 장악한 뒤 황금으로 도금된 다실을 오사카성에 만들어 수시로 다회를 열었다.

🏵 절식을 통해 통치의 절도를 보인 쇼군

다도를 배우려고 하는 사람들이 맨 처음에 듣는 말이 있다. "고매한 인품으로 차를 마셔야 그 맛을 음미할 수 있다"는 것이다. 일본의 다도(茶道) 정신이 정립되기 전까지 차 맛은 늘 '쓴맛'이었을지도 모른다. 다회가 열린 다실에는 늘 죽음의 그림자가 드리워져 있었기 때문이다. 무사들 사이에선 칼 대신 독을 탄 차로 정적을 제거하는 일이 다반사였다. 이런 악습은 '일본의 다조(茶祖)'로 불리는 승려 센노 리큐의 차 문화 개혁을 계기로 사라지게 되었다. 일명 '고이차(濃茶)'의 역사가 시작된 것이다.

권력을 잡은 오다 노부나가는 지방의 영주들을 다회에 초대했다. 스스로 차를 타서 먼저 마신 뒤 옆 사람에게 넘기길 계속했다. 센노의 아이디어였다. 이렇게 해서 한 그릇의 차로 여러 명이 마시는 고이차의 풍습이 만들어진 것이다. 이것은 일본의 '차 혁명'이었다. 과거 독살 차 문화의 병폐가 점차 사라지게 됐음은 물론 사무라이 사이에 다도가 형성되는 계기가 되었다. 센노는 여기에다 일본의 다도 정신이라고 할 수 있는 '이치고이치에(一期一會)'를 정립했다. '생애에 한 번뿐인 만남'이라는 뜻을 담아 손님에게 차를 대접한다는 뜻이다. 이치고이치에 정신이 일본의 문화로 정착되는 데에는 도요토미가 일조했다. 도요토미는 센노를 다도 스승으로 받아들여 그에게 상당한 실권을 부여했다. 오토모 소린의 서신에 의하면 "내밀한 의식은 소에키(센노의 법명)에게 묻고 공식적인 의식은 재상에게 묻는다"고 적혀 있다. 이를 볼 때 센노의 정치적 역할이 상당했음은 물론 그가 다도 발전의 기틀을 마련했음을 유추할 수 있다.

다도는 일본 연회 음식의 대명사인 가이세키(會席) 요리의 탄생에 적지 않은 영향을 미쳤다. 가이세키 요리는 한국의 한정식, 프랑스의 오트 퀴진(Haute Cuisine)에 해당하는 고급 정찬 요리이다. 그 원류를 따라 올라가면 동음이어인 가이세키(懷石) 요리가 있다. 이것은 거창하게 요리라는 이름을 붙이기에 민망한 음식이었다. 공복에 차를 마시는 것을 꺼린 승려들이 차를 마시기 전에 먹던 소찬이었다. 옛날에는 일본 승려들이 배고픔을 참기 위해 뜨거운 돌을 안고 자는 버릇이 있었다. 여기에서 '품속의 돌(懷石)'이라는 어원이 나온 것이다. 배를 곯던 승려들이 일본 전통의 말차(가루차)를 마시면 속이 쓰렸을 것이다. 이를 방지하기 위해 격식을 갖춘 다회에서는 밥과 국과 세 가지 반찬, 즉 '일즙삼채(一汁三菜)'로 이루어진 식사가 곁들여졌다. 이것을 가이세키(懷石) 요리라고 한다. 차를 마시기 전에 적당히 배를 채워 차의 맛을 돋우는 요리로, 비교적 간소한 재료로 만들었다. 하지만 곡물과 채식 위주에 따른 영양 불균형을 해소하기 위해 두부, 된장, 간장, 두유, 유바(湯葉), 유부, 낫토 등이 제공됐는데, 이것들은 나중에 가공 요리로 발전했다. 이전까지 주를 이루었던 생식 또는 말리거나 굽는 단조로운 조리법에서 벗어나 다채로운 요리가 탄생하는 계기가 된 것이다. 가이세키 요리는 쇼진(精進) 요리(사찰 요리)라고도 불린다.

시간이 지남에 따라 각 지방의 향토 요리가 덧붙여지면서 가이세키 요리는 더욱 풍성하고 화려해졌다. 여기에는 전쟁을 밥 먹듯이 해야 하는 시대적 상황이 작용했다. 쇼군은 전쟁터에 나가는 무사들과 성을 찾아온 손님에게는 아낌없이 연회를 베풀었다. 이는 일명 '쇼군의 요리'라고 할 수 있다. 전쟁터에 나가는 장수들을 위해 최고급 요리를 준비해 위로하는 일은 쇼군의 의무였다.

전쟁이 잦다 보니 연회도 많아졌다. 이런 과정에서 관혼상제 같은 의식이나 행사에서 차리던 정식 요리인 혼센(本膳) 요리와 가이세키 요리가 결합하게 되었고, 이름도 가이세키(會席) 요리로 바뀌었다. 가이세키 요리의 특징 중 하나는 코스식으로 여러 차례 나눠 음식이 제공된다는 점이다. 본래 한꺼번에 먹을 음식이 다 나오는 평면전개형 상차림에 코스 요리가 가미된 것은 서양 요리의 영향을 받은 것이라고 할 수 있다. 이런 과정을 통해서 가이세키 요리가 오늘날의 형태를 갖추고 일본 요리 문화를 꽃피게 한 밑거름이 되었다.

가이세키 요리는 쿄료리, 즉 '교토의 요리'로 발전하면서 귀족의 요리가 되었다. 각 지방의 향토 요리를 기반으로 하는 쿄료리는 눈으로 보여주는 아름다운 요리로 유명하다.

🌱 다도 문화가 밴 가이세키 요리

유래에서 볼 수 있듯이 가이세키 요리의 근간 정신은 도(道)이다. 다도의 정신이자 일본 요리의 마음이다. 이러한 정신이 음식 차림에 고스란히 재현된다. 현재의 가이세키 요리는 애피타이저(주로 매실주)→ 국물 요리 →초밥이나 회→구이→조림→식사 등 일곱여 가지의 코스로 나오는 것이 기본이다. 코스마다 재료, 맛, 조리법이 겹치는 일이 없고, 같은 모양의 그릇에 담아내는 법도 없다. 향미를 돋우기 위해서 계절감을 나타내는 꽃잎, 나뭇잎 등 다양한 소품이 사용되기도 한다. 화려하되 절도 있게 풀어낸 계절의 미학과 재료의 신선도를 최대한 살려 한 폭의 그림처럼 차려지는 것이 특징이다. '음식을 눈으로 먹는다', '눈과 입이 즐거운 요리'라는 말을 실감할 수 있다. 조화와 화합이라는 철학을 담기 위해 맛, 색, 향, 재료의 질감, 그릇에 이르기까지 음식에 많은 공을 들인다.

일본인은 가이세키 요리의 정신을 '맛과 향의 여백'이라고 말한다. 여운이 남는 요리라는 의미이다. 그것은 일본 미의식의 근간이라고 할 수 있는 와비(侘び)와 맞닿아 있다. 와비는 거칠고 투박하지만 고귀한 아름다움을 갖고 있다는 뜻이다. 와비의 미의식은 센노 리큐가 조선의 밥사발에서 찾아낸 것이다. 그 사발이 바로 '이도다완'이다.

일본인은 음식을 푸짐하게 내놓기보다 부족한 듯이 내놓아 식사를 오래 하는 것을 요리의 절도로 여긴다. 코스를 길게 가는 것이 일본 요리의 미학이자 완성이다. 절제된 여백의 미를 구현하다 보니 상차림이 정제되어 있다.

가이세키 요리는 먹고 나면 단순한 신체적 포만감에 그치는 게 아니다. 정신적 풍요로움을 느끼게 한다. 일본인은 문화적 충만함까지 느낀다고 한다. 문화는 느낌과 감각이 없이는 존재하지 않는다. 가이세키 요리는 느낌과 감각이 문화를 가장 잘 표현한다는 생각을 갖게 한다.

가이세키 요리는 '료칸(旅館)'을 만나면서 그 가치가 확대재생산되었다. 료칸은 단순한 숙박 시설이 아니다. 그 자체가 문화다. 일본의 전통이 고스란히 녹아 있는 고품격의 휴양소라고 할 수 있다. 료칸에서 **빼놓을** 수 없는 즐거움이 가이세키 요리이다. 최고의 그릇에 온갖 정성을 기울여 만든 산해진미가 차례로 나온다. 음식의 모양이나 색도 놀랍지만, 그 맛에는 전통 료칸의 자부심이 깊게 배어 있다.

5

조선시대 왕은
무엇을 먹었을까

왕은 하루에 다섯 끼를 먹었다?

조선의 궁궐은 정치·경제·사회·문화의 중심이었다. 하지만 오늘날에는
과거의 영화를 더 이상 누리지 못하고 있다. 오직 관광객을 위한 '관상용
유적'으로 명맥을 이어오고 있을 뿐이다. 다행스럽게도 궁중 요리를 통해
궁궐 문화가 새롭게 주목받기 시작했다. 웰빙 바람이 불면서 조선 5백 년
전통의 궁중 요리가 되살아나고 있는 것이다. 궁중 요리는 한국 음식문
화의 결정체이다.

　궁중 요리의 진수인 수라상을 받는 왕은 자연적 인격체로서 존재하지
않는다. 천명(天命)의 계승자로서 하늘과 백성의 연결을 상징한다. 이 때
문에 왕의 사사로운 행위조차도 예사롭게 여길 수 없다. 왕의 말 한마디,
손놀림 하나조차도 통치이기 때문이다. 왕의 건강은 국운과 왕실의 안위
와 직결되는 중대사였다. 왕의 건강을 위해 국가 차원의 의학적 노력을

기울인 것도 이런 이유에서 비롯된다. 특히 조선 궁궐에서는 예방적 차원의 건강관리가 중시되었다. 예방의학의 출발은 곧 식사였다.

왕의 식사는 '약식동원(藥食同源)'과 '음양오행(陰陽五行)'이라는 원리에 엄격히 따랐다. 약식동원은 '음식과 약은 한 뿌리다' 즉 '음식이 약이 된다'는 뜻이다. 약이 되는 음식을 통칭해서 약선(藥膳) 음식이라고 일컫는다. 약식동원은 단지 '약으로서의 음식'이라는 의미를 넘어 절제된 식생활이라는 의미까지 포함한다. 수라상에 오르는 음식은 또 오색, 오미, 오향 등 오감을 고르게 자극할 수 있도록 조화가 이루어져야 했다. 다채로운 음식의 음양 조화를 통해 왕의 신체 기능을 증진시키기 위한 방편이 바로 음양오행에 충실한 음식이다. 요즘 식으로 말하면 궁중 요리는 웰빙 식품이자 슬로푸드인 셈이다.

수라상은 자릿조반(초조반)→아침→낮것상→저녁→야참 순으로 하루에 다섯 차례 차렸다. 하지만 우리가 통상적으로 생각하는 푸짐한 식사는 아침과 저녁뿐이다. 초조반, 낮것상, 야참은 죽과 미음, 약식, 식혜, 다과 등으로 구성된 간단한 상차림이었다. 식사 횟수는 왕의 취향과 선호에 따라 탄력적으로 조절되었다. 식성이 좋고 몸이 비대했던 세종은 하루에 네 끼의 정식 식사를 했다. 반면 영조는 하루 세 끼로 제한하고 야식을 철저히 금했다. 특히 식사시간이 되면 만사를 제쳐두고 수라상에 앉을 정도로 규칙적인 식사를 한 것으로 유명하다. 인종은 아버지인 중종이 승하한 뒤 충격을 이기지 못해 식음을 전폐하다시피 하는 등 매우 불규칙적인 식사를 했다. 《조선왕조실록》에 "신하들의 가장 큰 일이 임금의 식사였다"고 기록할 정도로 인종은 '잘못된 식습관'을 갖고 있었다.

수라상에는 12첩이 오르는 게 보통이다. 12가지 반찬(김치, 간장 등은 가짓수에서 제외)을 올린 데에는 나름대로 이유가 있다. 동양에서는 오래전부터 '12'라는 숫자에 특별한 의미를 부여했다. '황도 12궁', '12간지', '12달' 등과 같은 용어를 보면 알 수 있듯이 '12'라는 숫자에는 '완전한 우주의 질서'라는 뜻이 함축되어 있다. 즉, 12는 우주의 질서를 의미하는 '완전한 수'이다. 음양오행에 충실한 식단을 마련한다는 것은 수라상에 우주의 질서를 재현한다는 것과 일맥상통한다. 백성의 진상품으로 차린 수라상은 곧 우주의 질서를 세우는 왕도정치의 현장이었다. 수라상에 오른 음식을 보고 백성들의 생활을 짐작했기 때문이다.

하지만 시대나 계절, 그리고 왕의 선호에 따라 반찬 종류와 가짓수도 달랐다. 채식 위주의 식단을 고집했다는 영조는 세 가지 이상의 반찬을 올리지 못하게 했다. 정조도 반찬 수를 서너 가지로 제한했다는 기록이 혜경궁 홍씨의《한중록》에 나온다. 임진왜란과 같은 국난을 겪었던 선조는 고기반찬을 두 가지 이상 올리지 못하도록 어명을 내렸고, 현종은 점심에 종종 밥을 찬물에 말아 먹는 특이한 식성을 보였다. 반면에 세종과 광해군은 육식을 좋아해서 고기반찬이 상대적으로 많이 올랐다. 광해군은 특히 불고기만 즐겼다고《계축일기》는 기록하고 있다. 생고기를 좋아하고 식탐이 남달랐던 연산군은 진귀하다 못해 엽기적인 음식조차 마다하지 않았다. 중국산 갱엿, 사슴 꼬리와 혀, 바다거북, 돌고래, 왜전복, 소의 태아, 곤충, 흰말고기, 백마의 생식기, 토종 잉어, 민물장어, 땅강아지, 지렁이, 파리 등이 수라상에 올랐다는 기록이 남아 있다.

궁중음식연구가 한복녀는 왕의 일상적 식사에 대해 "미음, 속미음, 황육백반탕(쇠고기와 쌀로 끓인 음식), 백반탕, 수프, 붕어찜, 두부전골, 꿩고기 등이 자주 수라상에 올랐다. 식단은 고기와 야채를 고루 섭취할 수 있게 했다. 차가운 기운을 가진 음식과 따뜻한 기운을 가진 음식이 어울리도록 했다. 밥도 백반과 홍반으로 음양의 조화를 이루게 했다. 음식을 먹기 전에 기미상궁이 먼저 음식을 먹어보고 독이 들어 있는지, 상하지는 않았는지 확인한 뒤 임금이 먹었다. 수저도 두 벌을 놓아 기름진 것과 기름기 없는 것을 구분하여 사용했다. 임금은 대체로 동치미 국물을 먼저 먹고 난 뒤 밥을 먹었으며, 맨 나중에 숭늉을 먹고 식사를 끝냈다"고 밝혔다.

🦠 이에는 이, 눈에는 눈

수라상에 가장 자주 오른 음식은 무엇일까. 오골계, 흑삼, 흑우, 흑염소, 흑돼지, 검정콩, 검은깨, 오디, 표고버섯 등이다. 짐작이 가겠지만 모두 검은색 음식이다. 검은빛을 띤 음식이 왕의 최고 보양식품이었다. 《신농본초경》에는 "검은색 음식으로 만든 알약을 하루에 세 알씩 백 일 동안 먹으면 고질병이 없어진다. 1년 동안 먹으면 피부에 광택이 난다. 2년 동안 먹으면 흰머리가 검은 머리로 바뀐다. 3년 동안 먹으면 이가 새로 난다"고 그 효능을 소개하고 있다. 이 같은 효능이 입증된 일은 없지만 검은색 음식이 몸에 좋다는 것은 잘 알려진 사실이다. 흑염소, 오골계, 흑삼, 쥐눈이콩 등은 최근 '4대 블랙 보양식'으로 각광을 받고 있다.

검은색 음식이 왕의 보양식이 된 데에는 성생활과 관련이 깊어 보인다. 음양오행에 의하면 검은색은 장기 중에 신장을 의미하고 정력을 상징한다. 예로부터 신장은 '양기의 본산'이라고 칭했다. 즉, '동기상구(同氣相求) 이류보류(以類補類)'라는 한의학 원리가 궁중 음식에 적용된 것이다. 이러한 관습은 오늘날에도 쉽게 찾아볼 수 있다. 쇠간을 주원료로 한 선지해장국이 간의 해독 능력을 증강시켜 숙취 해소에 좋다거나 허약한 체질인 사람이 사골을 고아 먹으면 뼛심이 회복된다고 여기는 것과 같은 이치이다.

특히 오골계는 '마르지 않는 영양의 샘'으로 주목받고 있다. 《동의보감》에는 "눈이 검은 닭은 뼈도 검다"고 오골계를 분별하는 방법까지 적혀 있다. 장희빈에 푹 빠져 지내 신하들로부터 '여색을 멀리 하라'는 충고까지 들었던 숙종은 오골계 속에 흑염소 고기, 검정콩, 검은깨 등을 넣고 두 시간쯤 푹 고아 고기와 국물까지 다 먹었다고 전해진다.

성균관을 없애고 그 자리에 연회장을 만들어 '흥청(궁궐의 기생)'들과 밤낮없이 놀아났던 연산군은 "짐 이외는 오골계를 먹지 말라"고 '오골계 금식령'을 내렸다. 이 때문에 정승조차 오골계를 함부로 먹을 수 없었다. 연산군 자신은 땅강아지, 지렁이, 파리 유충 등을 먹여 키운 오골계로 끓인 용봉탕을 즐겼다고 한다.

오골계 못지않게 버섯도 중요한 궁중 음식 재료로 쓰였다. 버섯은 특히 천연소화제 역할을 했다. 소화기능이 떨어진 왕들은 부추, 숙주 등의 채소와 두부, 조갯살, 버섯으로 속을 채운 버섯만두를 즐겼다고 한다. 버섯만두에는 향심(香蕈)으로 불리던 표고버섯을 주로 사용했다. 향심은 예전부터 불로장생의 식품으로 귀하게 여겨온 것이다.

물론 표고버섯만을 즐겨 먹은 것은 아니다. 미식가였던 현종 때 한 숙수는 석이버섯을 넣어 만든 잡채를 바쳐 참판 벼슬을 얻었다고 한다. 현종은 한라산 표고버섯으로 만든 만두를 먹고 나서야 침전에 들었다는 기록이 있다. 비위가 약한 철종은 버섯잡채를 즐겼고, 문종은 세자 때부터 심한 종기가 있어 버섯탕을 먹었다고 한다. 버섯을 끓이면 해독작용이 높아지기 때문이다. 조선 궁궐에서 버섯의 베타그루칸 효과를 알고 있었던 것은 아닌지 모를 일이다. 이런 효능이 알려진 것은 최근의 일이지만 서양에도 "버섯 장수는 오래 산다"는 속담이 있을 만큼 버섯은 '산속의 쇠고기', '채소의 스테이크'라고도 불린다. 버섯을 워낙 좋아해서 '버섯의 황제'로 불린 네로 황제는 버섯을 따오는 사람에게 그 무게만큼 황금을 주었다는 에피소드가 있다. 하루에 서너 시간만 자고서도 활력이 넘친 나폴레옹도 정력의 근원을 버섯에서 찾았다.

검은색 식품이 음양오행과 연관된 강정식이라면 동물의 생식기는 형태적인 유사성에서 비롯된 강정식이다. 현대식으로 말하면 '유사성의 법칙'이 음식에도 적용된 것이다. 세종은 성호르몬 덩어리라고 할 수 있는 수탉의 고환 요리를 먹었다. 껍질을 벗긴 고환에 벌꿀, 계란 흰자위, 표고버섯 등을 넣고 살짝 데쳐 먹는 것인데, 전립선염과 소갈증으로 고생을 하는 세종을 위해 어의가 특별히 처방한 음식이었다. 생식기관을 보하기 위한 처방이었던 셈이다.

연산군은 정력 증진을 위해 노루의 생식기와 계삼웅장(鷄蔘熊掌: 곰의 오른쪽 발바닥에 닭과 흑삼을 넣어 만든 요리)을 자주 먹었다. 계삼웅장은 맹자가 최고의 보양식으로 손꼽았던 음식이다. 연산군은 또 백마의 육회와 백마 생식기에 생강과 대추를 넣고 푹 고은 탕을 여름철 기력회복을 위한 강정 음식으로 애용했다. 연산군이 이처럼 생식기관에 집착했던 것은 동물의 특정 부위를 요리해서 먹으면 그 부위의 건강이 좋아진다는 '이류보류'의 원리를 신봉했기 때문은 아닐까. 이류보류는 간이 나쁠 때 소나 돼지의 간을, 폐가 나쁠 때 소나 돼지의 허파를 먹으면 좋아진다는 이치에 따라 우리 선조들이 지켜온 요리 방식 중의 하나다.

🐾 왕의 선택, 자신의 건강과 백성에 대한 사랑

세종이 비록 치료를 위해 강정 음식을 먹었다고 해도 무절제하게 탐닉한 것은 아니다. 세종과 흑염소에 관한 일화는 이를 단적으로 보여준다. 한글을 반포하던 당시 과로에 시달린 세종은 당뇨병의 후유증으로 건강이 극히 쇠약한 상태였다. 안질로 불과 2미터 앞에 있는 신하조차 알아보지 못할 정도로 시각 장애가 심각했고, 걸음을 걸을 수 없을 만큼 심한 각기병을 앓았다. 등창으로 인해 누워 있는 것조차 불편한 상태였다. 《세종실록》에는 훈민정음을 반포하던 해 어느 날 한 홉 반의 고름을 짜냈다는 기록이 있다.

건강에 심각한 이상증세를 보이는 왕을 위해 신하들이 나섰다. 신하들은 궁리 끝에 흑염소를 잡아 올리기로 결정하고 세종의 침전을 찾았다. 신하들은 "건강과 백성을 생각해서 검은 염소의 탕제를 올릴 수 있도록 윤허해 달라"며 읍소했다. 세종은 "검은 염소가 어느 나라 짐승이냐"고 물었다. 신하들이 "외국에서 들여온 것"이라고 대답하자 세종은 "어찌 임금이 편하자고 남의 나라에서 들여온 귀중한 짐승의 씨를 말릴 수 있겠느냐"면서 끝내 흑염소를 먹지 않았다는 것이다.

세종은 또 우유를 특별 진상품으로 관리하는 관청인 '우유소'도 폐지했다. 우유소가 국고를 낭비하고 유교 이념에 어긋난다는 비판 때문이었다. 고려 우왕 때 만들어져 조선까지 이어진 것으로 볼 때 그만큼 우유가 귀중한 식품이었음을 짐작할 수 있다. 세종이 자신에게 세자의 자리를 양보한 양녕대군에게 미안함의 표시로 우유를 하사한 것도 그런 짐작을 뒷받침하는 근거다.

그렇다고 해서 우유를 식용하는 궁궐의 식습관까지 없어진 것은 아니다. 《조선왕조실록》에 인종 1년 신하들이 "주상의 얼굴빛이 초췌하고 잠을 주무시지 못하며 심기가 답답하고 열이 나서 때때로 놀라고 두근거리신다고 하니, 다른 의약은 효험이 없고 타락은 심열을 제거할 수 있으니 타락을 드시라"고 청하는 장면이 나온다. 이것 말고도 왕이 기력을 회복하기 위해 우유를 먹었다는 기록이 군데군데 남아 있다. 영조 대의 화가 조영석의 그림 〈채유(採乳)〉를 보면 내의원 의관들이 암소의 젖을 짜는 모습이 보인다. 《승정원일기》에는 궁궐에서 우유를 얻기 위해 암소를 길렀다는 기록이 있다. 왕이 아프거나 몸이 허약할 때 올린 음식이 바로 최고의 자연건강식인 우유였던 셈이다. 실제로 평생을 채식 위주의 식사를 했던 영조는 타락죽으로 단백질을 보충했다. 타락죽은 쌀가루와 우유로 끓인 죽이다. 영조는 또한 인삼 마니아였다. 72세 때 한 해 동안 20여 근의 인삼을 먹고 이듬해 검은 머리가 다시 났다는 기록이 《영조실록》에 남아 있다.

현종이 즐겨 먹은 음식은 메밀이었다. 강화도령에서 하루아침에 왕좌에 오른 철종도 잊지 못했다는 강화도의 토속 음식 순무김치와 조갯살을 넣어 끓인 메밀칼국수를 즐겼다고 한다. 메밀은 조선 왕실의 강정 음식 중 하나였다.

효종은 산토끼고기와 취타리나물을 유난히 즐겼다. 권좌에 오르기 전 효종에게는 조충의라는 친구가 있었다. 조충의는 벼슬아치도 아닌 시골 백성이었다. 효종은 자신이 왕자(봉림대군)라는 사실을 숨긴 채 10년 넘게 조충의와 인연을 이어가고 있었다. 순박하기 그지없던 조충의는 효종을 만나러 한양에 올라올 때는 언제나 뒷산에서 캔 취타리나물과 앞산에서 잡은 산토끼고기를 들고 상경했다고 한다. 이처럼 우정이 깃든 음식이었기 때문에 더 애착을 가진 것은 아닐까.

🏵 목욕은 청결보다는 치료 목적

조선시대에는 권세가 높은 양반일수록 옷을 많이 겹쳐 입는 것을 예의로 여겼다. 이런 풍습은 궁궐에서도 마찬가지였다. 목욕도 자주 하지 않는데다 늘 옷을 겹쳐 입었으니 피부병을 달고 사는 것은 당연지사였을 것이다. 거기다가 한순간도 정신적 긴장 상태에서 벗어날 수 없었던 왕들은 스트레스성 종기 때문에 적지 않은 고생에 시달렸음은 짐작하고도 남는다.

과거에 종기는 심각한 병이었다. 효종과 정조는 종기를 치료하다가 출혈이 멈추지 않아 숨을 거두었다. 정조는 등과 머리에 벼루만한 종기가 있었는데, 피고름을 서너 되나 짜낼 정도로 심각했다고 한다. 정조는 수은을 태워 연기를 쐬는 '연훈방'이라는 치료를 받았다. 이 때문에 수은중독으로 인해 49세라는 젊은 나이에 사망했을 가능성이 제기되기도 했다. 머리에 난 종기를 치료하기 위해 산침(일종의 벌침)을 맞던 효종은 침의 부작용으로 출혈이 멎지 않아 목숨을 잃었다.

세종은 스스로 "지난해 여름 임질을 앓아 오래 정사를 보지 못하다가 가을 겨울에 이르러 조금 나아졌다"고 말했다. 여기서 세종이 말한 '임질'이 지금의 성병이 아니라 피부병 혹은 전립선염이라는 게 학자들의 일반적인 견해이다. 태종도 "내가 지금 나이 서른여섯이다. 이전에는 종기를 앓아본 적이 없다. 그런데 올해는 종기가 열 번이나 났다"고 술회했다는 기록이 《세종실록》에 전한다. 문종은 종기가 심해 환부에 고약을 붙이고 거머리로 고름을 짜냈다고 한다. 중종은 종기로 인한 고열을 내리기 위해 인분을 물에 녹인 '야인건수(野人乾水)'를 마시기도 했다. 요즘으로 말하면 소변을 마시는 치료법 '요료법'인 셈이다.

조선시대에는 피부병에 대한 일차적 치료법이 음식 치료였다. 연자육

(연꽃 씨앗)과 산약(마)은 살을 아물게 하는 데 도움이 되고 복령, 율무, 맥아 등은 면역력 증진에 효과가 있다. 이를 미숫가루를 만들어 마시면 피부와 근육을 튼튼하게 하고 습기와 열기를 없애준다고 한다. 조선의 왕들은 이 음식을 상식하다시피 했지만 종기는 퇴치되지 않았다. 여전히 골칫거리였다. 청결 관리가 쉽지 않았던 게 치유를 더디게 한 주요 원인이었다. 당대의 첨단 의료의 혜택을 받았던 왕도 목욕을 자주할 수 없었음을 짐작하게 하는 대목이다.

사실 조선시대에는 청결한 몸 관리를 위해 목욕을 했던 게 아니다. 목욕은 치료의 개념이었다. 한방 자료에 쑥목욕, 창포목욕, 소금목욕이 언급되는 것도 그런 이유이다. 세종, 세조, 사도세자는 습창을 치료하기 위해 온천 행궁이 잦았다. 특히 세조는 온천욕으로 치료 효과를 톡톡히 보았다고 한다. 종기와 피부병으로 고생했던 현종은 온천광이었다. 《현종실록》에 의하면 즉위 6년부터 10년 사이에 50여 차례나 온천 행궁을 했다는 기록이 남아 있다.

피부병 치료법을 발견한 것은 실로 우연이었다. 광해군은 어린 시절 술래잡기를 좋아했다고 한다. 그래서 궁중에 조그만 황토집을 마련하고 늘 그 집에서 놀곤 했는데 어느 새 지병인 종기가 치료되었다고 한다. 황토집이 왕실의 고질병을 치료한 것이다. 말하자면 황토집이 왕의 고질병을 치료한 '건강관리센터'가 된 셈이다.

아프리카의 마사이족도 진흙으로 집을 짓는다. 이 진흙집을 '마니아타'라고 한다. 나뭇가지와 갈대로 뼈대를 만든 뒤 쇠똥과 진흙, 짚을 이겨서 벽과 지붕을 만든다. 또 이들은 피부에 상처가 났을 때 진흙과 쇠똥을 발라 치료한다. 우리 조상들이나 마사이족은 흙 속의 미생물에 항생제가 들어 있다는 사실을 알고 있었던 것일까.

🌸 왕도 직업병에 시달렸다

왕의 '직업병'은 또 있다. 만성 위장병과 당뇨병이다. 왕실에서 복용했던 한약 가운데 가장 흔하게 복용한 것이 일종의 위장약인 군자탕(君子湯)과 양위탕(養胃湯)이다. 정종, 세종, 세조, 성종, 숙종 등은 심각한 위장질환에 시달렸다. 영조와 순종도 군자탕을 먹었다는 기록이 있다. 많은 왕들이 스트레스와 운동 부족으로 만성 위장질환을 앓았음을 알 수 있다. 특히 세종은 '종합병원'라고 할 만큼 여러 가지 병에 시달렸다. 당뇨 합병증으로 망막병증(안질)을 앓았고, 두통과 이질, 부종, 수종다리, 풍증, 수전증 등과 같은 잔병을 달고 살았다. 《세종실록》에 남아 있는 질병 기록만 1백 건이 넘는다. 세종 자신이 "한 가지 병이 겨우 나으면 한 가지 병이 또 생겨 쇠로함이 심하다"며 괴로운 심정을 토로했을 정도이다. 소갈증이 심해 하루에 물을 한 동이 넘게 마시기도 했다. 세종을 진찰한 내의원은 '소변이 달다'는 진단을 내렸다고 하는데, 이것이 바로 당뇨병 증세이다. 기원전 400년경 인도의 의사 수스트라는 《생명의 학문》이라는 저서에서 당뇨병 증세로 '꿀 오줌'을 들었다. 당뇨병 증세가 있는 사람이 소변 본 자리에 개미와 곤충이 모여드는 것을 보고 이 같은 이름을 붙였다고 한다. 태조도 소갈증에 시달려 신포도를 자주 먹고 싶어했는데, 포도를 먹은 뒤 병이 회복되었다는 기록이 《태조실록》에 나온다. 성종도 물에 만 밥을 자주 찾은 것으로 봐서 당뇨병이 있었던 것으로 보인다.

소갈증을 해소하기 위한 청량제인 제호탕과 식초는 궁궐의 필수품이었다. 제호탕은 가슴속이 시원해지고 그 향기가 오래도록 남는 우리의 전통 음료이다. 매실, 백단향, 사인, 초과를 가루로 만들어 꿀에 재어 끓였다가 냉수에 타서 마신다. 선조는 소갈증을 해소하기 위해 백비탕(白沸湯)을 마셨다. 맹물을 99번 끓이고 식히기를 반복한 뒤 마지막에 끓여 먹는 물이다. 물을 반복해 끓임으로써 밀도를 높여 몸에 좋은 물을 만들었다고 한다. 소갈증이 있는 왕들은 식초를 가까이 했다. 발효작용에 의해 초항아리 속에 물질이 침전되는데 이를 '초밥'이라고 한다. 이것을 미역 냉국이나 오이냉국에 타서 먹었다.

신경성 질환을 앓았던 왕도 적지 않았다. 식사 때를 놓치기가 일쑤일 정도로 일중독에 빠진 숙종은 늘 현기증 증세에 시달렸다. 또 얼마나 급하고 노심초사한 성격이었던지 수염이 하얗게 셀 정도였다고 한다. '철인 군주'였던 영조는 사도세자에 관한 이야기를 들으면 반드시 귀를 씻었다고 하는데, 이 역시 신경쇠약 증세의 일종이다.

🌾 소식한 왕들이 장수

조선시대 사람들의 평균수명은 얼마나 됐을까. 평균수명은 길지 않지만 장수한 사람들도 적지 않았음을 짐작할 수 있는 자료가 남아 있다.

"신하로서 나이가 70세가 넘었고 내외가 해로하는 자가 자그마치 13명이나 된다. 이런 경사스러운 때(혜경궁 홍씨 70세 생일)에 기축(祈祝)하는 일로는 노인을 공경하는 것보다 더한 것이 없고 노인을 공경하는 정사는 또한 은혜를 베풀어 봉양하는 것보다 더한 것이 없다. 지사 송제로는 81세이고 정부인 엄씨는 80세이며, 전 참판 서병덕은 80세이고 정부인 박씨는

74세이며, 전 참판 신응형은 70세이고 정부인 윤씨는 70세이다. 이상 여러 기로들의 집에 별도로 쌀과 고기를 주고 안사람들에게는 명주를 주고 이어서 오부(어사대의 다른 이름)의 낭청으로 하여금 문안하게 하라고 해당 조(曹) 및 한성부에 분부하라. 조정에서 특별히 70세 이상의 노인과 그 부인을 각별히 챙겨야 한다."

정조가 어머니 혜경궁 홍씨를 위한 기로연에서 밝힌 내용이다. 기로연은 왕의 부모에 대한 공경과 함께 70세가 넘은 정2품 이상의 신하들이 나라를 잘 이끌어준 데 대해 감사를 표하는 잔치다. 이 자리에서 거명된 정2품 이상을 지낸 고관대작, 거기다가 부부가 해로한 신하가 13명이나 된다는 것은 다소 놀라운 일이다. 조선시대에 70세를 넘겨 산 것은 당시로는 백수를 누린 것과 다름없기 때문이다. 하지만 조선시대 청백리의 평균수명은 68세라고 한다. 검소한 식단과 자기관리에 철저한 생활이 장수 비결이었던 셈이다.

조선시대 평민의 평균수명은 40세 정도로 추정된다. 반면 왕(왕의 책봉을 받지 못한 연산군과 광해군은 제외)의 평균수명은 46세다. 40세도 넘기지 못한 왕이 11명이나 되고, 환갑을 넘긴 왕도 많은 편이 아니다. 태조(74세), 정종(63세), 숙종(60세), 영조(83세), 고종(67세) 등이고, 여기에 광해군(67세)을 포함하면 7명뿐이다. 과도한 영양, 스트레스, 운동 부족이 단명의 원인일 것으로 생각된다.

왕권이 약해진 조선 후기에는 왕의 수명이 더 짧아지는 경향을 보였다. 하지만 조선 초기의 왕들은 왕좌에서 물러난 뒤에도 상당히 오랫동안 살았다. 태조 이성계는 왕좌에서 물러난 뒤 10년이나 더 살았다. 평생을 전쟁터에서 보낸 터라 끊임없는 훈련 덕분에 건강한 체력을 유지했던 것이다. 정종은 어렸을 때부터 허약했지만 63세까지 살았다. 정종은 운동을 통해 건강관리를 한 모범이다. 정종은 특히 격구를 즐겼다. 신하들로부터 격구를 자제하라는 청을 들을 정도였는데 "과인이 병이 있어 수족이 아프고 저리다. 몸을 움직이고 기운을 통하게 하기 위해 격구를 한다"며 신하들의 청을 물리쳤다고 한다. 광해군도 재위 기간에는 화병을 비롯한 여러 가지 질병을 호소했지만 49세 때 폐위된 뒤 67세까지 살았다. 광해군은 임진왜란 때 직접 전투에 참여할 만큼 매우 활동적이었다. 불세출의 명의 허준이 동시대에 살았던 것도 행운이라 할 수 있겠다.

조선 왕 중 가장 오래 살았던 영조의 장수 비결은 소박한 밥상과 규칙적인 생활이었다. 어린 시절 대궐 밖에서 자란 경험이 있는 영조는 침실 안에 화려하고 몸을 편하게 하는 물건을 두지 않았으며 창호의 틈을 바르지 않고 바람을 맞은 채 지냈다고 한다. 한의학에서 장수 비결로 꼽는 식무구포(食無求飽)의 양생법을 충실하게 따랐던 것이다. 숙종은 어린 나이에 천연두를 앓았지만 자연치유가 될 정도로 건강한 체질을 타고났다고 한다.

고종의 식단은 요즘의 식품영양학자들에게 최고의 점수를 받을 만하다. 고종은 맵고 짠 자극적인 음식을 멀리하고 고기보다 채소를 즐겼다. 술은 입에 대지 않았지만 커피와 사이다, 식혜를 자주 찾았다. 겨울철 야식 메뉴로 온면, 냉면, 설렁탕을 즐겼는데, 육수 대신 동치미 국물을 사용했다. 수라상 위에 팥밥과 쌀밥을 동시에 올려놓고 소화가 안 되거나 속이 안 좋을 때는 팥밥과 미역국을 먹었다. 고종이 열강의 압력 등 극심한 스트레스에도 오래 산 것은 양방과 한방의 혜택을 동시에 누린 덕분이라는 분석도 있다. 철종도 동치미를 좋아했지만 특히 '강도(강화도) 6미' 중의 하나인 순무김치를 즐겼다고 한다.

6

청나라 황제는
무엇을 먹었을까

🎋 다양한 음식문화가 총집결된 황제의 식단

"황제의 어선(御膳)은 외선방에서 만들어져 내선방에 대기하다가 황제가 '전선(傳膳)'이라고 말하면 태감이 즉시 식탁을 마련하고 보온 상태의 어선을 찬합에 담아 순서대로 올리는데 크고 작은 상이 일곱 개였다. 그중에는 고기 요리만 두 상, 딤섬과 밥, 죽 따위가 세 상, 절인 야채가 한 상이었다. 음식마다 쪽지가 붙어 있다. 이 쪽지에는 음식 이름과 요리사 그리고 음식의 유래까지 적혀 있다. 모든 요리는 황금빛 용이 그려진 붉은색 칠기 그릇이나 용과 만수무강이라는 글자가 적힌 그릇에 담아냈다. 겨울에는 은그릇을 사용했다. 모든 그릇에는 독이 들었는지 알아내기 위하여 은으로 만든 작은 막대가 들어 있다. 황제가 자리에 앉기 전에 어린 내시가 그릇을 열라고 소리치면 너덧 명의 어린 내시들이 은그릇 뚜껑을 열고 음식을 하나씩 담아냈다. 먹는 것은 하나인데 상에 차린 것이 둘이고 마음속의 욕심은 셋이다.

황제의 어선에는 본래 술이 없는데 건륭제와 아들 가경제만 술을 즐겨 별도로 제공받았다. 건륭제는 귀령주(龜齡酒), 송령주(松鈴酒), 옥천주(玉泉酒), 도소주(屠蘇酒) 등을 즐겨 마셨다. 귀령주는 숙지, 보골지, 천문동 등 33가지 약초를 넣어 한 달 동안 달여 빚었다. 청 황실에서는 이 술을 거의 약으로 취급했다. 송령주는 깊은 산속에 있는 늙은 소나무 뿌리에 상처를 내고 그 밑에 1년 동안 술 단지를 묻어두었다가 꺼낸 술이다. 옥천주는 옥천산에서 나는 물로 만든 술이다. 건륭제는 이 술을 저녁마다 꼭 2잔씩 마셨으며, 가경제는 매일 6~7잔, 기분이 좋을 때는 더 많이 마셨다."

영화 〈마지막 황제〉의 실제 주인공이었던 청나라의 마지막 황제 푸이가 자서전 《나의 전반기 인생》에 황제의 밥상을 소개한 대목이다. 음식 종류를 구체적으로 열거한 것은 아니지만 호사의 극치를 엿볼 수 있는 상차림이다. 음식 사치도 황제의 특권이다. 화려하고 호사로운 황제의 밥상은 곧 백성들이 황제에게 표하는 예의의 한 형태이다. 예법의 이론과 실제를 풀이한 《예기》는 "무릇 예는 음식에서 시작된다"고 규정하고 있다. 하늘의 뜻을 행하는 군주에게도 예는 당연한 것이다. 예의에는 규범이 따른다. 황제의 밥상에 오르는 음식은 최고의 정성을 담아내야 했다. 세심하게 준비해서 화려한 모양을 갖추고, 가능한 양념을 줄여 깔끔한 맛을 내야 했다. 게다가 향기와 맛 그리고 색깔의 통일성을 갖춰야 했다. 이것이 중국 황실 음식의 특징이다. 이 규범은 국가의 형태를 이룬 하나라 때부터 청나라 때까지 3천여 년 동안 큰 변화 없이 이어져 내려왔다.

황제에게 바치는 음식은 진선(進膳), 황제가 먹는 음식은 어선(御膳)이라고 높여 불렀다. 황제는 네 끼를 먹었다. 평민은 하루 두 끼, 귀족은 세 끼에 비해 많은 횟수다. 횟수가 문제가 아니다. 식탁에 오르는 음식 가짓수에서 차별화는 두드러졌다. 황제의 식단은 대체로 한 끼 밥상에 60여 가지의 반찬과 여러 가지 국으로 짜였다. 청 왕조에서 가장 절제된 식생활을 하면서도 식도락을 즐긴 건륭제가 주로 먹은 음식은 주식 47종, 부식 47종, 요리 59종, 탕 7종 등 160여 가지나 되었다.

왕런샹의《중국음식문화사》에 소개된 건륭제의 구체적 식단을 보자. 1747년 10월 1일 저녁식사 메뉴다. 제비집을 재료로 한 연와계사(燕窩鷄絲), 채 썬 표고버섯, 채 썬 배추, 말린 과일 등을 버무려 만든 음식, 여덟 가지 재료를 넣어 만든 팔선일품(八鮮一品), 제비집과 오리로 요리한 연와압자(燕窩鴨子), 개고기 구이, 닭고기 구이, 말린 양고기를 버무린 음식……. 물론 이것이 식단에 오른 음식 전부를 옮긴 것은 아니다. 이 식단표에는 음식을 올린 시각과 음식 종류는 물론 식탁의 모양, 중요한 음식을 조리한 요리사 이름, 음식을 담은 그릇 모양과 재질까지 상세하게 기록되어 있다.

문명비평가 권삼윤의《자금성에서 본 중국 황제의 사생활》에도 건륭제의 아침식사 메뉴를 소개하고 있다. 어느 날(재위 12년, 1723년 10월 1일)의 아침식사에 오른 메뉴로 바다제비 둥지, 훈제 고기, 오리 가슴살, 저수(猪手: 돼지 발), 감람(캐비지), 닭 날개, 돼지 내장, 버섯 등을 나열했다. 권삼윤은 "황제의 한 끼 식사를 위해 60~70종의 음식이 올랐다"면서 "여기에다가 4명의 태비가 보내온 20여 종에 이르는 일상의 가정요리가 추가됐다"고 밝혔다. 이 많은 음식을 만들기 위해 소비된 재료의 양도 어머어마하다.《중국음식문화사》에 소개된 바에 따르면 황제의 상차림을 위해 소비한 하루 평균 육류 재료만 해도 살코기 22근, 탕에 들어가는 고기 5근, 돼지기름 1근, 양 2마리, 닭 5마리, 오리 3마리였다.

중국은 광활한 대륙과 다양한 기후를 갖고 있다. 여기서 비롯된 각양각색의 자연환경은 무궁무진한 레시피를 얻을 수 있는 자원이 되었다. 뿐만 아니라 지방마다 색다르게 발달된 음식문화와 창의적인 요리법도 황제의 식단을 풍요롭게 만드는 데 중요한 역할을 했다. 황제의 식단은 한 끼 한 끼가 산해진미가 가득한 진수성찬이었다. 황제의 밥상은 단순한 음식이 아니었다. 문화와 과학 그리고 예술이 어우러진 음식문화의 총화였다.

황제는 한 음식을 세 번 이상 먹을 수 없다

이처럼 호사스러운 밥상 앞에서 황제는 자제력이 필요했다. 엄격한 규율을 지키면서 식사를 해야 했기 때문이다. 청나라는 조선보다 더 엄격한 질서와 규칙을 적용했다. 구체적인 예를 들면, 황제는 아무리 좋아하는 음식이라도 한 끼에 세 번 이상은 먹지 못했다. 식사 시중을 드는 여관(女官)은 황제가 두 번 먹은 반찬을 치워버렸다. 황제가 먹는 음식을 감시 통제한 것이다. 이튿날 똑같은 음식이 황제의 밥상에 오르는 법은 없었다.

이처럼 엄격한 규율을 적용한 데에는 이유가 있다. 첫째는 음식으로 황제를 위해하려는 모종의 음모를 차단하기 위해서이다. 황제가 정해진 특정 장소가 아니라 끼니때마다 자리를 옮겨가며 상을 받는 이유와 같다. 둘째는 건강을 유지하기 위해서이다. 중국 음식문화의 본질은 한국과 마찬가지로 약식동원과 음식화덕(먹는 것과 마시는 게 곧 음덕)이다. 황제는 건강관리를 위해서 '식좌(食座)'라는 일급 요리사를 곁에 두었다. 황제의 식이요법을 관리하는 식좌는 무엇보다 음식의 조화에 가장 많은 신경을 썼다. 편식을 막기 위한 하나의 장치였다. 그래야만 입맛을 돋우고 건강을 유지할 수 있다는 약식동원의 철학에 근거한 것이다.

청나라 황제들은 다른 시대의 중국 황제들이나 조선의 왕들보다 평균수명이 훨씬 길었다. 태조(누르하치)부터 푸이까지 12명의 황제 중에서 절반인 6명이 60세를 넘겼다. 특히 61년 동안 집권한 강희제는 68세, 60년간 권좌를 지키며 최장수를 누린 건륭제는 87세에 사망했다. 30세 이전에 죽은 사람은 4명에 불과하다. 그중에 동치제(성병, 19세)와 함풍제(아편중독, 31세) 등 방탕한 생활이 원인이 된 황제가 포함된다.

중국 역사에서 진시황 이후 모두 335명이 보위에 올랐으며 그들의 평균수명은 41세라는 통계가 있다. 60세를 넘긴 권력자는 고작 36명이다. 조선왕조는 30대 이하에 단명한 왕이 11명이나 되고, 60세를 넘긴 왕은 6명(광해군 제외)밖에 되지 않는다. 청나라 황제들의 수명이 유난히 길었던 이유를 찾는다면 철저한 '식이요법'을 들 수 있다.

청나라 후반기로 넘어가면서 식단의 균형은 완전히 깨졌다. 전반기보다 훨씬 더 호사스럽고 풍요로워졌다. 결정적 계기가 된 것은 미식가인 건륭제의 순행이었다. 건륭제는 남순(南巡) 여섯 차례, 동순(東巡) 다섯 차례, 그리고 서순(西巡)을 네 차례 했다. 또한 미복 차림의 암행도 수없이 단행했다. 건륭제는 이 같은 잦은 '여행'에서 새로운 음식에 대한 경험을 맛보았다. 건륭제 이전의 황제들은 양쯔 강 이남의 음식, 특히 해산물에 친숙하지 못했다. 섬세한 미감을 지녔던 건륭제는 자신이 경험한 맛을 궁중 요리로 흡수하려고 노력했다. 해삼, 상어 지느러미, 바다제비 둥지 같은 해산물이 건륭제에 의해 궁중 음식으로 채택되었다. 그리고 위취안산의 기장과 쌀, 산둥성의 연밥, 후난성의 백합과 복숭아, 산시성의 멜론, 광둥성의 굴과 리지 등 몸에 좋다는 것은 모두 진상품에 포함시켰다. 사슴꼬리탕 역시 자금성 연회에서 빠지지 않는 단골 음식이었다.

건륭제가 얼마나 뛰어난 미각을 가졌는지 짐작하게 하는 에피소드가 있다. 그는 마시는 물도 베이징 외곽에 있는 위취안산에서 나오는 물, 즉 옥천수만을 고집했다. 베이징 교외의 천수와 정수(井水)를 한 번씩 맛보고 물의 경중을 달아본 뒤 옥천수를 '황실의 물'로 지정했다고 한다.

🌿 불로장생의 꿈을 구현하려 했던 서태후의 밥상

중국 황제의 식단은 서태후에 의해서 완성되었다. 청조 번영기의 정점을 이루었던 건륭제가 다양한 음식 재료를 개발했다면 황제보다 더 막강한 권력을 행사했던 서태후는 이미 개발된 음식을 마음껏 즐겼다고 할 수 있다. 서태후는 맹목적일 정도로 식도락에 집착했다. 도덕성이 마비된 권력이 식탐으로 전이된 것인지는 알 수 없다. 서태후는 최고의 요리사에게 만한취안시를 본뜬 180가지 요리의 레시피를 만들게 하고 끼니마다 다른 식단으로 식사를 했다고 한다. 이런 식단을 준비하기 위해서는 많은 요리사가 필요했을 터, 황실 요리사 50명을 비롯하여 전국에서 뽑은 최고의 요리사 128명이 25개의 화덕에서 서태후를 위한 요리를 만들어야 했다. 오정격이 엮은 《만족식속여청궁어선》에 인용된 자료에 의하면, 서태후의 하루 식사를 위해 반육 50근, 멧돼지 1마리, 양 1마리, 닭과 오리 2마리, 신세미 2되, 노황미 1되 5합, 강미 3되, 갱미면(멥쌀국수) 3근, 백면(흰 국수) 15근, 교맥면(메밀국수) 1근, 밀가루 1근, 완두 3합, 참깨 1합5

작, 백당 2근 1냥 5전, 분당 8냥, 봉밀(벌꿀) 8냥, 호두 4냥, 송인(소나무 열매) 2냥, 계란 28개, 구기자 4냥 외에 적당량의 연와(제비집)와 어시(생선 지느러미살), 은이(목이버섯)가 매일 소비됐다고 한다. 하루 음식 값으로 무려 은 60냥이 쓰였다. 당시 쌀 45가마를 사고도 남을 큰돈이다. 음식의 양도 얼마나 많은지 약 10평의 식탁에 음식을 차려야 했다고 한다.

서태후의 식탐은 여기에 그치지 않는다. 선대 황제들의 제사를 모시기 위해 선양으로 나들이할 때 황실 전용열차의 4분의 1이 서태후를 위한 주방이었다고 한다. 이렇게 해서 소모한 식비가 한해 예산의 6분의 1에 달했다.

서태후가 먹은 음식의 기본 메뉴는 금팔진(擒八珍: 붉은 제비, 들찡, 메추라기, 백조, 자고, 공작, 산비둘기, 붉은머리독수리), 해팔진(海八珍: 바다제비집, 해삼, 상어지느러미, 전복, 부레, 말린 조개관자, 상어 입술, 어란), 초팔진(草八珍: 노루궁둥이버섯, 흰목이버섯, 그물버섯, 낙타봉버섯, 양창자버섯, 표고버섯, 원추리, 원상신) 등이었다. 진귀한 음식도 많지만 유난히 버섯 종류가 많은 게 눈에 띈다. 특히 노루궁둥이버섯은 곰 발바닥, 제비집, 상어 지느러미와 함께 중국의 4대 진미로 꼽힌다. 진시황, 네로 황제, 나폴레옹 등도 버섯광이었다. 진시황은 영지버섯을 불로초로 여겼다.

서태후가 가장 즐겨 먹은 요리로 '청둔비야'라는 베이징 오리요리도 있다. 서태후는 특히 오리 껍질을 즐겨 먹었다고 한다. 1899년에는 매일 인삼 1전(3g)을 1년 동안 먹었다고 한다. 모기 눈알 수프도 그녀만을 위해 만들어진 진귀한 음식이다.

시녀 중의 한 사람인 덕령(德齡)이라는 여관(女官)이 소덕장 환관이 서태후의 식사 시중을 드는 모습을 기록에 남겼는데, 서태후의 음식 사치가 어느 정도였는지 짐작하고도 남을 정도이다.

"서태후는 먹기 위해서 태어났다고 할 수 있다. 정찬에는 반드시 100가지 종류의 찬이 나와야 하고 특별 요리 50가지는 문양이 다른 용기에 담겨 나와야 했다. 찬과 요리의 종류는 맛으로 먹는 미식류(味食類), 색깔로 먹는 색식류(色食類), 향기로 먹는 향식류(香食類), 기름으로 먹는 지식류(脂食類), 눈으로 먹는 목식류(目食類) 등으로 분류됐다. 이 분류는 식사 시중을 드는 소덕장이라는 환관의 소관이다. 서태후는 미식류와 지식류를 좋아했으며 특히 오리요리를 좋아했다. 야생 오리가 아니고 집에서 사육하는 오리를 좋아했다. 이유는 사육 오리가 지방질이 많아서였다."

서태후에게도 금기 음식은 있었다. 소를 재료로 한 음식이 가장 대표적이다. 청나라 조정에서 농사에 종사하는 가축이라 먹지 못하도록 금지한 데 연유가 있다. 양고기도 재료로 사용하지 않았는데 이와 관련된 사연은 참으로 비극적이다. 서태후의 50회 생일 연회상에 특별히 장자커우(長家口)에서 진상한 질 좋은 양고기로 솬양러우(양고기 샤브샤브)를 차렸다. 그런데 이 일로 태감과 주방 일을 한 사람을 포함하여 열 명이 목숨을 잃었다. 양띠 태생인 그들이 생일날 양고기를 요리한 게 화근이었다. 그 이후 황실 요리로 양고기는 금기시되었다.

과부의 질투가 원인이 되어 금기된 음식도 있다. 40년 동안 과부로 지낸 서태후는 금실 좋은 부부를 상징하는 '원앙'이라는 이름이 들어간 음식을 터부시했다. 원앙어시, 원앙두부가 황실 요리로 대접을 받지 못한 이유다. 고기완자 네 개를 담아내는 게 정통인 쓰시완즈(四喜丸子)를 짝을 맞추지 않고 홀수로 담아내야 했던 것도 마찬가지다.

생물학 이론에 '노화진화이론'이라는 게 있다. 생물의 근원적 본능은 생존과 생식이다. 생활이 풍족해질수록 번식보다는 생존에 더 많은 자원을 배분한다는 이론이다. 서태후도 최고의 권력을 장악하면서 생존 곧 불로장생에 대한 꿈을 음식으로 실현하려고 했던 것은 아닌지 모를 일이다. 절세의 미인에다가 불과 16세 때 역대의 정사인 《이십사사》까지 통독한 '지식인 여성' 서태후가 어째서 이처럼 엽기적인 식도락에 빠졌는지 불가사의한 일이 아닐 수 없다.

3장

추억도 살리고
건강도 챙기는 음식

3장
추억도 살리고 건강도 챙기는 음식

추억의 음식은 미각만이 아니라 인간의 본성을 자극한다. 음식의 진정한 맛은 감각기관의 물리적 작용만으로는 느낄 수 없다. 정서적 작용이 없다면 그것은 진정한 맛이 아니다. 이를테면 '추억의 맛' 같은 것 말이다. 음식 자체가 하나의 추억이 되기도 하고, 맛의 추억은 때로 인간의 본성을 자극하는 마력이 있다. 음식을 통해 어린 시절로 돌아가기도 하고, 타향살이의 외로움을 달래기도 한다. 돌아가신 어머니의 손길을 느끼기도 한다. 아련한 향수야 어찌 그것밖에 없겠는가.

상당히 오래전 영국에서 있었던 일이다. 야간열차를 습격해서 260만 파운드를 턴 열차 강도가 탈옥하여 경찰의 눈을 피해 숨어 살았다. 그런 그가 자수를 했다. 탈옥한 지 무려 38년째 되던 해였다. 세상은 그가 자수한 것에 대해 각종 추측을 내놓았다. 하지만 그가 자수한 이유는 뜻밖이었다. 어떤 측면에서는 터무니없고 황당했다. "퍼브(영국 선술집)에서 비터(영국의 전통맥주) 한잔을 마시고 싶다"는 게 이유였다. 젊은 시절에 마셨던 맥주 한잔의 향수를 잊지 못해 기약 없는 감옥행을 선택한 것이다.

어느 나라 사람들에게나 이 탈옥수처럼 잊지 못하는 추억의 음식이 있다. 향수도 살리고 미감도 살리는 동양 3국의 추억 음식을 찾아 떠나본다.

1

3국의
합창의 음식

🐾 종합건강식으로 다시 태어난 비빔밥

비빔밥의 진미는 섞이고 어울리는 데에서 나오는 맛이다. 곧 '합창의 맛'
이다. 합창의 묘미는 화음에 있다. 합창단원의 지휘자는 단원들에게 "다
른 합창단원의 노랫소리에 귀를 기울이라"고 주문한다. "만일 자신이 내
는 노랫소리가 들린다면 자신이 틀렸다고 생각하라"고 충고도 한다. 어
울리고 섞이지 않은 소리를 내서는 안 된다는 지적이다. 그것이 불협화
음이다. 그렇다. 합창단원은 반주와 다른 사람의 노랫소리를 들으면서
지휘봉에 따라 호흡을 맞출 때 최고의 화음을 낸다.

한국의 대표 음식인 비빔밥은 화음 음식이다. 각종 야채와 양념이 잘
비벼지지 않아 독자적으로 고유의 맛을 낼 때 맛은 반감한다. 비빔밥은
잘 섞이고 어울릴 때 제맛이 나는 음식이다. 그런 의미에서 비빔밥은 '화
합의 상징'으로 여겨진다. '융합의 문화', '섞임의 미학'이라고 말하는 사

람도 있다. 이 때문에 각종 지역행사에서 수천 명분의 비빔밥을 만들어 나눠먹는 퍼포먼스는 단골 행사가 되었다. 실제로 2012년 '한바탕 전주! 세계를 비빈다'를 주제로 열린 전주비빔밥축제에서 6천 명분의 비빔밥을 만들었다. 비빔밥을 통해 화합과 소통의 의미를 담아낸 것이다.

비빔밥의 유래는 무엇이며 어떻게 발전해왔을까. 비빔밥을 뜻하는 한자는 '골동반(骨董飯)'이다. 중국 명나라의 동기창이 쓴 《골동십삼설》이란 책에 처음으로 등장한다. 여러 가지 재료를 넣고 끓인 국을 '골동갱(骨董羹)', 여러 가지 재료를 섞어서 지은 밥을 '골동반'이라고 정의하고 있다. 《골동십삼설》에서 언급한 골동반은 지금의 비빔밥과는 약간의 차이가 있다. 이 책보다 나중에 집필된 중국 문헌 《자학집요》에 "어육 등 여러 가지 재료를 솥에 넣고 찐다"고 골동반을 짓는 방법이 소개되어 있다. 한국 고서로는 1849년에 편찬된 《동국세시기》에 처음으로 '골동'이란 표현이 나온다. 이 서적에서 골동은 '뒤섞는다'는 뜻임이 다시 한 번 확인된다. 《동국세시기》는 "(중국) 강남 사람들은 반유반(盤遊飯)이란 음식을 잘 만든다. 젓, 포, 회, 구운 고기 등을 밥 속에 집어넣는 것으로, 곧 밥의 골동이다. 예부터 이런 음식이 있었다"라고 적고 있다. 아마도 우리의 '콩나물밥'처럼 쌀과 재료를 함께 안친 게 중국식 표현으로 반유반이고, 우리식 표현으로는 골동반이었던 것 같다. 반유반은 일종의 도시락이었다. 《동국세시기》는 골동을 "사람들이 놀러 갈 때 싸갔다"고 기록하고 있다.

반가의 음식을 소개한 《시의전서》에는 비빔밥을 한자로 '골동반'이라 쓰고, 한글로 '부븸밥'이라 적고 있다. 부븸밥을 만드는 방법도 다음과 같이 상세히 설명하고 있다. "밥은 정히 짓고 고기는 재워 볶고 간납(제사에 쓰는 얇게 저민 음식)은 붙여 썬다. 각색의 남새(여러 가지 채소)를 볶아 질 좋은 다시마로 튀긴 튀각을 부숴 넣는다. 밥에 모든 재료를 다 섞은 다음 깨소금과 기름을 많이 넣고 비벼서 그릇에 담는다. 위에는 잡탕거리처럼 달걀을 부쳐서 골패짝만큼씩 썰어 얹는다. 완자는 고기를 곱게 다져 잘 재워서 구슬만하게 빚은 다음 밀가루를 약간 묻히고 달걀을 씌워 부쳐 얹는다. 비빔밥 상에 장국은 잡탕국으로 해서 쓴다.”

조리 과정에서 부빔밥과 골동반의 차이가 드러난다. 부빔밥은 골동반처럼 각종 재료를 넣고 밥을 안치는 게 아니라 미리 지은 밥에 각종 재료를 넣고 비빈다. 이를 통해 먹는 사람들이 자신의 취향에 따라 다양한 재료를 조합할 수 있는 방법을 터득하게 된 것이다. 그것은 곧 재료에 따라 다른 맛을 내는 독특한 음식이 되는 계기가 됐다고 할 수 있다.

《시의전서》 이후에 편찬된 《조선요리제법》 등에는 '부빔밥'이 '부빔밥'으로 바뀌어 쓰인다. 골동반이 '부빔밥→부빔밥→비빔밥'으로 이름이 바뀌어가는 과정에서 양반 음식에서 평민도 즐기는 대중 음식으로 변화했음을 알 수 있다. 양반들의 유희를 위한 '도시락 속의 골동반'이 '밥상 위의 비빔밥'으로 바뀐 것이다.

우리 선조들은 기록을 남기기를 좋아했다. 특히 궁중의 기록은 말할 필요도 없다. 유네스코 세계문화유산으로 지정된 《조선왕조실록》과 《조선왕조의궤》의 가치도 기록성에 있다. 규모도 대단하지 않고 역사 또한 깊지 않은 수원 화성이 세계문화유산으로 지정된 이유도 바로 훌륭한 기록성에 있다. 축성 기록이 온전히 보관되어 있어 지금 당장이라도 똑같은 건축물을 만들 수 있다고 한다. 하지만 《조선왕조실록》은 물론이고 궁궐 생활에 관해서는 시시콜콜한 것까지 기록으로 남겨둔 《승정원일기》 등에서도 비빔밥의 유래에 관한 기록은 찾을 수 없다.

이 때문에 비빔밥의 유래와 이용에 대해서는 갑론을박이 있다. 조선시대 왕은 1일 2식 3참(아침참→식사→낮참→식사→밤참)을 했다. 다섯 끼를 먹은 것이다. 낮참으로는 보통 가벼운 식사를 했는데, 이때 비빔밥이 밥상에 올랐다는 설이 있다. 왕의 간식이었다는 얘기다. 또 왕족의 누군가 어중간한 식사시간에 궁궐을 방문했을 때 간편식으로 제공한 음식이라는 이야기도 있다. 선조가 임진왜란 때 의주로 몽진하면서 수라로 비빔밥을 받았다는 학계의 주장도 있다. 궁중에서 섣달 그믐날에 묵은해의 마지막 식사를 수라간에 남은 음식을 비벼 나눠 먹었다는 학설도 있다. 왕이나 궁중행사와 연관되어 있지만 어느 것도 궁중 기록에는 남아 있지 않다.

조리법을 토대로 유래를 추정하기도 한다. 먹을거리가 부족한 시대에 자연발생적으로 만들어진 음식이라는 주장은 여기에 해당한다. 적은 음식을 가능한 많은 사람이 나눠 먹기 위해 비빔밥이 등장했다는 것이다. 정부군에 쫓기던 동학군이 밥을 여러 명이서 빨리 먹기 위해 한 그릇에 고추장, 백김치, 풋고추 등 여러 가지 재료를 넣어 비벼 먹었다는 설이 있다. 전쟁 중이라 그릇이 충분하지 않은 것도 원인이 됐을 수 있다. 다른 주장으로는 구색을 갖춰 음식을 마련하기 어려운 농번기 때의 음식이 아니었겠느냐는 추측도 있다.

유래가 어찌 됐든 비빔밥은 오늘날 한국의 대표 음식이 되었다. 한국 음식 중에서 지명을 딴 음식으로 비빔밥만큼 많은 게 없다. 전주비빔밥, 평양비빔밥, 해주비빔밥, 진주비빔밥, 통영비빔밥, 함양육회비빔밥, 개성차례비빔밥, 함평육회비빔밥, 거제멍게젓갈비빔밥 등 일일이 나열하기도 어려울 정도이다. 지역마다, 계절에 따라 재료도 다르고 맛도 다르지만 비빔밥이 한국의 대중 음식이었음을 보여주는 데 부족함이 없다.

특히 전주비빔밥은 평양냉면, 개성탕반과 함께 조선시대 3대 음식으로 꼽힐 정도로 유명하다.

전주비빔밥의 재료는 30여 가지나 된다. 소머리 육수로 밥을 짓고, 고기를 육회로 떠 고명으로 올리는 게 특징이다. 금빛 놋그릇에 담긴 흰쌀밥에 오색채를 고명으로 올려놓은 전주비빔밥의 품새는 마치 꽃을 보는 듯하다. 그래서 전주비빔밥을 '화반(花盤)'이라고 불렀다. 유명세와 달리 전주비빔밥의 역사는 그리 오래되지 않았다는 게 학계의 주장이다. 전주의 재래시장에서 상인들이 간단하게 끼니를 해결하던 음식에서 시작됐다는 설이 가장 유력하다. 전주비빔밥은 상업화된 음식으로 출발했다는 얘기다.

지명이 붙은 비빔밥은 지역의 특산물을 재료로 사용하는 게 보통이다. 경상도 지방에서 유행한 헛제삿밥은 조금 사정이 다르다. 헛제삿밥은 유교적 전통이 깊이 남아 있는 안동과 진주 지역에서만 이어져 내려오고 있다. 다른 지방에도 이와 유사한 음식이 있었지만 그 풍습이 다 사라졌다. 헛제삿밥은 말 그대로 '거짓 제삿밥'이다. 제사 음식에 고춧가루를 쓰지 않는 것처럼 헛제삿밥도 고추장 대신 간장으로 비벼 먹는 게 특징이다. 제삿날이 아닌 때 제사 음식을 마련하여 동네 사람들과 나눠 먹었던 '전형적인 공동체 음식'이다. 제례의식이 음식 속에 내재할 수 있다는 게 이채롭다. 아마도 유교 선비 문화가 면면히 내려오는 안동이기에 가능한 일이 아닐까.

비빔밥은 무엇보다 영양학적으로 뛰어난 음식이다. 영양학자들은 "현대인의 건강 요구를 충족시키면서 맛도 있는, 세계적으로 흔치 않은 음식"이라고 평가한다. 비빔밥은 '메타볼릭 신드롬'(고기류의 음식을 많이 먹으면

추억도 살리고 건강도 챙기는 음식

장기에 기름이 끼어 기능이 저하되는 현상)을 경계하는 현대인들에게 훌륭한 웰빙 식품으로 추천되고 있다. 다양한 영양소를 골고루 섭취하는 반면에 지방과 콜레스테롤이 적어 운동 부족에 시달리는 현대인의 건강에 특히 좋다는 것은 이미 알려진 사실이다. 비빔밥 한 그릇을 먹으면 종합 영양소를 섭취하는 것과 마찬가지다. 곡물과 고기 그리고 나물류의 영양소가 조화를 이룬 영양만점의 종합건강식이라는 얘기다. 2008년 정부가 선정한 '한국 음식 베스트 12' 중에서 최고 자리를 차지한 것도 그런 이유에서이다.

🌑 돌솥비빔밥과 유사한 다키코미고한

한국인이 '합창 음식'을 즐긴다면 일본인은 '독창 음식'을 좋아한다. 일본인은 비빔 문화에 익숙지 않은 것이다. 일본인은 숟가락을 사용해서 먹는 카레라이스나 덮밥조차도 밥과 재료를 좀처럼 비벼 먹는 일이 없다. 섞이지 않도록 구획을 지어가며 조심스럽게 떠먹는다. 심지어 팥빙수도 포클레인으로 흙을 푸듯이 먹는다. 음식 재료의 성질이 변질되고 모양이 변형되는 것을 싫어하는 일본인의 습성을 보여주는 예이다. 혹시라도 어린이가 밥을 비벼 먹기라도 하면 그 아이의 부모는 "그것은 이가 나지 않은 갓난아기나 하는 행동이야. 너 이가 있나 없나 한번 볼까"라는 핀잔을 주곤 한다.

하지만 일본에서도 산악마을이나 산속에 있는 절에서는 비빔밥과 유사한 음식을 만들어 먹었다는 게 사회학자들의 주장이다. 음식이 귀한 산악지대에서 여러 가지 산나물이 비빔밥 재료로 쓰였을 것이라는 추정이다. 물론 제한된 지역이나 계층에서 먹던 음식이다.

'일본의 지붕'이라는 알펜루프의 관문도시 도야마 시에 있는 한 식당에서 일본에서는 좀처럼 보기 어려운 광경을 목격한 적이 있다. 일본인 단체 관광객이 한국의 돌솥비빔밥과 유사한 음식을 먹고 있었다. 이 음식의 이름은 '다키코미고한'이라고 했다. 굳이 해석한다면 '섞은 밥'이라는 뜻이다. 먹는 법도 돌솥비빔밥과 비슷했다. 시금치, 버섯, 당근을 비롯한 야채와 새우 등의 해물을 얹어 지은 쇠솥 밥에 달걀을 넣고 숟가락을 사용하여 비벼 먹는다. 밥에 이미 간이 되어 있어서 간장만 적당히 넣고 비벼 먹기만 하면 된다. 한국의 비빔밥은 미리 무쳐놓은 나물들을 밥에 넣고 비비는 반면 다키코미고한은 여러 가지 재료를 밥과 함께 짓는다. 옛날 한국의 골동반과 비슷하다.

더욱 놀라운 사실은 밥 짓는 그릇이 바로 작은 가마솥이었다. 가마솥에 쌀과 버섯, 산나물, 닭고기 등을 잘라서 조미하여 넣은 뒤 밥을 짓는다. 이런 방법으로 지은 밥을 '가마메시'라고 한다. '가마'는 한국어로 가마솥이다. 에도시대의 아라이 하쿠세키의 저서 《토우가》는 "솥을 '가마'라고 한다. 조선어에서 온 것 같다. 지금도 조선에서는 솥을 '가마'라고 한다"고 적고 있다. 가마의 어원이 가마솥에서 유래했다는 주장이다. 도쿄 등 대도시에서 가마메시를 볼 수 있는데 비벼 먹지는 않는다. 한국의 한 음식학자는 가마메시와 비빔밥을 비교하면서 "비빔밥이 '열린 음식'이라면 가마메시는 '닫힌 음식'"이라고 표현했다.

극히 예외적이기는 하지만 대중적 비빔 음식으로 일명 '네코맘마'라는 게 있다. 굳이 해석하자면 '고양이밥'이다. 그렇다고 고양이가 먹는 밥을 의미하는 것은 아니다. 네코맘마는 밥 한가운데 버터 한 덩어리와 가다

랑어포를 얇게 썬 가쓰오부시나 김·깨·소금 등을 섞어서 만든 조미식품
인 후리카케를 적당히 뿌려 간장에 비벼 먹는 음식이다. 원래 어린이와
청소년의 야식이나 간식용 음식이었다. 하지만 경제위기 상황에서 한 인
스턴트 식품업체가 '어른용 네코맘마'를 출시하면서 어린이와 어른의 경
계가 허물어지고 있다.

✹ 차오판은 금가루를 뿌린 밥?

식은 밥을 요리하는 방법으로는 비빔밥과 볶음밥이 가장 대중적이다. 찬
밥에 김치와 야채를 썰어 넣고 고추장에 비비면 훌륭하게 한 끼를 해결할
수 있는 비빔밥이 된다. 마찬가지로 찬밥에 야채와 고기를 썰어 넣고 달
걀을 풀어 기름에 볶으면 금방 지은 밥처럼 따뜻하면서도 고소한 맛을 내
는 볶음밥이 된다. 한국에서는 찬밥을 가지고 주로 비빔밥을 만들어 먹
는 반면에 중국이나 동남아 국가에서는 볶음밥을 해서 먹는다. 중국에서
는 이를 차오판이라고 한다.

중국에서 밥을 볶아 먹은 역사는 2천 년 이상 거슬러 올라간다. 한나라
때 건축된 마왕퇴 고분에서 발굴된 기록유물인 죽간(竹簡)에 차오판과 유
사한 음식의 조리법이 기록되어 있다. 이 기록은 기원전 194년 이전에 쓰
인 것으로 추정된다.

기록은 다시 5백 년의 간격을 두고 이어진다. 고구려 정벌에 나섰다가
참패하고 돌아간 수양제가 차오판을 먹고 만족했다는 기록이 수양제의
전속 요리사인 시풍이 쓴《식경》에 나온다. 수양제가 차오판을 가장 먼저
맛보게 된 연유도 설명하고 있다. 5세기 말 중국을 통일한 수양제는 국가

통일을 공고히 하기 위해 강남 지방으로 남행길에 올랐다. 그때 들렀던 곳이 현재의 장쑤성 양저우이다. 수행원 중 고향이 양저우인 월국공 양소의 집안이 차오판을 잘 만들기로 명성이 자자했다. 양소가 수양제를 위해 집안의 전통 요리인 차오판을 대접하게 됐다는 얘기다.

하지만 《식경》에 차오판이라는 명칭이 나오는 것은 아니다. 대신 "양소가 쇄금반을 좋아했다"고 기록되어 있다. 쇄금반은 '금가루로 된 밥'으로 해석될 법한데, 실제로 밥에 금가루를 뿌린 음식이 아니라 계란볶음밥이다. 밥을 볶을 때 밥알이 서로 엉켜 덩어리지지 않게 하기 위해 달걀 노른자를 푼 것이다. 밥알이 황금색을 띠고 기름이 반짝여서 마치 금가루를 입혀놓은 것 같다고 해서 이 같은 이름이 붙여진 것이다.

위진남북조 시대 때는 차오판이 상당히 널리 퍼진 음식으로 발전했다. 이 무렵 대외경제 교류의 중심 항구인 양저우에 모여든 선원들 사이에서 간편하고 값도 싼 계란볶음밥이 유행했다고 전해진다. 중국에서 '볶음밥의 명품'으로 통하는 양저우차오판의 전신이다. 계란볶음밥에 버섯, 해산물 등 다양한 재료를 더해서 궁중 음식으로 즐겼던 것이 다시 일반 백성에 전해져 오늘날 양저우차오판으로 이어진 것이다.

양저우차오판 하면 거창한 요리 같지만, 실은 우리나라 중국음식점에서 흔히 먹을 수 있는 계란볶음밥에 옥수수, 완두콩 등을 첨가한 것이다. 양저우차오판은 처음 먹는 사람도 전혀 거부감을 느끼지 않기 때문에 중국 볶음밥의 결정판이 되었다고 한다.

중국에서 차오판이 얼마나 대중적인 음식인지 짐작하게 하는 속담이 있다. "차오판을 한술 뜨는 순간 친구가 된다"는 게 그것이다. 중국인이 말하는 친구라는 의미는 한국이나 일본에서보다 광의의 개념이다. 중국

추억도 살리고 건강도 챙기는 음식

인에게 친구란 나이나 신분을 떠나 마음이 통하는 사람을 뜻한다. 한국이나 일본에서 생각하는 계층적 범위에 제한을 두지 않는다. 뿐만 아니라 기간이 필요한 것도 아니다. 처음 만난 사람도 의기투합하면 곧 친구가 될 수 있다. 결국 이 속담은 중국인은 누구에게나 열린 마음으로 대하고 쉽게 친구가 될 수 있다는 의미이다. 그런데 하고많은 음식 중에서 차오판을 비유 대상으로 삼은 것일까. 아마도 친구를 사귀기 쉽다는 의미를 강조하기 위해 중국에서 가장 흔한 음식인 차오판을 '동원'한 것이 아닌가 싶다.

2

김밥과 스시,
국적 공방의 승부를 가린다

김밥 천지의 나라, 한국

"음식은 추억의 예술이다." 소설가 성석제의 '음식론'이다. 음식을 추억으로 먹는다는 의미이다. "추억 속 음식에는 함께 먹던 사람들의 훈훈한 정과 아득한 세월의 아쉬움이 얽히고설킨 맛이 있다"는 '성석제의 음식론'에 가장 부합하는 한국 음식은 단연코 김밥과 짜장면이다. 한때 짜장면은 외식의 대명사였고, 김밥은 나들이 음식의 대표였다.

김밥이 우리에게 가장 친숙한 음식 중의 하나가 된 데에는 그만한 이유가 있다. 김밥은 먹기 편할 뿐만 아니라 영양학적으로도 매우 뛰어난 대중 음식이다. 단무지, 당근, 햄, 게맛살, 시금치, 달걀, 우엉, 어묵, 오이등 색색의 고명을 넣은 뒤 밥을 김에 둘둘 만 김밥은 한마디로 완전식품이다. 거기다가 색깔은 입맛을 돋우기에 부족함이 없다. 눈, 코, 혀를 즐겁게 하는 '종합식품'이다. 특히 김은 영양소의 10퍼센트가 단백질인 고

단백 식재료이다. 동물성 식품에 주로 함유된 비타민 A · B · C가 골고루 들어 있다. 비타민군은 같은 무게의 달걀보다 12배, 우유보다 20배나 많이 함유하고 있다. 거기다가 지방은 아예 없다.

김밥은 카멜레온이다. 맛과 취향에 맞춰 맞춤형 김밥을 만들 수 있다. 김밥 전문점의 차림표가 이를 입증한다. 김밥 전문점의 메뉴판엔 스무 가지가 넘는 김밥이 횡렬종대로 정렬해 있다. 꼬마 · 달걀 · 태극 · 누드 · 김치 · 채소 · 치즈 · 참치 · 샐러드 · 피클 · 버섯 · 유부 · 모둠 · 과일 · 달걀노른자 · 흑미 · 불고기 · 쇠고기 · 회 김밥 등등. 1997년 IMF 직후에는 식용 금가루를 뿌린 김밥인 '금밥'이 등장해서 화제를 모으기도 했다. 김밥의 변신 능력은 감탄을 자아내게 한다. 누드김밥은 역발상의 진수라 할 만하다. 김으로 밥을 마는 게 아니라 밥 속에 김을 말아넣는다. 최근엔 고명뿐만 아니라 모양도 변화무쌍하다. 삼각김밥을 비롯하여 공처럼 만 폭탄김밥, 만들 때마다 모양이 달라진다는 못난이김밥, 썬 김밥의 양쪽 끝을 모은 꼬투리김밥 등 몇 년 전만 해도 구경조차 할 수 없던 신상품이 쏟아지고 있다.

누가 뭐라고 해도 우리나라의 전통적 명품 김밥은 충무김밥이다. 경남 통영에서 태어난 충무김밥은 우리나라 최초의 '패스트푸드'라고 해도 과언이 아니다. 충무김밥은 고명을 넣지 않고 맨밥만을 싼 김밥이다. 김밥에 따라 나오는 아삭한 무김치와 매콤한 오징어무침이 고명을 대신한다. 번거로움에도 불구하고 고명을 반찬으로 대신한 이유가 있다. 통영은 습기가 많은 해안 지역이라서 김밥의 선도 유지가 쉽지 않기 때문이다. 휴어기 때 통영 마을의 여인네들이 선원들을 상대로 김밥을 말아 팔곤 했는데, 이것이 상업화된 김밥의 효시다. 그것이 지금은 집 밖에만 나가면 온

통 김밥 천지가 되었다. '김밥천국', '김밥세상', '김밥나라', '김밥민국' 등 이름도 각양각색인 김밥 가게를 어디서나 만날 수 있다. 김밥이 우리에게 가장 친숙한 음식 중의 하나가 된 것이다.

김영삼 정권의 세계화 전략과 1986년 아시안게임, 1988년 서울 올림픽을 계기로 외국인에게도 차츰 김밥이 알려지기 시작했다. 외국인을 상대로 한 한식 선호도 조사에 따르면, 김밥은 김치, 불고기, 비빔밥, 잡채 등과 함께 외국인이 좋아하는 한국 음식으로 꼽힌다. 김밥의 인기가 높아지면서 김밥의 정체성에 대한 '인터넷 논쟁'이 붙기도 했다. 이를테면 '김밥은 한국 고유의 음식인가, 일본 김초밥의 변형인가'라는 국적 논쟁과 '일본 스시와 김밥 중 어느 것이 더 오래된 것인가'라는 역사 논쟁이 뜨겁게 벌어졌다.

우리나라가 먼저라고 주장하는 쪽은 해초 채취 기록을 내세운다. 해초에 관한 최초의 문헌은 《삼국유사》이다. "연오랑이 바다에 해초를 따러 나갔다가 풍랑을 만났다"라는 기록이 나온다. 중국의 약학서인 《본초강목》에는 신라인들이 허리에 새끼줄을 묶고 바다에 들어가 해초를 채취하는 모습이 실감나게 묘사되어 있다. 당시에는 김, 미역, 다시마 등으로 구분되기 전이다. 그저 해초일 뿐이었다. 그렇다면 신라인들은 미역, 다시마뿐만 아니라 김도 먹었을 것으로 추정할 수 있다. 조선 초에 와서야 김, 미역, 다시마 등으로 분명히 구별된다. 세종 때 편찬된 《경남도지리지》에 "김은 울산군, 동편현, 동래현, 장기현, 여일현, 안동대도호부의 특산품"이라고 소개하고 있다. 또 1611년에 허균이 지은 조선시대 최초의 음식 품평서 《도문대작》에 김을 '해의(海衣)'라 부르고 "남해안보다 동해안 것이 맛이 좋다"고 적고 있다. 조선 초·중엽에 이미 김이 토산품으

추억도 살리고 건강도 챙기는 음식

로 인정받았던 것이다. 조선 중기에는 각지에서 김을 생산했음을 짐작할 수 있다. 하지만 일본은 훨씬 나중에 김을 먹기 시작했다. 오후사쓰요이는 《바다 채소》라는 저서에서 일본에서 김이 식용 음식으로 등장한 것은 18세기 중반, 즉 에도시대의 교호(亨保) 대기근 때라고 기록하고 있다. 갑자기 폭발적으로 늘어난 메뚜기 떼로 인해 농작물의 씨가 말라가자 해안 지방의 사람들이 해초를 찾아 바다로 들어간 것으로 해석된다. 한편 김 정착화 사업을 위해 조선의 김 양식업자들을 일본으로 데려갔다는 기록이 일본 고서에 남아 있고, 조선총독부가 편찬한 《조선수산지》에는 18세기 초부터 전남 광양에서 김여익이, 경남 하동에서는 한 할머니가 김 양식을 했다는 얘기가 구전으로 전해지고 있다는 기록이 남아 있다. 18세기 초라면 일본은 자연 채취한 김도 먹지 않았을 때이다. 현재 국내에서 생산되는 김은 서식지와 색깔, 크기 등의 모양새에 따라 구분하는데 종류만 해도 2백 가지가 넘는다고 한다. 김 양식이 가능해지면서 다양한 신종이 개발되었기 때문이다. 김 양식이 언제부터 시작되었는지는 정확한 기록이 남아 있지 않다.

조선의 여러 문헌에서 김 조각을 간장에 찍어 먹거나 참기름을 바른 뒤 밥을 싸 먹었다는 기록을 볼 수 있다. 《동국세시기》, 《동국여지승람》 등에는 정월 대보름에 밥을 김에 싸 먹으면 눈이 좋아진다는 풍습이 있음을 적시하고 있다. 정월 대보름에 식힌 오곡밥을 굽지 않은 생김에 싸 먹는 '복쌈이' 풍습은 아직도 이어지고 있다. 맨밥을 김에 싸 먹는 것은 전래음식이었다는 얘기다.

일본이 먼저라는 쪽은 생선 알을 고명으로 올린 '마키즈시' 혹은 '노리마키'라고 부르는 나팔 모양의 김초밥에서 한국 김밥이 나온 것이라고 주장한다. 마키즈시의 전신인 데카마키는 에도시대 말부터 메이지시대 초기에 사무라이들이 먹었던 간식으로, 제2차 세계대전 때는 전투 식량으로도 제공되었다. 서양인들은 이를 보고 '검은 종이를 먹는 미개인'이라고 일본인을 조롱했다고 한다. 김초밥은 일제강점기에 조선에 전해진 것으로 알려져 있다. 하지만 일본에는 우리의 김밥과 같은 음식은 없다. 밥을 김에 말아 썰어 먹었다는 기록은 더더욱 없다.

🌾 김밥은 즉석식품, 스시는 보존식품

세상에는 독창적인 음식보다 이런저런 문화적인 영향을 받아 변형되고 융합된 음식이 훨씬 많다. 이런 과정을 통해 재창조된 음식이 한 지역이나 나라에서 하나의 전통 음식으로 자리를 잡기까지는 상당히 많은 시간이 걸린다. 그만큼 음식문화는 보수적이어서 변화가 더디다. 어떤 문화보다도 경험이 내재된 '경로의존성'이 크기 때문이다. 여기서 말하는 경로의존성이란 전래된 음식이 영양적 가치가 더 높고 맛이 있다고 하더라도, 특별한 이유 없이 남들이 그 음식을 먹지 않으면 많은 사람들이 그 행동을 좇아 그 음식을 먹지 않는 것을 뜻한다. 자연스럽게 남의 기준과 규칙에 따르려고 하는 내재적 성향을 말한다.

이런 이유 때문에 명확한 기록이 남아 있지 않다면 한 음식의 역사성과 정통성을 가리는 것은 쉽지 않다. 이를테면 우리나라가 김을 먼저 먹었다고 해서 김초밥의 영향 없이 김밥이 만들어졌다고 단정할 수도 없고, 반대로 김초밥이 김밥의 영향을 받지 않고 독창적으로 만들어진 것이라고 단언할 수도 없는 것과 마찬가지다.

일본의 김초밥, 한국의 김밥이 유사한 음식이냐는 물음에도 쉽게 답할 수 없다. 김으로 밥을 싸고 고명을 사용한다는 점 말고는 유사성을 찾기가 쉽지 않기 때문이다. 김밥과 김초밥은 음식의 성격뿐만 아니라 조리 방법과 활용 방식도 전혀 다르다. 김초밥은 식초와 설탕을 가미하여 시큼하면서도 달짝지근하다. 김밥은 소금과 참기름으로 간을 해 고소한 맛과 향이 난다. 식초와 참기름은 모두 살균 효과가 있다.

조미 방식의 차이는 곧 음식 성격의 차이를 암시한다. 김초밥은 일종의 보존식품이다. 밥에 식초를 섞으면 발효 효과로 인해 금방 상하지 않는다. 일본은 덥고 습기가 많기 때문에 발효시키는 지혜를 발휘한 것이다. 우리는 김밥을 '만다'라고 표현하지만, 일본은 김초밥을 '담근다'라고 표현한다. 우리가 김치를 담근다고 하는 것과 같다. 발효시킨다는 의미를 갖고 있는 것이다. 일본에서는 주방을 다이도코로 혹은 스케바라고 하는데, 스케바는 '담그는 곳'이라는 뜻이다.

김초밥은 스시의 한 가지이다. 대표적인 스시 종류로는 노리마키(김초밥), 니기리즈시(생선초밥), 이나리즈시(유부초밥), 데마키(주먹밥) 등이 있는데, 이 네 가지를 통칭해서 하야즈시라고 한다. '빨리 만든 스시'라는 뜻이다. 발효를 생략한 스시라는 의미를 함축하고 있다. 하야즈시는 발효식품이 즉석식품으로 전환됐음을 시사하는 것이다.

보통 '초밥'이라고 부르는 것은 생선초밥 즉 니기리즈시를 말한다. 물론 초밥 재료는 생선에만 국한되는 게 아니라 어패류, 생선 알, 야채, 달걀 등 다양하게 사용한다.

하야즈시는 상업이 융성했던 에도시대에 상가의 주인들이 손님이 밀려드는 점심시간에 간단하게 요기를 하기 위해 고안한 음식이다. 우리의 전주비빔밥이 장터 음식으로 출발했던 것과 유사하다. 처음에는 생선 가게에서 팔다 남은 생선을 삭혀 주먹밥 형태로 만들어 먹었던 것이 시초였을 것으로 추정된다.

사실 생선을 삭히는 역사는 농경이 정착된 시점까지 거슬러 올라간다. 초기의 농경지는 곡물 재배지이자 미꾸라지, 붕어 등과 같은 물고기 양식장이었다. 스시의 원조는 후나스시(붕어초밥)라는 게 정설이다. 붕어의 내장을 빼내고 속을 밥으로 채워 돌로 누른 다음, 소금에 절여 1개월 정도 발효시켜 먹는 것이다. 밥을 채웠다는 것은 후나스시를 만든 지역이 농촌 지역임을 뜻하고, 생선을 장기보관하기 위해서 발효시켰음을 짐작할 수 있다. 일본 시가 현에서는 후나시스보다 이 지방의 향토 음식인 도조스시가 스시의 원조라고 주장한다. 도조스시도 장기보관을 위해 미꾸라지와 밥을 번갈아 켜켜이 포개 쌓은 뒤 발효시킨 음식이다. 이처럼 생선 발효 음식을 통칭해 나레즈시라고 한다.

초밥이 대중성을 확보하게 된 계기는 교토의 천황궁에 후나스시를 납품하게 되면서부터이다. 가와치야 초베라는 사람이 1653년경 황실에 후나스시를 공급할 때 재료를 붕어 대신 도미로 바꿔 상품을 고급화한 것이 변화의 첫 단계다. 두번째는 근대화와 함께 저장 기술이 발달했기 때문이다. 거기다가 생선을 발효시키는 수고를 덜 수 있는 즉석요리인 니기리즈시가 발효 음식 나레즈시를 대체하게 된 것이다. 세계 어느 나라에서도 발효 음식이 생식 음식으로 바뀐 예는 찾기 어렵다.

스시 종류는 50가지가 넘는다. 데라사와 다이스케의 만화《미스터 초밥왕》(원제: 쇼타의 스시)에 소개된 것만 해도 싹눈파뱅어·장어·새우·도미·참치·넙치·방어·갯장어·개불·달걀구이·전어·성게·죽순말이·전

추억도 살리고 건강도 챙기는 음식

복·피조개 스시 등 헤아릴 수 없을 정도로 많다. 고등어, 전갱이 같은 등이 푸르고 빛이 나는 생선으로 만든 스시는 특별히 히카리모노라고 한다.

밥 속에 박속을 넣고 김으로 만 마키즈시는 우리의 김밥 모양과 흡사하다. 마구로(참치)를 고명으로 넣은 데카마키, 야채를 고명으로 넣은 호소마키, 호소마키보다 큰 후토마키 등이 있다. 최고의 스시로는 도쿄 앞바다에서 잡은 생선으로 요리한 에도메즈시가 꼽힌다. 《미스터 초밥왕》에 소개된 인삼·개불 스시는 한국에서 아이디어를 얻은 소재라고 한다. 한국에서 열린 '미스터 초밥왕 축제'에 초대받은 다이스케가 답례로 한국 재료를 사용한 만화를 그린 것이다.

🎌 사무라이 정신이 발현된 스시

일본을 대표하는 음식인 스시는 일본인에게 특별한 의미를 가진다. 그만큼 긍지도 대단하다. 일본 음식을 상징하는 3대 음식(낫토, 스시, 미소시루), 외국 관광객이 일본에서 맛봐야 할 4대 음식(스시, 라멘, 덴뿌라, 니혼쥬), 에도시대의 3대 음식(스시, 장어구이, 덴뿌라) 등 일본을 대표하는 음식에 스시는 한 군데도 빠지지 않는다. 심지어 외국인이 싫어하는 4대 음식(스시, 다쿠앙, 미소, 낫토)에도 포함된다. 일본의 3대 진미로 꼽히는 카라스미(숭어의 난소를 소금에 절여 말린 것), 고노와다(해삼의 창자 또는 그 젓갈), 니마우니(성게알) 등도 최고의 스시 재료로 쓰인다.

스시가 일본인에게 어떤 의미를 갖는지는 스시 요리사가 되는 과정을 보면 쉽게 짐작할 수 있다. 스시 요리사가 되는 과정은 실로 험난하다. 스시 요리사가 되려면 대체로 손님맞이 인사→허드렛일→칼갈이→오이

마와시(요리사를 쫓아다니면서 눈으로 요리법을 익히는 일)→핫슨바(그릇에 요리를 담는 일)→와키이타(생선의 내장과 비늘을 손질하는 일)→무코이타(생선회를 뜨는 요리) 등의 순서를 밟아야 한다. 거기서 끝나는 게 아니다. 밥 짓는데 3년, 생선 다루는 데 3년, 밥을 쥐는 데 3년, 그리고 다시 1년간 내공을 쌓은 뒤에야 '이타마에'라고 하는 정식 요리사 칭호를 들을 수 있다고 한다. 이렇게 10년이 넘는 시간을 준비한 뒤에 스시 한 덩어리를 만드는 데 필요한 시간은 단 3초. 그래서 스시 요리사를 '10년을 준비하고 3초에 승부하는 사람'이라고 부른다.

요리사가 이 숱한 고생을 겪으면서 찾으려고 했던 스시의 참맛은 무엇일까. 육감적 맛이라고 한다. 한 줌의 샤리(밥)와 도톰한 생선회(사시미) 한 점이 어우러진 맛, 그리고 입안에서 밥알이 부서지면서 생선회를 살살 녹이는 미감을 그렇게 표현한다.

밥, 생선, 요리 방법, 이 세 가지의 조화가 완벽하게 이루어질 때 육감적 미감이 만들어진다고 한다. 그중에서도 무엇보다 생선이 중요하다. 스시의 맛은 생선의 질은 물론 부위, 신선도, 보관 상태와 방법 등에 따라 달라진다. 뿐만 아니라 조리 기구인 칼의 종류와 사용 기법도 맛을 결정하는 중요한 요소이다. 칼이 지나간 흔적을 보면 요리사의 경력을 알 수 있다고 한다.

이런 이유 때문에 스시 장인들은 요리 칼 자체를 사무라이 정신으로 여긴다. 요리사를 '이타마에' 외에도 부엌칼이라는 뜻을 가진 '호초'라고 부르는 것도 이와 맥이 닿아 있다. 초밥 장인을 원하는 사람은 요리 칼을 갖고 잠자리에 드는 것은 물론 칼을 베고 자는 사람도 있다고 한다.

일본 요리는 '보는 맛'을 빼고는 말할 수 없다. 보여주기 위한 요리를 만

추억도 살리고 건강도 챙기는 음식

들기 위해서는 무엇보다 칼이 중요하다. 보는 맛은 칼에서 나오기 때문이다. 일본에는 '기레아지(칼의 맛)'라는 말이 있다. 솜씨라는 뜻이다. 요리사의 솜씨가 뛰어나 회감이 산뜻하고 깨끗하게 잘린 느낌을 줄 때 '기레아지가 요이'라고 한다. 눈으로 보는 요리의 진수라고 하는 가자리마키(장식된 초밥)가 탄생한 것도 칼의 맛에서 비롯된 것이다. 가자리마키에서 바다의 향기를 맛볼 수 있음은 물론 하나의 예술 작품을 감상하는 것과 같은 기분을 만끽할 수 있다. 일본인의 미의식이 음식에도 적용되고 있는 것이다. 즉, 일본 요리에는 일본의 정신과 혼이 담겨 있는 것이다.

그 정신을 엿볼 수 있는 게 또 있다. 스시 요리사는 일본에서 아직도 금녀의 영역이다. 스시의 최고 맛은 스시와 체온의 온도가 일치할 때라고 한다. 이 때문에 배란주기에 따라 체온 변화를 겪는 여성은 스시 요리사로서 부적격하다고 생각한다. 여성은 생리 때 분비되는 황체호르몬(프로게스테론) 작용에 의해 체온이 약 1도 상승한다. 불과 1도의 차이이지만 스시의 맛에 미묘한 변화를 가져온다는 이유에서 요리사로서 주방 출입이 금지된 것이다. 단지 여자라는 이유로 일본 전통 씨름인 스모 경기장에 들어갈 수 없는 것과 마찬가지다.

3

씹을수록 추억과
역사가 보이는 누룽지

🥄 '누룽지 약' 한 사발 드시지요

누룽지는 씹을수록 기억을 재생시키는 묘한 마력을 지닌 음식 중의 하나다. 배고픈 시절에 먹었던 누룽지에는 아련한 추억이 서려 있다. 누룽지의 고소한 감칠맛은 쓴맛, 단맛 다 본 노년에도 늘 되살아나는 것이다. 누룽지 한 조각 속에 우리 삶의 나이테가 묻어 있기 때문은 아닐까. 소설가 김훈은 "모든 시간 속에서 맛은 그리움으로 변해서 사람들의 뼈와 살과 정서의 깊은 곳에서 태아처럼 잠들어 있다"고 말하지 않았던가. '잠들어 있는 태아의 맛'을 끄집어내기 위해서는 반드시 수고가 따라야 한다. '오래도록 씹어야' 진정한 그 맛을 느낄 수 있는 것이다.

누룽지의 구수한 향기와 고소한 단맛은 어떤 작용의 결과일까. 밥솥으로 들어가보자. 쌀이 익으면서 밥물에서 녹은 수용성 당질과 아미노산 식이섬유질이 솥 밑으로 고이게 된다. 이게 눌면서 향기를 낸다. 이때 발

추억도 살리고 건강도 챙기는 음식

생하는 올리고당이 수용성 단백질, 아미노산, 필수아미노산과 어우러져 구수한 맛을 내는 것이다. 단맛은 밥 속에 있는 분해되기 전의 포도당에서 나는 것이다. 누룽지의 고소함은 어떤 향신료도 흉내낼 수 없는 독특한 맛이다. 누룽지를 끓이면 둥둥 뜨는 하얀색 물질이 바로 소화를 돕는 당질과 숙취 해소에 효과가 있는 아미노산 식이섬유질이다.

누룽지에도 색깔이 있다. 타는 정도를 말하는 것이지만 지역에 따라 다른 '색깔'로 누룽지를 부른다. 전라도 지방에서는 밥이 까맣게 탄다는 의미로 '깜밥'이라고 부른다. 평안도 사투리는 '밥가마치'다. 재미있는 것은 러시아 일부 지역에서도 누룽지를 '까만밥'이라고 부른다는 것이다. 강원도에서는 노랗게 눌었다고 해서 '누렝기'라고 했다.

많은 사람들이 혼동해서 쓰는 '누룽지'와 '눌은밥'은 엄연히 다른 개념이다. 누룽지를 눌은밥으로 부르는 것은 정확한 표현이 아니다. 눌은밥은 누룽지에 물을 넣고 끓인 밥을 뜻하기 때문이다.

우리 선조들은 눌은밥을 약으로 사용했다. 소화기가 약하거나 목구멍에서 음식이 넘어가지 않고 위장에서 음식을 받지 못하는 증상을 보이는 사람에게 효과가 있는 것으로 여겼다. 《동의보감》에는 누룽지를 '취건반(炊乾飯)'이라고 했다. '탄 밥'이라는 뜻이다. 《동의보감》은 누룽지를 달여 아무 때나 마시는 약으로 쓸 것을 권하고 있다. 일종의 만병 구급약이었다. 그중에서도 열격(음식이 목구멍으로 잘 넘어가지 못하거나, 넘어가도 위까지 내려가지 못하고 이내 토하는 병)으로 오랜 동안 식사를 못 할 경우에는 누룽지로 치료한다고 '누룽지 처방전'을 제시하고 있다.

쌀은 따뜻한 성질을 지닌 곡식이다. 누룽지도 마찬가지다. 누룽지를 먹으면 몸이 따뜻해진다. 일본 의학계의 보고에 따르면 체온을 1도 높이면 면역력이 50퍼센트 이상 증진된다고 한다. 따뜻한 음식이 왜 좋은 것일까. 한의학자들의 말을 빌리면, 따뜻한 음식을 섭취하면 음식의 흡수와 배출을 담당하는 신장·대장·소장 등의 장기가 있는 단전을 은은하게 데워 기초대사를 돕는다고 한다. 이렇게 기초대사가 촉진되면 우리 몸에 필요한 에너지를 백 퍼센트 얻을 수 있다. 현대의학에서도 이런 효과가 입증되고 있다. 눌은밥의 에탄올 추출물은 산성 체질을 알칼리성으로 중화시켜주는 강한 항산화작용을 한다. 쌀눈에 많이 함유된 성분인 가바라는 신경을 안정시킨다. 또 지방 분해를 촉진시켜 다이어트에도 효과가 있는 것으로 알려졌다. 영양분이 아래로 몰려 있으니 밥보다 누룽지가 영양가가 높은 것은 당연한 이치 아닐까. 누룽지의 이로운 점이 속속 알려지면서 누룽지가 새롭게 주목을 받고 있다.

어느 나라, 어느 민족이든 전통적으로 가꾸고 지켜온 고유의 음식과 독특한 맛이 있게 마련이다. 이탈리아의 피자와 스파게티, 프랑스의 와인, 미국의 코카콜라 등이 대표적이다. 숭늉은 다른 나라에서는 찾아볼 수 없는 한국 고유의 독특한 음식이다. 우리 선조들은 이를 식후에 음료로 마셨다. 중국에서 차가, 독일에서 맥주가 발달했다면 한국에서는 숭늉이 발달했다. 이어령은 "숭늉은 밥짓기 최종 단계에서 얻어지는 맛, 마지막 종지부 뒤에 나타난 한 토막 시구의 운율과도 같은 것"이라고 말했다. '숭늉 문화'란 곧 '끝마무리 문화'라는 얘기다.

🌑 누룽지로 도쿄를 폭격한 중국

'밥 문화권'에 있는 동양 3국의 경우 누룽지를 이용한 요리 방법과 형태는 나라마다 다르다. 한국은 숭늉으로, 중국은 누룽지탕으로, 일본은 누룽지 주먹밥으로 발전했다. 하나의 재료가 전혀 다른 음식이 된 것이다. 하지만 한국만큼 누룽지 음식이 발달한 나라는 없다. 밥을 짓는 가마솥과 누룽지를 만드는 방법이 관계가 깊다는 게 일반적인 분석이다. 안남미를 사용하는 중국은 끓은 밥물을 버린 뒤에 뜸을 들이기 때문에 밥이 타는 일이 거의 없다. 일본은 누룽지를 그다지 즐기지 않았다. 17세기에 발간된 일본 고서에 숭늉과 유사한 '식탕(食湯)'이라는 음식이 나온다. 누룽지를 끓여 먹었음을 짐작하게 하는 대목이다. 하지만 한국처럼 독특한 식음료로 발전하지는 않았다.

중국 누룽지탕의 고향은 장쑤성 쿤산(昆山)으로 '천하제일의 요리'라는 애칭으로 불리기도 한다. 이름은 거창하지만 사실 누룽지탕은 궁핍의 산물이다. 명나라 때 고정신이라는 재상이 이 지방을 방문한 차에 당대의 수재로 소문난 임자문의 집에 들르게 되었다. 임자문의 아내 육부인이 대접할 음식이 마땅치 않자 누룽지를 기름에 튀긴 뒤 야채로 만든 탕을 그 위에 부어 식탁에 올렸다고 한다. 산해진미를 다 맛본 고정신이지만 난생처음 먹는 음식의 독특한 맛에 반해 그 이름을 물었다. 육부인은 "세상에 없는 요리"라면서 "천하제일의 요리라고 하면 어떻겠느냐"고 반문했다. 이것이 굳어져 애칭이 된 것이라고 한다.

베이징으로 돌아온 고정신은 거의 매일 누룽지탕을 만들어 먹고 연찬메뉴에도 늘 빼놓지 않았다. 고정신의 누룽지탕 사랑에 감염된 고관대작들도 누룽지탕을 즐기게 되었고 결국 명나라의 명품 요리로 이름을 날리게 되었다. 지린성에서 편찬한 《중국의 생활민속》은 "명나라 말기에 쑤저우 지방에 전해진 이 요리에 고급 조미료를 배합하여 지금의 새우 닭고기 누룽지탕으로 만들었는데 색깔이 곱고 맛이 신선하고 특이하여 사람들의 입맛을 돋우고 있다"고 설명하고 있다.

누룽지탕 요리 중의 최고는 담백한 맛을 겸비한 오감만족의 '싼셴궈바(삼선누룽지탕)'라는 데 미식가들도 이론이 없다. 기름에 튀긴 누룽지 위에 죽순과 버섯 그리고 갖가지 해산물로 맛을 낸 걸쭉한 소스를 부은 요리이다. 이때 고소한 냄새와 함께 탁탁하고 알갱이 터지는 소리가 난다. 이 소리가 바로 누룽지탕만이 갖고 있는 특성이다. 눈과 코와 혀를 동시에 만족시키는 음식은 수도 없이 많지만 귀까지 즐겁게 하는 음식은 누룽지탕을 제외하곤 찾기 어렵다.

삼선누룽지탕의 다른 말은 '마오쩌둥 누룽지탕'이다. 마오쩌둥이 이 음식을 즐겨 먹어서 붙여진 별칭이라고 한다. 다른 설도 있다. 탁탁 튀는 소리가 마치 마오쩌둥 혁명군이 일본군을 공격하면서 터뜨린 폭탄 소리 같다고 해서 '마오쩌둥 누룽지탕'이라는 이름을 붙였다는 주장이다. 중일전쟁이 한창일 때는 '도쿄폭격'이라고도 불렀다고 한다. 일본에 대한 적개심이 극에 달했던 중국인들이 누룽지탕에 소스를 부을 때 나는 소리에서 중국 대륙을 침략한 일본군을 보복하고 싶은 감정을 실은 것인지도 모르겠다. 일종의 '정서적 전염(emotional contagion)'을 기대한 것은 아닐까.

추억도 살리고 건강도 챙기는 음식

4

입이 아니라
몸이 원하는 빈대떡

◉ 빈자의 떡, 빈대떡

광화문의 피맛골, 명륜동의 녹두거리, 공덕동의 빈대떡 골목……. 이곳
은 지금은 모두 없어졌지만 한때 사람 사는 이야기가 오고 가던 통로였
다. 가난한 민중의 애달픔이 넋두리가 되어 산산이 흩어지던 사랑방이었
다. 그곳에서 늘 함께하던 소품이 있다. 한 접시의 빈대떡과 찌그러진 막
걸리 주전자다. 특히 빈대떡은 서민의 애환이 묻어나는 '슬픈 음식'으로
대중의 사랑을 받아왔다.

빈대떡은 한때 값싼 음식의 대명사였다. '빈대떡'이라는 이름도 가난한
사람이 먹는 떡, 즉 '빈자의 떡'이라는 말에서 유래했다. 액면 그대로 믿
기는 어렵지만 옛날 서울 정동에는 빈대가 많아 빈대골로 불렸는데, 그
곳에 유난히 부침개(빈자떡) 장수가 많아서 빈대떡이라는 이름이 생겼다
고 전해진다. 중국에 기원을 두고 있다는 설도 있는데, 중국의 콩가루 떡

인 알병(謁餅)의 '알'자를 빈대를 의미하는 '갈(蝎)'자로 착각하여 빈대떡으로 굳어졌다는 것이다. 어원적인 측면에서 살펴보면 18세기 서명응이 지은 《방언집석》에는 녹두로 만든 음식 '병식자(餅食者)'의 중국 발음 '빙저'가 빙자→빈자로 바뀌어 내려왔다고 기록되어 있다.

빈대떡은 녹두와 쌀가루 부침이다. 다진 신 김치를 넣어 새콤한 맛을 내고, 양파 간 것과 파를 썰어 넣어 단맛을 돋우고, 고사리나 도라지 등 나물류를 넣어 쌉쌀한 맛이 나게 부친다. 다진 돼지고기, 닭고기 등을 볶아 넣기도 한다.

빈대떡은 꼭 암퇘지 비계 기름으로 부쳐야 제맛이 난다고 한다. 돼지 비계로 기름을 넉넉히 둘러 부쳐내면 더욱 고소하다. 기름이 듬뿍 밴 빈대떡의 풍미는 식욕을 불러일으키기에 부족함이 없다. 맛이야 어떻든 돼지비계를 사용한 것은 깨나 콩으로 만든 식물성 기름보다 훨씬 싸기 때문이었다. 수십 년 전만 해도 웬만큼 부유한 집이 아니면 동물성 기름을 사용했다. 동물성 기름 먹기를 기피하는 지금도 여전히 돼지비계 기름을 사용하는 것은 빈대떡과 돼지기름의 음식 궁합 때문은 아닐까.

부침개는 빈대떡을 제외한 기름에 지져낸 음식을 통칭한다. 부침개의 종류는 동태전, 두부전, 비지전, 김치전, 호박전, 감자전, 고추전, 부추전, 배추전, 버섯전, 미나리전, 깻잎전, 해물파전, 쇠고기 산적 등 헤아릴 수 없이 많다. 봄볕 향기가 물씬 풍기는 부침개 '화전(花煎)'도 있다. 화전을 대표하는 것은 '진달래꽃전'이다. 진달래꽃전은 신라시대부터 시작된 화전놀이의 필수 음식이었다.

화전 등 특별한 절기 음식을 제외하곤 부침개의 재료는 특별한 게 없다. 우리 주변에서 흔히 볼 수 있는 재료들이다. 하지만 맛은 각각 천차만

추억도 살리고 건강도 챙기는 음식

별이다. 어느 것 하나 별미가 아닌 것이 없다. 그중에서도 최고의 부침개로 치는 것은 역시 녹두빈대떡이다. 특히 북한에서는 명절 음식으로 쓰였다. 황해도에서는 막붙이, 평안도에서는 녹두지짐이라고 한다.

분명히 빈대떡도 부침개의 일종이다. 그런데 유독 '떡'이라는 이름을 붙여 다른 부침개와 격을 달리한 이유는 무엇일까. 17세기 초 장계향이 쓴《음식미다방》에 "녹두를 되직하게 갈아서 번철에 기름을 부은 뒤 조금씩 떠 놓으며 거피한 팥을 꿀로 발라서 소로 넣고, 그 위에 녹두 간 것을 덮어 빛이 유자빛같이 되게 지져야 한다"는 녹두부침개 요리 방법이 소개되어 있다. '빈쟈'라는 음식의 설명이다. 팥으로 만든 소를 넣은 것으로 볼 때 빈쟈는 찐 떡이 아니라 기름에 부친 떡임을 알 수 있다. 식량이 귀하던 시절에 떡은 밥의 대용 식품이었다. 지금처럼 빈대떡에서 소가 빠졌다는 것은 밥의 대용식품으로 역할을 다했다는 의미는 아닐까. 역할이 끝나면서 빈대떡의 성격도 변했다. 부침개가 식사 대용 음식에서 간식용, 혹은 안주용 음식으로 전환된 것이다.

그렇다면 빈대떡이 언제부터 지금의 모양이었을까. 주영하 한국학중앙연구원 교수는 이에 대한 답을 1924년에 이용기가 펴낸《조선무쌍신식요리제법》에서 찾아냈다. "빈대떡은 가난한 사람들이 먹는 떡이기도 하지만, 조선시대 궁중에서 각종 연회에 쓰던 전유어에 밀가루가 없을 때 녹두가루를 사용하여 만든 음식이기도 하다"고 빈대떡의 용도에 대해 적고 있다.

여기서 빈대떡은 가난한 사람만이 아니라 궁중에서도 먹던 음식이며, 밀가루보다 녹두가루가 더 흔한 것임을 알 수 있다. 또《음식미다방》에서 설명됐던 팥소를 찾을 수 없음을 직감할 수 있다. 하지만 '떡'이라는 표현은 바뀌지 않았다. 주영하 교수는 한 신문 기고에서 "이용기가 제시한 빈대떡의 속에는 파, 미나리는 물론이고 배추의 흰 줄거리를 데친 것, 심지어 쇠고기나 닭고기나 돼지고기를 잘게 썰어 양념하여 볶아 넣고 여기에 표고·석이·목이 따위의 버섯과 황화채, 해삼, 전복까지도 들어간다. 실로 이만한 재료가 들어간 빈대떡은 결코 빈자떡이 아니라 빈대(賓待)떡이 되어야 함이 당연하겠다"고 주장했다.

✿ 부의 재분배 수단이 된 부침개

빈대떡은 영양적인 측면에서도 훌륭한 음식이다. 빈대떡은 녹두로 만든 음식이어서 단백질이 풍부하다. 게다가 고기를 자주 먹지 못하는 민초들에게 영양을 보충해주는 음식이기도 했다. 녹두는 피부병 치료와 해독, 피로 해소에 효과가 있으며, 식욕을 돋우기도 한다. 민초들의 허기를 달래고 건강까지 챙겨주는 데 빈대떡만한 음식이 없다.

거듭 얘기했지만 빈대떡은 가난한 사람의 음식이다. 특히 명절이나 잔칫날 등 특별한 날에는 그 이름에 잘 어울린다. 일종의 부의 분배, 즉 적선 음식으로 사용됐기 때문이다. 한양이나 큰 고을의 부자들은 명절이나 잔칫날이면 빈대떡을 넉넉히 부쳐 "○○○ 집의 적선이오" 하며 가난한 사람들에게 골고루 나눠주었다. 가뭄이나 홍수가 나 생활이 궁급할 때는 보통 때보다 훨씬 많은 빈대떡을 부쳤다. 이런 음식 나눔이 미풍양속으로 자리 잡게 된 데에는 나름대로 이유가 있다. 빈대떡은 혼례나 제사 등 '성례'의 주인공이 아니라 엑스트라였다. 제사상에 오르기 했지만 다른 제수 음식의 보조 역할을 했다. 제기에 기름에 지진 고기를 올리기 위해

추억도 살리고 건강도 챙기는 음식

썼던 고배(음식을 그릇에 높이 괴어 담는 것) 음식이다. 그것은 자연히 허드렛일을 돕는 일꾼의 차지가 되었다. 나눔의 대상이 처음의 집안 일꾼에서 마을 사람들로 확장되어 하나의 전통적 풍습이 된 것이다.

나눔 음식의 인기는 여름에 훨씬 좋았을지도 모른다. 사람의 몸은 습기도 많고 비도 잦은 여름철이면 체온을 유지하기 위해 기름기 있는 음식을 원한다. 여름철에 땀을 지나치게 흘려 체온이 떨어지면 면역력이 떨어진다. 또 우리 몸은 하루라도 햇빛을 보지 못하면 스트레스에 민감해진다. 피부에도 좋지 않은 영향을 미치며, 혈당지수도 떨어진다. 특별한 이유 없이 기분도 울적해지기 일쑤다. 이런 상태는 뇌에 있는 인체의 체온조절 센터인 시상하부를 자극하여 우리 몸을 따뜻하게 해주는 밀가루 음식을 요구한다. 그래서 비 오는 날이면 손쉽게 만들 수 있는 최고의 간식인 부침개가 당기는 것이다. 빈대떡을 비롯한 부침개를 당기게 만드는 것은 입이 아니라 머리라는 얘기다.

최근 막걸리가 세계적으로 각광을 받으면서 빈대떡과 부침개 역시 새롭게 조명을 받고 있다. '장마철 계절 음식' 또는 '잔치 음식'에서 벗어나 세계가 주목하는 음식이 되고 있다. 부침개는 김치, 불고기와 더불어 외국인이 좋아하는 한국의 3대 기호 식품으로 꼽힌다.

부침 요리는 나라마다 고유성을 갖고 있을 만큼 광범위하게 펼쳐져 있다. 중국의 라이빙, 일본의 오코노미야키, 베트남의 반카이, 인도의 도사, 이탈리아의 피자 등은 세계적으로 잘 알려진 부침 요리이다. 아쉽게도 우리의 부침개는 아직까지 이 반열에 이름을 올리지 못하고 있다. '서양의 부침개' 피자에 밀려 우리 한국인에게조차 외면당해왔던 탓이다.

🏵 라이빙은 복날 음식

전 세계적으로 가장 잘 알려진 부침 요리를 꼽으라면 빼놓을 수 없는 게 중국의 전병(煎餅)인 라이빙이다. 라이빙은 중국 음식에서 차지하는 위상도 높고 대중적인 음식이다. 종류만 해도 1천 가지가 넘는다. 물론 만드는 방법도 헤아릴 수 없이 많다. 크게는 우리의 부침개와 같이 기름을 두르고 지져내는 방식, 화덕에 밀가루 반죽을 넣고 호떡같이 구워내는 방식으로 나눌 수 있다. 화덕에 굽는 방식은 아랍 사람들이 즐겨 먹는 케밥을 싸 먹는 밀병을 만드는 방법과 동일하다. 그래서 라이빙을 '구운 떡'이라고도 한다. 또 솥을 뜨겁게 달군 뒤 밀가루 반죽을 넣고 물을 뿌려가면서 익히는 방법도 있다. 이 방법은 멕시코의 타코, 그리스의 기로스, 한국의 밀전병을 만드는 방법과 같다. 청나라 궁중에서 먹던 전통 전병은 숯불로 구워냈다고 한다.

중국에는 라이빙을 먹는 날이 정해져 있다. 라이빙은 복날 음식이다. 한국에서는 복날 주로 개장국, 삼계탕 등 고기 음식을 먹는 데 비해 중국에서는 밀가루 음식을 먹는다. 즉, '초복에 만두, 중복에 국수, 말복에 달걀부침과 라이빙'을 먹는다. 특히 중국에서는 중복날 먹는 면 요리를 '얼푸미엔(二伏麵)'이라고 부른다. 중국인이 복날 라이빙을 먹는 것은 우리가 궂은 여름날 부침개를 먹는 것과 유사한 이유가 아닐까.

중국의 부침개는 그 자체로 완성된 요리가 아닌 경우도 많다. 즉, 2차적인 '가공'이 필요한 '재료' 음식이다. 그 자체를 음식으로 즐기기보다는 베이징 덕을 싸 먹는 것과 같이 보조 역할을 하는 데 더 충실하다.

세계적인 명성을 얻고 있는 베이징 덕을 싸 먹는 전병은 '야빙'이라는 별도의 이름을 갖고 있다. 야빙은 엄밀한 의미에서 우리의 부침개보다

진화가 덜 된 것이라고 할 수 있다. 다른 재료를 첨가하지 않고 조미된 밀가루만 부쳤다는 측면에서 보면 그렇다. 하지만 베이징 덕을 만나면서 한국의 부침개와는 전혀 다른 가치를 얻게 되었다. 쫄깃한 야빙에 바삭하면서도 담백한 카오야와 파, 오이 등을 싸서 달짝지근한 야장(검은색 소스)에 찍어 먹는 맛이 일품이라고 한다.

전병의 일종인 지엔빙은 중국의 대표적인 거리 음식이다. 지엔빙을 만드는 과정은 그 자체가 볼거리다. 요리 기구는 자동차 핸들 모양의 손잡이가 달린 커다란 둥근 철판이다. 기름을 두른 철판 위에 다섯 가지 잡곡을 섞어 만든 반죽을 한 국자 떠서 부은 다음 손잡이를 돌리면서 투명할 정도로 얇아질 때까지 길쭉한 뒤집개로 골고루 편다. 익기 전에 재빨리 달걀 하나를 풀고 나서 똑같은 과정을 반복한다. 종이만큼 얇게 구운 지엔빙을 두 차례 접고, 거기에 소스를 곁들인 야채를 넣은 뒤 돌돌 말면 요리가 완성된다.

전병 중의 최고는 청나라 궁중 전병인 로모사오빙이다. '꿈속의 전병'이라는 이름을 갖고 있는 고급 요리이다. 이런 이름을 얻게 된 것은 서태후의 꿈과 관련이 있다. 서태후가 어느 날 전병을 먹는 꿈을 꾸었는데 그날 아침 식탁에 전병이 올랐다. 서태후는 음식을 만든 요리사를 찾았는데 그의 이름이 장수한다는 의미를 가진 조영수(趙永壽)였다고 한다. 서태후는 그에게 관직과 은전을 하사하는 등 큰 선물을 내렸다. 오래전부터 중국에서는 전병 꿈을 길몽으로 여긴 터라 조영수의 횡재를 본 사람들이 로모사오빙을 '꿈속의 전병'이라고 불렀다고 한다. 로모사오빙은 숯불로 구워야 참맛이 나며, 볶은 돼지고기를 곁들여 먹는 게 보통이다.

애절한 향수에 젖게 하는 오코노미야키

일본의 대표적인 부침개로는 오코노미야키가 있다. '취향과 취미'라는 뜻의 '오코노미'와 '굽다'의 명사형 '야키'가 합쳐진 말이다. 좋아하는 음식을 취향대로 만들어 먹는다는 의미가 내재되어 있다. 일본 음식의 이름은 다소 '직설적'이고 '원색적'인 표현이 많다. '몸에 (이름표를) 꽂는다'는 의미의 사시미나 '구운 고기'라는 뜻의 야키니쿠 같은 것이 대표적인 예이다. 오코노미야키는 전혀 다른 형태의 음식이라고 할 수 있다.

관동대지진 이후 먹을거리가 없어 고생할 때 주위에 있는 갖가지 재료를 한데 섞어 기름에 부쳐 먹은 음식이 바로 오코노미야키이다. 이렇다 보니 지역에 따라, 개인의 기호에 따라 다양한 모양으로 만들어 먹었다. 정형화되지 않은 음식이라는 의미를 이름에 담고 있는 것이다. 부드러운 반죽 위에 해물, 고기, 야채 등을 종류를 가리지 않고 기호에 따라 푸짐하게 얹어 기름에 구운 뒤 가쓰오부시를 뿌려주면 요리가 끝난다.

관동대지진이 오코노미야키를 유행시킨 것은 사실이다. 하지만 오코노미야키가 관동대지진이 발생한 무렵에 만들어진 음식이라고 생각하면 착오다. 오코노미야키의 역사는 생각보다 꽤 깊다. 당나라를 다녀온 일본 사신이 중국의 전병을 보고 일본식으로 개량한 것이다. 적어도 1천 년의 역사를 갖고 있는 셈이다. 처음에는 후노야키, 몬자야키, 돈돈야키 등과 같이 다양한 이름으로 전국에 퍼져나갔다. 시간의 흐름과 함께 품질이 개선되고 고급화된 것이 오늘날의 오코노미야키이다.

오코노미야키는 원래 아이들의 간식 정도로 여겨졌다. 밀가루에 야채나 조금 넣어 기름에 부친 뒤 간장이나 물엿에 찍어 먹던 것이었다. 여기에 더 많은 야채와 고기류를 넣어 어른들의 입맛에도 맞도록 개량한 것이

추억도 살리고 건강도 챙기는 음식

다. 오코노미야키가 대중 음식으로 발전하게 된 계기는 서양 음식이 들어오면서부터이다. 서양의 고기 요리에 사용하는 우스타소스(식탁용 소스)를 원용해서 오코노미야키 소스로 활용한 뒤 대중의 사랑을 듬뿍 받게 된 것이다. 오코노미야키는 일본의 향수를 불러일으키는 음식으로, 또 토속적인 먹을거리의 하나로 오늘날 많은 일본인들의 사랑을 받고 있다.

무엇보다 취향과 개성이 중시되는 음식이다 보니 오코노미야키는 어떤 음식보다 지방색이 뚜렷이 나타났다. 도쿄 일부 지역에서는 몬자야키, 오사카에서는 오사카식 오코노미야키, 히로시마에서는 히로시마식 오코노미야키가 유행한다. 오코노미야키 하면 오사카를 떠올릴 정도로 오사카식 오코노미야키가 특히 유명하다. 달걀, 새우, 가리비, 돼지고기, 양배추, 파래 가루, 파 등을 밀가루 반죽에 섞어 부친 다음 고명으로 가쓰오부시를 올려 맛을 낸다. 히로시마식은 밀가루를 부친 뒤 다양한 고명을 올린다. 도쿄식인 몬자야키는 일반적으로 오코노미야키와 마찬가지로 건더기를 넣지 않는 게 특징이다. 이 때문에 여러 가지 모양을 낼 수 있는 장점이 있다. 몬자야키는 오코노미야키의 전신이라고 할 수 있다. '몬자'는 '글자'라는 의미인데, 밀가루 반죽을 철판에 펼쳤을 때 글씨를 쓰고 싶을 정도로 예쁜 모양이 된다고 해서 이 같은 이름이 붙여졌다.

지방에 따라 오코노미야키의 용도도 차이가 난다. 오사카 지방에서는 이 음식이 당당한 식사 대용이다. 오코노미야키를 부치는 철판을 갖고 있지 않은 가정이 없을 정도로 이 음식을 식사 대용으로 즐겨 먹는다. 반면에 도쿄 지방에서는 어디까지나 간식용일 뿐이다.

5

추억 속의
짜장면

중국 노동자의 애환이 전이된 짜장면

시대가 변함에 따라 사람의 입맛도 변한다. 취향도 달라지고 선호도 달라진다. 하지만 변하지 않는 음식도 있다. 그중 대표적인 음식이 짜장면이다. 장을 볶는 구수한 냄새는 입맛보다 발길을 먼저 잡는다. 탁자 위에 놓인 반들반들한 검은색 면발은 구미를 돋우는 맛으로 변모한다.

짜장면은 만인의 추억이다. 한국인이라면 누구나 짜장면에 얽힌 이야깃거리 하나 정도는 있을 만큼 추억이 깃든 음식이다. 추억으로 먹는 음식이 더 맛있는 법이다. 덤으로 아련한 향수도 되살릴 수 있다. 짜장면은 한때 '꿈의 음식'이었다. 짜장면을 먹었다는 것 자체가 자랑거리일 만큼 '특별한 날'에나 먹을 수 있는 '특별한 음식'이었다. 한 그릇 먹고 나면 세상을 얻은 듯한 포만감이 느껴질 정도였다.

1960년대 급속한 경제 개발과 인구 이동이 본격화되면서 짜장면은 저

추억도 살리고 건강도 챙기는 음식

렴한 별식으로 널리 보급되었다. 거기다가 미국의 밀가루 원조와 1973년부터 시작된 정부의 혼식 장려는 '저렴한 별식'과 '외식의 대표 음식'으로서 짜장면의 위상을 굳히는 데 일조했다. 견딜 수 없이 진한 '검은 맛과 향의 매력'에 온 국민이 빨려 들어갔다. '4500만의 외식 메뉴'로 대중화된 것이다.

짜장면은 알다시피 중국에서 온 외래 음식이다. '원적'은 중국 산둥성이고, '본적'은 인천 차이나타운이다. 중국에서 들어오긴 했지만 한국의 풍토에 적응하면서 만들어진 음식으로, 그 속에는 한국에 정착한 화교들의 애달픈 역사가 담겨 있기도 하다.

짜장면은 1883년 제물포항이 개항되면서 중국의 문물과 함께 들어왔다. 지금의 인천 차이나타운은 개항 이후 청나라의 조계지가 있던 곳으로, 정착 초기에는 중국인들이 상업을 주도하면서 매우 번창했다. 인천에 가면 돈을 잘 번다는 소문을 듣고 산둥성 사람들이 대거 몰려오면서 중국식 상가와 주택이 본격적으로 들어서게 되었고, 청나라 관청(지금의 영사관)도 생겼다. 이곳을 '청관거리'라고 불렀다. 청일전쟁에서 패배하기 전까지 조선에 살던 청나라 상인이나 노동자들의 삶은 그런대로 괜찮은 편이었다. 지금까지도 중국인을 하대해서 부를 때 '짱꼴라'라고 말하는데, 짱꼴라는 '장구이(掌櫃)'라는 말에서 유래한 것이다. 본래는 '돈을 금고에 보관하다', '주인장'이라는 뜻이다. '짱꼴라'가 만드는 짜장면은 또 '짱깨'라고 낮춰 불렀다. 한국에서 번 돈을 재투자하지 않고 고향으로 보내는 중국인들에 대한 야속한 심정을 이렇게 표현했는지도 모른다.

하지만 1894년 청일전쟁에서 대패하고 조선이 일본에 강제 병합된 뒤에는 조선에 거주하는 중국인 역시 안정적 생활을 이어갈 수 없게 되었다. 아니, 천덕꾸러기가 되었다. 임오군란 이후 주둔하던 청군이 떠나고 돈을 많이 번 비단 장수, 고려인삼 장수들도 떠났다. 일부 돈이 있는 사람들은 남아서 일본인과 조선의 고관대작들을 대상으로 비교적 규모가 큰 중국음식점을 경영했다. 돈이 없어 중국으로 돌아가지 못한 사람들은 대부분 청나라 군대와 상인들의 허드렛일을 돕던 사람들이다.

맨몸으로 산둥을 떠난 최하층 이주노동자를 중국에서는 '쿨리(苦力)'라고 부른다. 현재 한국에 있는 화교의 90퍼센트 이상이 산둥 출신의 후예들이다. 쿨리 중에서도 사정이 좀 나은 사람들은 보따리장수로 생활했다. 그것조차 할 수 없던 사람들은 부두 노동자가 되거나 음식 장사를 했다. 가난한 중국인 이주자들은 대개 세 종류의 칼로 현지에서 기반을 닦았다고 한다. 이를 '삼파도(三把刀)'라고 하는데, 채도(菜刀:식칼)는 음식점, 전도(剪刀:가위)는 이발소, 체도(剃刀:면도날)는 양복점을 상징한다고 한다. 손재주를 통해서 삶의 기반을 잡는다는 얘기다.

칼을 사용했든, 가위를 썼든 안정적 생활 기반을 다지거나 거대한 경제권을 장악하는 데 성공한 사람들을 '커자런(客家人)'이라고 부른다. '서투른 실력'이나 '엉터리'를 뜻하는 '이파도(二把刀)'라는 말도 있다. 두 개의 칼을 잡으면 하나의 일에 집중할 수 없어 하나도 제대로 이룰 수 없다는 뜻으로, 한 가지 일에 집중하라는 충고의 의미를 담고 있다.

중국인들이 생계를 꾸리기 위해 손에 든 것은 '식칼'이 가장 많았다. 조선에 온 산둥 이주자들도 마찬가지였다. 향수를 달래기 위해 향토 음식을 고향 출신 부두 노동자들에게 판 것이다. 노점 장사로 시작한 이 음식이 바로 산둥 짜장면인 '자짱미엔(炸醬麵)'이다.

🏵 여름철 별미 음식 자짱미엔

중국은 국수를 처음 먹은 나라이다. 그 역사가 무려 기원전 5000년 전으로 거슬러 올라간다. '국수의 나라'라 할 만큼 국수 요리만 해도 만 가지가 넘는다고 한다. 심지어 지금까지도 국수 요리 솜씨를 결혼 조건으로 여기는 풍습이 내려오는 지방이 있다. 허난성 북부 지역의 새색시들은 시집을 가면 반드시 거쳐야 하는 통과의례가 있다. 새색시가 시집 식구들을 위해 칼국수를 만들어 대접하는 일인데, 이를 쓰토우(試刀)라고 했다. 시집 식구들은 새색시가 밀가루를 반죽해서 칼국수를 만드는 일련의 과정을 지켜보는데, 특히 칼 쓰는 솜씨를 집중적으로 관찰했다고 한다. 칼국수의 두께가 얇고 폭이 가늘고 너비가 균일해야 합격점을 받았다. 중국인들의 국수 사랑을 짐작하고도 남을 것 같다. 그렇다고 한국인이 짜장면에서 느끼는 향수나 의미를 중국인이 자짱미엔에서 찾을 수 없다. 자짱미엔은 수많은 국수 요리 중의 하나일 뿐이다.

자짱미엔은 중국에서도 베이징, 산둥성, 허베이성 등 일부 지역에서 먹는 음식이다. 특히 산둥성의 성도인 옌타이는 수타면 기술의 발상지로 알려져 있다. 밀가루 반죽을 두드려 면발을 뽑는 사람을 '라미엔(拉麵)'이라고 부르는데, 이것이 일본으로 건너가 오늘날 인스턴트식품의 대명사라고 할 수 있는 '라멘'으로 발전한 것이다.

중국에는 "여름에는 자짱미엔, 겨울에는 다루미엔을 먹어야 제격"이라는 말이 있다. 자짱미엔은 따뜻하게 나오는 우리 짜장면과 달리 차게 나온다. 차가운 국수, 즉 렁미엔(冷麵)인 셈이다. 반면에 다루미엔은 끓인 국물에 면을 말아서 나오기 때문에 몸을 따뜻하게 해주므로 겨울에 어울리는 음식이다.

그런데 정작 중국에서는 자짱미엔을 먹기가 쉽지 않다. 제법 큰 식당에서도 자짱미엔이라는 요리가 없는 경우가 태반이다. 그만큼 상업화되지 않았다는 것인데, 자짱미엔이 대중 음식으로 자리 잡지 못한 데 무슨 까닭이 있는지는 알 수 없다. 하지만 2000년에 접어들어 복고 열풍이 불면서 문화대혁명 이전의 향수를 자극하는 복장이나 음식이 인기를 끌게 되었다. '옛 맛'을 찾는 복고적 비즈니스 트렌드가 생겨나면서 '라오(老)'라는 글자가 붙은 상품이 선풍적 인기를 끌었다. 자짱미엔도 그중 하나라고 한다. 즉, '라오자짱미엔'이라는 메뉴가 베이징이나 상하이의 식당에 등장한 것이다.

한국의 짜장면과 중국의 자짱미엔의 차이는 '장(醬)'에 있다. 산둥 지방의 자짱미엔은 웨이하이에서 나는 된장, 즉 웨이하이장으로 만든 것이다. 웨이하이장은 중국에서도 최고의 장으로 칠 정도로 유명하다. 콩과 밀가루가 주재료인 웨이하이장은 메주처럼 누룩을 넣어 3년 정도 발효시켜 만든다. 이것을 톈미엔장이라고 하는데, 우리 된장보다 오랫동안 발효시키기 때문에 검은빛이 강하다. 걸쭉한 간장과 비슷하다. 웨이하이장을 고기와 차로 볶아 면장을 만들고 이것을 면 위에 부어 먹은 게 산둥 자짱미엔이다. 베이징 자짱미엔은 톈미엔장과 황장을 섞어서 만든다.

한국에 들어온 초기의 자짱미엔에는 양파는 물론 야채가 전혀 들어가지 않았다. 단지 볶은 면장 위에 생오이 등 신선한 야채 한두 가지를 고명으로 올렸을 뿐이다. 지금의 짜장면보다 훨씬 팍팍해서 별도의 그릇에 국물과 소스가 제공되었다. 자짱미엔은 면장을 조금 넣기 때문에 옅은 갈색을 띠며, 맛은 매우 짠 편이다. 또 너무 느끼해서 한국인의 입맛에는 맞지 않다. 산둥 출신의 화교들은 이런 느끼한 맛을 없애기 위해 산둥에서 나는 파를 수입해서 사용했다. 산둥 지방의 파는 양파보다 더 단맛이 난다고 한다. 한국화된 자짱미엔, 즉 짜장면을 접한 우리나라 사람들은 느끼한 맛을 중화시키기 위해서 생파를 곁들여 먹었다. 지금처럼 양파와 단무지가 곁들여 제공된 것은 그리 오래되지 않는다.

악화가 양화를 구축한 '검은색 국수'

한편 한국의 요리사들은 자짱미엔을 우리 입맛에 맞게 만들기 위해 연구를 거듭했다. 볶은 장 위에 생야채를 넣는 중국식과는 달리 양파, 당근, 감자 등의 야채와 돼지고기를 함께 볶아 한국인의 입맛에 맞게 만든 것이다. 또 국수도 소스를 붓기 직전에 뜨거운 물에 담갔다가 내놓아 온기를 느낄 수 있도록 했다. 이런 차이가 짜장면과 자짱미엔의 맛과 향이 전혀 다르게 만든 것이다. 어쨌든 화교 요리사들은 산둥 음식을 한국에 전했고, 이것이 한국의 음식 기법과 결합하면서 자짱미엔과 차별화된 새로운 음식으로 태어난 것이다.

그렇다면 언제부터 짜장면이 검은색을 띠게 된 것일까. 검은색 면장이 언제부터 쓰였는지는 정확히 알 수 없지만, 짜장면이 '검은 국수'가 된 것은 과열경쟁이 만들어낸 '부작용' 때문이다. 악화가 양화를 구축한 결과라는 게 음식학자들의 견해이다. 누군가가 면장에 캐러멜을 섞어 검은색을 띠게 한 뒤, 검은색 면장은 발효가 잘된 것이라고 거짓 선전을 해서 손님을 끌었다는 것이다. 콩과 찹쌀 등으로 발효시킨 된장에 캐러멜을 섞은 검은 면장이 바로 '춘장'이다. 중국에는 없는 새로운 면장이 탄생한 것이다. 그리고 이런 과정을 거쳐 한국 전통 음식에서는 전혀 찾아볼 수 없는 검은색 요리가 탄생하게 된 것이다. 또 되직하던 짜장면이 수분이 상대적으로 많은 '물짜장'으로 변모한 것도 캐러멜을 쓰면서부터라고 한다.

짜장면은 이질적 문화와 결합된 대표적인 트랜스컬처의 변모를 보여준다. 이색적 문화가 융합되어 새롭고 보다 보편적인 음식을 만들어가고 있는 것이다. 진화된 음식이라는 얘기다. 문화변형은 현대적 트렌드이다. 하지만 원산지 문화보다 그 영향을 받은 주변 지역에서 문화적으로 더 번창한 예는 흔치 않다. 그런 면에서 짜장면과 짬뽕은 특별한 음식이다. 주영하 교수는 "짜장면과 짬뽕은 중국인들이 현지에 적응하는 과정에서 현지화한 음식"이라고 정의하고 "노골적인 민족 차별과 배제로 인해 화교의 대부분이 음식업에 종사할 수밖에 없었던 한국의 특정한 정치 사회적 맥락도 작용했다"고 주장했다. 일종의 '디아스포라의 문화'라는 얘기다.

짜장면의 생명력은 마치 우리 민족의 역사를 담은 듯하다. 짜장면은 지난 백여 년 동안 우리와 삶의 애환을 함께 해왔으며, 2006년 정부가 선정한 '한국 100대 민족문화 상징'에 당당히 이름을 올릴 만큼 '한국의 대표 음식' 중 하나로 여전히 인기를 누리고 있다. 짜장면은 또 외식 품목으로는 드물게 물가 중점 관리 대상이기도 하다. 웰빙 음식의 중요성이 강조되면서 옛날만큼은 인기가 없지만 전국 2만 4천 개 중국음식점에서 하루에 6백만 그릇 이상이 팔려나간다고 한다. 하루에 여덟 명 중 한 명은 짜장면을 먹는 셈이다.

6

동양 3국의 합작품,
짬뽕

짬뽕의 고향을 알려주세요

화교들이 그들의 민족적 정체성을 잃지 않은 채 한국 사회에 동화하는 과
정에서 만들어낸 독특한 '문화상품'이 바로 짜장면과 짬뽕이다. 짜장면과
짬뽕은 음식문화의 본질인 융합과 조화를 잘 보여주는 음식이다. 특히
짬뽕은 짜장면보다 더 복잡한 과정을 통해서 한국의 고유 음식으로 터를
잡았다고 할 수 있다. 중국으로부터 직접 수입된 것이 아니라 일본을 통
해서 들어왔기 때문이다. 그런 측면에서 한국의 짬뽕은 한·중·일 3국의
합작품이라고 해도 과언이 아니다.

주영하 한국학중앙연구원 교수는 동아시아 음식문화의 역사와 현재를
담은 저서 《차폰 잔폰 짬뽕》에서 "동아시아 음식문화에는 20세기 동아시
아가 겪은 질곡과 고통의 역사가 오롯이 담겨져 있다. 식민과 피식민 지
배로 인해 3국의 음식문화는 상호작용을 통해 발전해왔다. 조금 더 복잡

한 과정을 통해 역사는 한·중·일 3국의 근대화 과정을 압축하고 있다고 해도 과언이 아니다"라고 말했다. 그렇다면 한·중·일 3국이 어떤 상호 작용을 통해 '동양 3국의 합작 음식'을 만들어낸 것일까.

짬뽕의 유래에는 여러 가지 설이 있지만, 일본 나가사키가 발상지라는 견해가 다소 우세하다. 일본은 에도시대에 쇄국정책을 펴면서 서양문명 에 배타적인 태도를 보였다. 하지만 나가사키는 예외였다. 나가사키는 동양 최초의 '자유무역 항구'로서, 일본에서는 유일하게 서양과의 교류 역할을 할 수 있는 최서단 항구 도시였다. 1852년 미국의 동인도함대 사 령관 페리 제독이 개국을 요구하는 미국 대통령의 친서를 갖고 일본에 당 도하기 전까지 무려 2백여 년 동안 서양의 동인도회사와 교역을 한 유일 한 곳이 바로 나가사키이다.

2세기 동안 축적된 나가사키의 교역 역사는 다양한 민족과 국가의 문 물이 혼합된 이국적이고 다국적인 문화를 탄생시켰으며, 많은 유적을 남 겼다. 일본 속의 유럽이라는 하우스텐보스, 19세기 메이지시대의 서양식 저택들이 보존되어 있는 그라바 엔(Glover's 園), 란다자카(네덜란드 언덕)와 오우라텐슈도 성당, 네덜란드 상인들과 일반인의 접촉을 막기 위해 바다 위에 부채꼴 모양의 인공 섬을 조성해 만든 네덜란드 상인 거주지 데지 마, 처참하게 무너져 내린 종각과 성상으로 유명한 우라카미 성당 등 유 구한 교역 역사가 오롯이 남아 있다.

하지만 나가사키 시민은 이 같은 유적보다 나가사키 짬뽕과 카스텔라 에 더 깊은 애착을 느낀다고 한다. 이 두 가지 음식이 나가사키의 상징이 된 데에는 그만한 이유가 있다. 외래문화를 수용해서 일본의 토양에 맞 게 자신들만의 더 나은 문화를 만들었다는 자부심을 느끼기 때문이다.

추억도 살리고 건강도 챙기는 음식

짬뽕의 일본식 표현은 '찬폰'이다. 그러나 '찬폰=짬뽕'이라는 등식은 성립되지 않는다. 위키백과사전에 따르면, 찬폰은 푸젠성 요리에서 유래된 나가사키의 음식이다. 고기, 어패류, 야채 등 10여 가지의 재료를 낫토에 볶은 다음 돼지 뼈와 닭 뼈를 고아 만든 육수에 면을 넣어 끓인다. 이것이 바로 오늘날의 나가사키 짬뽕이다. 국수가 굵고 재료가 많이 들어가는 게 특징인 나가사키 짬뽕은 일본을 대표하는 고유의 음식으로 널리 알려져 있다. 하지만 이 음식의 본래 이름이 '찬폰'이었던 것은 아니다. 처음에는 '중국 우동'이라는 뜻으로 '시나(支那)우동'으로 불렸다. 나가사키 시가 1914년에 발간한 《나가사키 안내》라는 책자에는 '시나우동'이 나가사키의 명물이라고 소개하고 있다. 그런데 중국인의 자신들을 비하하는 '지나'라는 단어를 대체하기 위해 '찬폰'이라는 이름으로 바꿔 불렀던 것이 아닐까 추정된다.

다시 위키백과사전에 따르면, '밥 먹었니'라는 의미를 가진 '츠판(吃飯)'이라는 중국의 아침 인사말에서 유래한 것이라는 설도 있다. 바로 '츠판'의 푸젠성 사투리 '차폰'을 일본인들이 음식을 지칭하는 것으로 잘못 이해하고 일본식 발음으로 '찬폰'으로 따라 불렀다는 것이다. 또한 푸젠어 중에서 '섞다'는 의미를 가진 '참혼(掺混)'에서 유래됐을 것이라는 설도 있다. '참(掺)'이 '찬'으로 발음되고, '섞다'는 의미를 갖고 있다는 점에 주목한 것이다. 즉, 소리와 의미를 전용해서 음식 이름으로 사용했다는 얘기다. 더욱이 일본어 '찬폰'은 뒤섞이거나 번갈아 하는 일을 가리키는 형용사로도 쓰인다. 위키백과사전은 찬폰에 대해 "에도시대에 만들어진 단어로서 그 용례가 남아 있다"면서 두 가지 사례를 소개하고 있다. 하나는 '여러 종류의 술을 한꺼번에 마시거나 여러 가지 약을 동시에 복용하는 것'이라는 의미이고, 다른 하나는 후지산 현에 있는 다카오카 역의 입식 식당에서 우동과 소바를 한 그릇에 담아 팔던 음식을 '찬폰'이라고 지칭했다는 것이다.

'찬폰'이 경음화되어 '짬뽕'으로 발음될 뿐 한국에서도 일본의 형용사적 용법과 똑같은 의미로 사용된다는 점이 흥미롭다. 한국뿐만 아니라 동남아시아 여러 나라에서도 찬폰과 유사한 발음을 갖고 있으면서 같은 의미로 사용되는 단어들이 있다. 베트남어, 말레이어 '짠폰'이 그것이다. 타이완 고산족은 '짠뽄'이라는 말을 같은 의미로 쓰고 있다. 주영하 교수는 "이 같은 단어들은 1930년대 이후 일본의 군국주의가 침략한 지역이거나 식민지 경험을 가진 지역에서 사용됐다"고 주장했다. 즉, 일본에서 유래된 단어라는 얘기다.

일본 최남단의 섬 오키나와의 전통 음식인 '찬푸루'에서 유래한 것이라는 설도 제기되고 있다. '찬푸루'도 '츠판'에서 유래한 것으로 추정되는 단어로 여러 가지를 섞는다는 의미가 있다. 찬푸루는 낫토에 야채 이외에 여러 가지 재료를 한꺼번에 볶아서 만든 오키나와 요리이다. 원래는 쓰고 남은 야채와 두부, 절인 돼지고기를 넣은 가정식 요리였다고 한다.

🅜 짬뽕을 초마면이라고 부르라고?

찬폰은 푸젠의 향토 음식인 탕러우쓰미엔(湯肉絲麵:푸젠어로는 돈니시멘)에서 발전한 것이라고도 한다. 탕러우쓰는 각종 해산물과 돼지고기, 표고버섯, 죽순, 파 등을 넣고 푹 삶은 국물에 국수를 만 음식이다. 찬폰은 오징어, 새우, 굴 등을 넣어 국물 맛이 탕러우쓰에 비해 매우 담백하면서도 시

추억도 살리고 건강도 챙기는 음식

원하고 진하다. 한국의 중국음식점에서 이와 비슷한 맛을 찾는다면 '굴짬뽕'이 가까울 것 같다. 일본의 찬폰과 한국의 짬뽕의 다른 맛은 면에 있다고 한다. 짬뽕의 면이 쫄깃한 맛이라면 찬폰은 부드러운 맛이다.

나가사키 짬뽕의 영향을 받은 면 요리 중에서 가장 대표적인 게 바로 규슈 지방의 명품인 '돈코쓰 라멘'이다. 돈코쓰 라멘은 '끈적끈적하다'는 표현이 무색할 정도로 걸쭉한 국물이 특징이다. 돼지 뼈를 우려내어 만든 국물 맛이 우리의 설렁탕 맛과 비슷하다. 같은 규슈 지방이라 하더라도 지역마다 육수 농도에 차이가 나는 게 특징인데 남쪽 지방으로 갈수록 국물이 진하다.

어쨌든 찬폰을 발음하기 쉽게 '짬뽕'으로 불렀다는 게 나가사키 유래설의 근간이다. 하지만 이에 대해 이론을 제기하는 학자들도 적지 않다. 우선 중국 음식 중에 맵지 않은 중국 우동, 즉 다루미엔이 이미 일제강점기 이전에 한국에 들어와 있었다는 데 근거를 두고 있다. 뿐만 아니라 산둥 지방에는 우리나라 짬뽕처럼 해산물과 야채가 많이 들어간 매운 국수 요리가 있다고 한다. 따라서 짬뽕의 원류를 군이 어원에서 찾아야만 하느냐는 반론이다. 한국의 중국음식점에는 지금도 다마네기(양파), 야키만두(군만두)와 같이 일본어를 쓰는 잔재가 남아 있다. 일제강점기에 제법 규모가 컸던 중국음식점의 주요 고객은 조선의 친일파 고관대작이거나 돈 많은 상인 그리고 일본인이었다. 그들을 주요 고객으로 하다 보니 음식 이름을 거의 모두 일본어로 불렀다는 것이다. 그런 '사회적 관습'이 이어져 짬뽕이라고 불렀을 뿐이라는 얘기다. 그들은 짬뽕의 원조는 중국의 차우마미엔(炒碼麵)이라고 주장한다. 차우마미엔은 지금도 중국에서 많은 사람이 즐기는 음식이다. 차우마미엔은 원래 요리를 하고 남은 부스러기

재료를 한데 모아 볶은 다음 물을 부어 국물을 내고 거기에다 국수를 말아 먹는 음식이다. 일제강점기에 제물포에 살던 중국인들이 리어카에 화로를 싣고 즉석에서 만들어 팔았던 음식이라고 한다.

어찌 됐든 간에 찬폰이나 차우마미엔은 우리의 짬뽕과는 차이가 나는 음식이다. 거기에는 본질적으로 매운맛이 없다. 짬뽕은 차우마미엔을 약간 변형하여 만든 음식이라고 본다. 물론 해물이 중심이 된 것은 원래의 차우마미엔과는 조금 다른 방식이지만, 한국의 중국음식점들이 새우나 오징어, 말린 해삼과 같은 해산물을 풍부하게 갖추었다는 점을 생각하면 짬뽕이 점진적으로 해산물 중심의 면 요리가 되었다고 보아도 무방하다는 주장도 제기된다. 물론 고춧가루나 고추기름을 풀어 맵게 한 것은 훨씬 뒤에 매운맛을 좋아하는 한국인의 입맛에 맞추려 했던 것이다.

그렇다면 고춧가루를 푼 매운 짬뽕의 원적을 어디로 삼아야 할지 의문이 남는다. 짬뽕은 차우마미엔이나 찬폰에 고춧가루를 첨가한 것 말고는 새로울 게 없다는 것이 음식학계의 의견이다. 표준국어대사전은 '짬뽕'을 일본어에서 온 외래어로 명시하고 '초마면(炒碼麵)'으로 바꿔 쓸 것을 권하고 있다.

추억도 살리고 건강도 챙기는 음식

3국의 DNA 음식

4장
3국의 DNA 음식

어떤 문화 분야보다도 음식문화는 본질적인 면에서 보편적 가치를 추구한다. 음식엔 문화적 DNA가 숨어 있다고 하는 이유이기도 하다. 한국음식의 DNA라고 할 수 있는 김치, 장, 두부, 콩나물 등과 같은 음식을 통해 이웃나라인 중국과 일본의 음식을 비교했다. 이 비교를 통해 3국의 문화적 개성을 찾아본다. 역시 3국의 음식문화는 닮은 듯 다르다. 끊임없는 음식문화의 융합과 재조정의 결과다. 하지만 닮은 것을 강조하면 중국 음식이 부각되고 다른 것에 초점을 맞추면 일본 음식이 주목된다. 역시 음식을 통해 문화적 영향을 받은 중국과 영향을 준 일본의 차이라고 할 수 있을까. 하지만 중국과 일본의 DNA 음식은 한국인에게 낯선 음식이 아니다. 중국인과 일본인 역시 한국 DNA 음식에서 이국적 향취를 느끼지 않을지도 모른다. 그럼 책으로 읽은 한·중·일 전통음식의 교류전을 관람해보자.

1

자연과 인체를
조화롭게 만드는 김치

🌾 발효 음식의 대명사가 된 김치

"만약에 김치가 없었더라면 무슨 맛으로 밥을 먹을까/진수성찬 산해진미
날 유혹해도 김치 없으면 왠지 허전해/김치 없인 못 살아 정말 못 살아/
나는 나는 너를 못 잊어/ 맛으로 보나 향기로 보나 빠질 수 없지/입맛을
바꿀 수 있나"

〈독도는 우리 땅〉으로 유명한 가수 정광태의 노래 〈김치 주제가〉다.
우리 밥상 위에 빠뜨릴 수 없는 음식이 바로 김치다. 넉넉한 상차림에는
서너 가지의 김치가 오른다. 아무리 잘 차려진 밥상이라도 김치가 없으
면 허전함을 느낀다. 상차림이 풍족하지 않아도 김치만 있으면 무난하게
여긴다. 그만큼 한국인의 밥상에서 김치가 차지하는 위상이 높다. 상차
림에서 김치를 반찬 가짓수에 포함시키지 않은 이유 또한 여기에 있다.

김치 없는 밥상을 밥상으로 여기지 않기 때문이다.

　김치는 한국인의 건강을 지켜온 자랑스러운 음식이다. 먹고살기 힘든 시절에는 김치가 절반의 양식이었다. 다른 반찬이 없어도 김치 한 가지만 있으면 밥 한 그릇을 뚝딱 해치웠다. 호사를 부릴 수 있을 여력이라도 생긴 날이면, 묵은 김치와 돼지고기를 큼지막하게 썰어 넣어 요리한 김치찜은 혀보다도 코가 먼저 맛에 취하는 '진수성찬'이었다. 김치를 송송 썰어 넣은 부침개는 감칠맛 나는 간식거리로 최고였다.

⚘ 김치의 재료는 채소의 왕과 제후들

김치의 주원료는 뭐니 뭐니 해도 무와 배추다. 과거 동양의학에서는 배추와 무를 채소로 취급하지 않았다. 그 자체가 약재였다. 옛날에는 귀하고 귀했다.

　한사군 시절에 우리나라에 들어온 무는 야채가 아니라 '치료제'로 대접을 받았던 '훌륭한 채소'였다. 중국 명나라 때 의사인 이시진이 쓴 《본초강목》에도 "무는 소화를 촉진하고 설사를 다스리는 데 도움을 준다"고 '약효'를 인정하고 있다. "겨울에 무를 먹고 여름에 생강을 먹으면 의사가 할 일이 없다"는 중국 속담은 무의 효험을 보다 명쾌하게 정의하고 있다. 중국에서는 특히 10월에 캔 무를 홍삼이라고도 칭했다. 옛날 천축(인도)의 상류 계급인 바라문의 한 사람이 동쪽(중국)에 왔을 때, 사람들이 보리국수를 먹는 것을 보고 깜짝 놀랐다고 한다. 보리국수는 뜨거운 음식인데 그것을 먹으면 몸에 해롭지 않을까 하는 의문을 가진 것이다. 하지만 국수 속에 무 조각이 떠 있는 것을 보고 걱정을 거두었다는 일화가 전해지고 있다.

무는 유용한 군용 음식이기도 했다. 무가 제갈공명의 시호이기도 한 '무후(武侯)'라는 관직을 받은 이유도 군사들에게 충분한 영양을 제공했기 때문이다. 제갈공명은 원정을 떠나 장시간 주둔지에 머물 경우 순무를 심었다. 순무의 새순은 새순대로 날로 먹고, 잎이 자라면 잎을 따서 먹고, 뿌리가 생기면 뿌리를 캐 먹었다. 겨울에는 절인 순무를 먹었다. 이처럼 사시사철 군량을 공급한 채소라는 의미로 '무후의 채소'라는 이름이 붙은 것이다. '무후의 채소' 대신 '제갈채'라고도 한다. 송나라의 문장가 소동파 역시 무를 즐겼다고 한다. '한 줌의 소금, 한 접시의 생무, 한 사발의 쌀밥'을 소동파의 '삼백식품'이라고 말한다. 미식가였던 소동파의 검소한 식생활을 상징적으로 표현한 것이지만 송나라 때 이미 무의 가치가 인정받았던 것이다.

우리나라에서도 무의 가치를 높게 쳐왔다. "무 장수는 속병이 없다"는 속담이 있다. 그만큼 무가 뛰어난 해독 능력을 갖고 있다는 얘기다. 한의학에서는 무를 '흙에서 나는 인삼'이라는 뜻으로 '토인삼(土人蔘)'이라고 표기한다. 무 가운데서도 여린 무가 가장 약효가 뛰어나다는 게 한의학계의 견해다. 《국조보감》에 보면 조선 정조가 세손 시절 아침저녁으로 무를 상식했다는 기록이 있다. 몸에 열이 많아 어린 시절부터 부스럼으로 많은 고생을 했던 정조인지라 생무를 가까이 했을 것으로 짐작된다. 생무는 찬 성질, 익힌 무는 뜨거운 성질이 있다는 것이 한의학계의 상식이다.

반면에 동북아시아 이외의 국가들, 특히 서양 국가에서는 무를 '천대' 한다. 대표적인 '천시 식품'으로, 아주 가난해서 먹을 게 없을 때가 아니면 먹지 않았다. 그래서 무 반찬이 오르면 '가난한 식탁'이라고 자탄했을 정도라고 한다. 영국 시인 로버트 브라우닝은 "4월이면 식탁에 오르는 지긋지긋한 무 요리여!"라고 한탄하기까지 했다. 무를 즐기지도 않고 무에 대한 인식도 부정적이었던 것이다.

　중국의 허베이 지방이 고향으로 알려진 배추도 무에 못지않게 중요한 채소다. 중국에서는 '채소의 왕'으로 '모신다'. '백 가지 채소가 배추만 못하다'는 게 중국인의 인식이다. 청조 때 쓰인 《소식설략》이라는 문헌에 "모든 채소의 왕으로 다른 채소와 비교할 수 없다"고 적혀 있다. 채소가 드물던 옛날, 배추는 무와 더불어 사람들의 입맛을 사로잡은 소중한 채소였다. 6세기 무렵 제나라의 문혜 태자가 한림원 학자에게 가장 맛있는 채소를 물었더니 "초봄 부추, 늦가을 배추"라고 말했다는 얘기가 있다. 당시에도 가을 채소 중에는 배추를 으뜸으로 꼽았던 모양이다.

　배추는 높은 명성만큼이나 이름도 많다. 숭, 숭채, 백숭, 우두숭, 백채, 배차, 배채, 베추 등이 배추의 다른 이름이다. '숭(菘)'은 원래 배추의 뿌리를 뜻했다. 추운 겨울에도 시들지 않고 푸르러 '소나무같이 늘 푸른 풀'이라는 뜻을 가진 '숭'이란 이름을 얻었다고 한다. 배추 뿌리가 희다고 해서 '바이채'로 불리다가 나중에 배추로 정착된 것이다. 뿌리에서 이름을 따온 것을 보면 잎보다는 뿌리를 중시했던 것 같다. 사실 배추가 속이 차고 잎이 많아진 것은 종자개량이 이루어진 최근의 일이다. 일본어로는 하쿠사이(白菜)다.

　배추가 이 같은 찬사를 받는 데에는 그만한 근거가 있다. 배추의 주성분은 식이섬유로, 대장 청소에는 으뜸이다. 뿐만 아니라 감기에도 효과가 있는 것으로 알려져 있다. 약간 말린 배추를 미지근한 물에 담가두면 며칠 뒤 산화되어 식초 냄새가 난다. 이 물을 '제수'라고 하는데, 감기에 걸렸을 때 이 물을 마시는 민간요법이 있다.

중국으로부터 우리나라에 배추가 전래된 것은 고려시대 때이다. 고려시대 의학서인《향약구급방》에 '배추'라는 단어가 출현한다. 조선 초기인 세종 때 경기도 인근에서 배추를 재배하여 4~5월에 진상했다는 기록이 《조선왕조실록》에 남아 있다. 또 조선 세조 때 성현이 지은《용재총화》에는 왕십리에서 배추를 많이 재배했다는 기록이 있다. 약재에서 대중적인 식재료가 된 것은 1백여 년 전 '산둥배추'가 들어오면서부터라는 것이 정설이다. 산둥배추는 지금처럼 속이 차거나 풍만하지 않았다. 지금의 모양을 갖춘 것은 육종학자 우장춘에 의해서이다. 1950년대에 우리 토양에 맞는 우량채소 종자를 개발해서 전국적으로 배포하게 된 것이다. 지금의 배추인 결구배추도 그중의 하나로, 그의 학문적 틀인 '유전적 개량', '종의 합성'을 우리나라 토양에 맞게 적용한 것이다.

⚙ 김칫독은 초현대적 발효 실험기기

발효 식품의 역사는 깊다. 음식을 절여 저장한 우리의 역사도 삼국시대로 거슬러 올라간다.《삼국사기》에 '어해', '저해'라는 단어가 나온다. 어해는 생선 젓갈이거나 채소절임으로 추정된다. 이때까지의 채소절임은 장아찌와 짠지였을 것으로 보인다. 채소류를 장기간 저장하기 위한 단순한 절임 형태였다고 볼 수 있다. 김치류로 명확하게 분화되지는 않았다. 어원상으로 추적해보아도 그렇다. 김치의 어원인 침채(沈菜)는 '절인 음식'이라는 뜻이다.

고려시대까지도 김치에 관한 기록은 보이지 않는다. 이 시대의 김치에는 순무장아찌와 순무절임(김치류)이 있었을 것으로 추정된다. 물론 이것이 김치의 원류이기는 하다. 조선 초 배추 재배가 가능해지면서 김치는 나름대로 구색을 갖추기 시작했다. 처음에는 배추를 소금에 절여 먹는 백김치(디히) 형태였다. 임진왜란 때 비로소 고추가 일본을 통해 들어왔지만 지금의 형태와 맛과는 전혀 달랐다. 독초로 여긴 고추를 디히에 넣을 생각은 못했던 것이다. 고춧가루에 버무린 김치는 19세기 초 무렵부터 만들어졌을 것으로 추정된다. 고추를 넣은 김치에 관한 기록은 1827년이 되어서야 나온다. 조선 후기의 농업백과사전인 《임원십육지》에 "산초와 함께 고추를 넣은 김치를 먹으니 봄이 온 듯하다"고 적혀 있다. 김치가 똑같은 야채 저장 식품인 중국의 '파오차이'나 일본의 '쓰게모노'와 다른 음식으로 구분되는 가장 중요한 이유는 바로 고추를 첨가했기 때문이다.

한국을 대표하는 식품인 김치의 맛과 영양의 비밀은 무엇일까. 장독이 없었다면 김치의 맛은 반감했을 것이다. 김치를 담그면 여러 미생물 작용에 의해 배추 포기, 무채, 그리고 갖은 양념과 젓갈 속에 든 당분이 분해된다. 이 과정에서 이산화탄소가 나와 삼투압작용으로 김치 포기 속의 공기를 밀어낸다. 이때부터 유산균이 당분을 영양분 삼아 급속히 번식한다. 김치 국물 1㎖당 1억 마리의 유산균이 생긴다. 요구르트보다 4배나 많은 양이다. 발효가 진행되면서 미생물의 작용(숙성)으로 김치의 맛과 풍미를 더하는 것이다. 김치는 유산균이 가장 많이 번식할 때 최고의 맛을 낸다. 김장 김치가 적당히 익었을 때는 막 담갔을 때보다 무려 6천 배나 많은 유산균을 함유하고 있다. 진정한 김치의 풍미는 바로 유산균에서 나온다는 얘기다.

김치에는 아직도 밝혀지지 않은 무엇인가가 있다. 사실 '알려지지 않은 성분'이라는 것은 참 묘한 것이다. 상처 치료제로 널리 쓰이는 마데카솔의 원료는 인도양의 마다가스카르 섬 일대에서 자생하는 센텔라아시아티카라는 식물에서 추출된다. 한국의 한 제약회사가 이 식물을 기후와 토양 조건이 유사한 제주도에 옮겨 심었다. 마다가스카르 섬과 제주도에서 난 센텔라아시아티카는 성분 검사 결과 전혀 차이가 전혀 없었다. 하지만 제주도에서 난 센텔라아시아티카로 만든 마데카솔은 약효가 없었다. 마다가스카르 섬에서 난 식물에는 성분 검사 과정에서도 밝힐 수 없는 무엇인가가 있었던 것이다.

'알 수 없는 물질'과 김치 항아리는 모종의 관계가 있을지 모른다. 사실 항아리는 음식을 담는 기능만 하는 게 아니다. '맛을 담는 그릇'이다. 배가 불룩한 항아리는 그 자체가 발효 공장 역할을 한다. 항아리가 없었다면 세계적인 건강식품으로 손꼽히는 한국의 김치는 탄생하지 못했을지도 모른다.

항아리는 '숨 쉬는 그릇'이라고 불린다. 그릇이 숨을 쉰다는 의미는 무엇인가. 재료만 보면 항아리는 한마디로 거친 그릇이다. 작은 모래 알갱이가 수없이 많이 섞인 거친 흙(태토)으로 그릇을 빚고 낙엽이나 재 같은 불순물이 섞인 유약(약토)으로 겉면을 바른다. 이같이 정제되지 않은 재료를 사용해서 구운 항아리의 표면에는 미세한 기공이 생긴다. 류사이트가 형성되는 것이다. 이것이 바로 항아리 기벽의 숨구멍이다. 할머니들이 항아리 표면을 자주 닦아 주는 이유가 바로 항아리의 숨구멍을 열어주기 위한 것이다. 기공의 크기는 $1 \sim 20\mu m$이다. 신선한 공기는 적어도 기공의 5천분의 1의 틈만 있으면 이동이 가능하다. 항아리는 외부의 신선한 공기를 제공받는 '개방형 용기'라는 얘기다.

항아리의 호흡은 눈으로도 확인할 수 있다. 햇볕이 뜨거운 여름철에 장독을 열어보면 하얗게 소금태가 끼어 있는 것을 볼 수 있다. 이것은 항아리가 숨구멍을 통해 호흡하면서 주둥이 쪽으로 밀어낸 노폐물이다.

항아리는 배불뚝이 모양이다. 항아리를 배불뚝이로 설계한 것은 사계절이 뚜렷한 자연환경과 풍토와 관계가 깊다. 이 형태는 태양열과 복사열은 물론 통풍까지 고려해 항아리 속에 들어 있는 음식의 변질을 최대한 막도록 고안한 장치다. 독일 바이오매스 플랜트 메탄 발효 시설의 핵심 기술인 숙성 발효 항아리 시설은 우리의 김칫독 구조와 유사하다.

발효 저장 시설인 항아리의 안정적 구조, 즉 외부 환경과 소통하는 구조 때문에 김치나 각종 젓갈 등이 맛깔스럽게 발효되는 것이다. 항아리에 넣어둔 쌀에서 쌀벌레가 생기지 않는 것은 이런 이유 때문이다. 쌀을 플라스틱 쌀통에 보관하면 겨울에도 쌀벌레가 생기지만, 항아리에 보관하면 여름에도 쌀벌레를 구경할 수 없다.

● 김치는 파오차이의 표절 음식?

"한국이 남아프리카공화국 월드컵 대회를 이용해 쓰촨 파오차이를 흉내 낸 김치를 홍보하고 있다." —투젠화(涂建華) 쓰촨성 농업청 부순시원

"파오차이, 자차이 등 쓰촨의 발효 음식은 그 유래가 기원전으로 거슬러 올라가 역사가 짧은 김치와는 비교가 되지 않는다." —거우더(苟德) 쓰촨요리박물관장

중국의 고위간부들이 김치의 종주국은 한국이 아니라 중국이라고 주

장한 것을 보도한 한국 신문에서 인용한 부분이다. 매운 음식을 즐겨 먹고 고추를 여러 음식에 사용하는 쓰촨성 관리들이 김치를 '파오차이의 표절 제품'이라고 억지를 부리고 나선 것이다. 뿐만 아니라 《중궈신원(中國新聞)》에 따르면, 중국 정부는 2010년 쓰촨 김치를 '국가농산품지리표지 등기보호품'으로 지정했다. 이를 계기로 김치의 중국 브랜드화를 추진하고 있다. 김치의 종주권을 주장하기 위한 계산된 행동이 아닌가 싶다.

중국은 최근 '탐원(探原)공정'이 한창이다. 이는 중국 문화의 원천을 찾는 작업이라고 할 수 있다. 원천적 문화 연구를 통해 중화문명의 독자성과 우월성을 부각시킴으로써 중국 대륙의 통합과 안정을 꾀하려는 일종의 '문화사업'이다. 고구려성을 만리장성의 한 부분으로 주장하고 고구려를 중국 역사에 포함시키려는 동북공정도 탐원공정의 한 부분이다. 파오차이를 김치의 원류로 규정하는 것 역시 음식문화 분야에서 탐원공정을 착수한 것이 아닌지 걱정이 앞선다.

김치가 파오차이의 '파생 식품'이라는 주장은 곧 김치를 중국 변방의 음식 혹은 파오차이의 변형 식품 정도로 여기는 것과 마찬가지다. 중화사상이 뿌리 깊게 배어 있는 중국인다운 발상이 은연중 드러나고 있는 것이다. 백번 양보하더라도 파오차이가 한국에 전래된 경로에 대한 추적이나 고증도 없이 막무가내로 주장하는 것이 아닌가 하는 의심이 든다. 당나라가 강제로 끌고 간 고려인들이 만들어 먹은 음식이 지금의 파오차이라는 기록이 남아 있기 때문이다. 중국의 음식 책에서 쓰촨 파오차이의 재료로 '고려채'를 쓴다고 적고 있는 것도 그 증거 중의 하나다.

"한국 김치는 배추 위주이지만 쓰촨 김치는 모든 채소를 이용해 담근다"는 것이 중국 언론을 통해 본 쓰촨 사람들의 주장이다. 과연 한국에는 배추김치밖에 없을까. 총각김치, 깍두기, 갓김치, 부추김치, 파김치, 더덕김치, 고들빼기김치, 미나리김치, 열무김치, 오이물김치, 깻잎김치 등등. 이뿐만 아니다. 최근에 조사된 김치의 종류는 무려 336여 종에 이르고, 배추김치를 '재가공'해서 만들 수 있는 요리는 50가지가 넘는다고 한다. 한국의 김치는 지역 및 계절에 따라 양념의 종류, 배합 비율 및 숙성 방법도 다양하다. 뿐만 아니라 각 지방 전래의 독특한 방법으로 담그기 때문에 다양한 김치가 생겨난 것이다.

쓰촨 사람들은 한국 김치는 대야에다 절여서 만들지만 파오차이는 항아리에 담근다는 점을 또 다른 차이점으로 내세우고 있다. 이 때문에 한국 김치는 '담근 채소'라는 의미의 '파오차이'가 아닌 '소금에 절인 채소'라는 뜻의 '옌차이'로 부르는 게 정확하다는 '충고'까지 하고 있다.

파오차이든 옌차이든 어떤 것이라도 좋다. 우리가 김치를 항아리에 담았다는 역사는 유적과 유물이 증명하고 있다. 삼국시대의 유물인 익산 미륵사지나 경주 황룡사지의 발굴 과정에서 김칫독이나 장독으로 쓰인 것으로 추정되는 항아리들이 출토되었다. 뿐만 아니라 통일신라시대의 기록인《삼국사기》〈신문왕편〉에는 '혜(醯:김치무리)'라는 용어가 나온다. 또 신라 성덕왕 때 '혜'를 저장했던 돌 항아리가 속리산 법주사 경내에 현존하고 있다.

음식 대국 중국도 발효 음식이 아주 발달한 나라이다. 쓰촨성 관리들이 이 같은 주장을 하는 것은 이 지방의 대표적 발효 음식이 중국식 김치인 파오차이와 짠지의 일종인 자차이가 있기 때문이다.

김치와 쓰촨 파오차이, 자차이는 어떻게 다른 음식인가. 쓰촨식 김치는 한국 김치와 만드는 방법이 매우 유사하다. 파오차이는 배추와 무를 소금물에 절여 담가서 먹는다. 물론 고추도 넣지만 한국보다는 조금 넣는다. 덥고 습기가 많은 기후 탓에 파오차이의 발효는 상대적으로 빠른 시간에 이루어진다. 부패를 막기 위해서 가능한 물기를 만들지 않는 것이 한국의 김치와 가장 큰 차이점이다.

자차이는 겨자의 한 종류인 개채(芥菜)의 뿌리를 원료로 한다. 먼저 개채 뿌리를 그늘에 말려 소금에 절인 다음, 눌러 짜서 물기를 뺀다. 여기에다가 고추, 생강, 감초 등의 향신료를 넣어 절인다. 한국의 중국음식점에서 요리와 함께 나오는 오이짠지도 자차이의 일종이다.

만드는 방법이 비슷한 절임 음식이라고 해서 파오차이가 김치의 원형이 될 수 있을까. '김치의 종주권'을 주장하는 쓰촨 사람들의 얘기를 들어보자. 그들은 먼저 중국에는 기원전부터 '저(菹)'라는 '김치'가 있었다고 한다. 중국《시경》에 오이를 절인 음식을 '저'라고 불렀다는 기록이 남아 있다. 절인 오이는 지금으로부터 약 1천3백년 전 한반도에 전래됐을 것으로 추정된다. 삼국시대 이전에는 우리도 김치를 '저(菹)'라는 한자어로 표기했다.《삼국지》〈위지동이전〉에 "고구려인은 젓갈과 절인 음식을 잘 만든다"고 기록하고 있다. 어느 때부터인가 김치류를 총칭하는 우리 고유의 옛말은 '지(漬)'로 바뀌었다. 한자로 '침채(沈菜)'라고도 썼다. '漬'는 중국에는 없는 한자다. 우리나라에서 생겨난 글자다. 이 글자가 생긴 때부터 독창적인 한국 김치의 원형질이 만들어진 것으로 추정할 수 있다. 침채가 오랜 세월을 거치는 동안 침채→딤채→김채로 변화한 뒤 김치라는 이름으로 정착된 것이다.

'저'가 '지'로 바뀐 데에서 알 수 있듯이 한반도의 기후와 풍토에 적응하는 과정에서 중국과 전혀 다른 김치로 바뀐 것이다. 이를 단적으로 보여주는 것은 김치를 담그는 독특한 방법이다. 먼저 소금에 절였다가 다시 갖은 양념을 배합한 뒤 발효시키는 2단계를 거친다는 점이 그렇다. 이 과정을 통해 양념류의 삼투압에 의한 수분이 교환된다. 채소를 소금에 절이면 염분이 채소에 침투하면서 동시에 탈수작용이 일어나 채소의 수분을 다시 밖으로 내보낸다. 이 때문에 김치에 독특한 맛의 국물이 생기는 것이다. 한국 김치의 맛을 조화시키는 매개는 바로 국물이다. 국물이 있어야 김치의 제맛이 난다. 이어령은 《디지로그》에서 "국물이 있어야 섞인다. 조화와 융합이 된다. 그것이 바로 발효의 미다"라고 말했다.

🏯 일본이 재창조한 기무치는 겉절이

2년여 전 일본 언론도 한국 김치가 쓰촨에서 전래된 것이라는 중국의 주장을 그대로 보도했다. 사실 한국 김치는 일본의 '기무치'와도 발효 식품의 종주권을 놓고 일전을 벌였다. 일본이 2000년 국제식품규격위원회에 기무치를 발효 식품으로 등록을 신청한 것이다. 국제식품규격위원회는 한국 김치를 "절인 배추에 양념을 섞어 숙성시킨 음식"이라면서 발효 식품 국제규격에 부합한다고 밝혔다. 적격 판정을 내린 것이다. 이름도 '김치(kimchi)'로 통일시켰다. 반면에 일본의 기무치에 대해서는 발효 식품 이전의 겉절이라는 평가가 내려졌다. 과학적으로 발효의 효능도 입증되었다. 숙성이 되지 않은 기무치에서 추출된 유산균은 익은 김치의 166분의 1에 불과했다.

일본인에게 김치는 결코 낯선 음식이 아니다. 일제강점기에 일본에 끌려간 조선인들이 김치를 만들어 먹었으며, 김치를 상업화한 것 역시 재일동포들이다. 물론 판매의 대상은 일본인이 아니라 재일 한국인이었다. 최초의 김치 브랜드는 '모란봉김치'였다. 하지만 동포들이 판매하는 김치는 일본에서 큰 인기를 끌지 못했다. 한국 기업도 1980년 이후 김치 수출에 나섰지만 재미를 보지 못했다. 맵고 짠 음식을 싫어하는 일본인의 취향에 맞지 않았던 것이다. 이런 문제점을 개선해서 일본인의 입맛에 맞도록 일본인이 만든 것이 기무치이다. '김치의 재창조'라는 점에서 일본인의 능력은 인정해야 한다. 우리의 음식문화가 다른 나라에서 전승되는 것을 굳이 마다할 필요도 없다. 또 원형의 음식을 문화 전수국의 기후와 입맛에 맞게 개조하는 것은 먹을거리를 더욱 풍성하게 한다는 점에서 권장해야 할 일이다. 하지만 기무치를 앞세워 김치의 특허권을 장악하려 한 것에 대해서는 뒷맛이 씁쓸하다.

일본은 1984년 LA올림픽 때 김치가 공식 메뉴로 채택되자 기회를 포착해서 기무치를 미국을 비롯한 세계시장에 선보였다. 세계인들은 김치와 기무치를 구분할 줄도 몰랐다. 김치보다 오히려 기무치가 세계시장에서 호소력이 컸다. 맵고 짠 김치의 특성이 문제였다. 거기다가 한국전쟁 때의 참전국 군인들에게 김치가 비위생적 식품으로 인식된 것도 기무치가 우월한 위치를 차지하게 된 원인이었다.

최근에 와서 한국 김치가 세계적으로 관심을 끄는 음식이 되면서 일본인에게도 인기가 높아졌다. 2010년 봄에 열린 도쿄식품박람회 때 일본인을 대상으로 한 '김치와 기무치 선호도' 설문 조사 결과, 김치가 더 맛있다고 응답한 비율이 84퍼센트에 달했다. 최근에는 일본 언론매체에 '김치는 역시 본고장 김치'라는 광고가 게재되기도 했다. 한국의 냉동된 김치를 수입하는 일본 회사의 광고였는데, '영하 40도에서 급속 냉동된 김치는 최적의 발효 상태를 그대로 유지하고 있다'는 부연 설명도 담고 있다.

  김치의 의학적 효능에 대한 관심도 증폭되고 있다. 실험 쥐에 암세포를 이식한 뒤 3주간 발효시킨 김치 추출물을 투여하였더니 종양의 무게가 4.32그램에서 1.98그램으로 54퍼센트나 줄어들었다는 실험 결과가 발표된 직후, 세계 의학계는 김치의 항암 효과를 연구하는 한국 의학계에 이목을 집중하고 있다. 김치 추출물에는 비타민 A의 전구물질인 베타카로틴의 함량이 비교적 높으며, 잘 익은 김치 속에 있는 '아직 알려지지 않은' 식물 활성물질이 암 성장을 촉진하는 단백질이나 돌연변이 유전자(텔로머라제) 등을 차단한다고 한다. 최근의 연구는 김치 속에 있는, 암을 억제하는 어떤 물질을 찾는 데 집중되고 있다. 김치 유산균의 게놈 지도 초안이 국내 연구진에 의해 처음 완성됨으로써 항암치료제로서의 활용 가능성뿐만 아니라 '맞춤김치'를 만들 수 있는 전기가 마련되었다.

● 중화된 일본 고유의 발효 식품, 오싱코

일본에도 고유의 '일본식 김치'가 있다. 배추, 오이, 무 등을 재료로 한 채소절임을 통칭하는 오싱코(御新香)이다. 배추로 절인 오싱코는 한국의 백김치와 비슷해 보인다. 일본의 한 저명한 학자는 "새빨간 고춧가루를 씻어내면 김치도 배추절임이다. 단지 김치에는 색이 있고 오싱코에는 색이 없을 뿐이다"라고 말했다. 오싱코 역시 배추를 재료로 한 발효 식품인 만큼 김치와 다를 게 없다는 얘기다. 하지만 사정이 다르다. 오싱코를 고춧가루로 버무린다고 김치가 되지는 않는다. 김치의 고춧가루를 씻어낸다고 오싱코가 될 수 없는 것과 마찬가지다.

똑같이 배추를 소금에 절인 음식이지만 김치와 오싱코의 맛은 전혀 다르다. 김치는 아삭아삭 씹힌다. 상큼함이 입안에 퍼지면서 새콤한 여운의 맛을 느낄 수 있다. 매운맛뿐만 아니라 신맛, 단맛, 짠맛, 떫은맛 등이 어우러져 나는 맛이다. 어떤 맛이라고 특정할 수 없다. 다양한 맛이 서로 조화를 이루는 '한국의 맛'의 전형이라고 할 수 있다. 이런 맛은 김치 국물이 없으면 나올 수 없는 것이다. 하지만 오싱코는 국물이 전혀 없다.

반면에 채소 맛이 그대로 전해지는 오싱코는 달콤한 맛이 지배적이다. 그것도 중화된 단맛이다. 소금과 설탕이 융화되어 나는 순한 단맛이 바로 오싱코의 맛이다. 오싱코가 일본인을 닮아 있다는 말도 이런 맛에서 비롯한다. 일본인은 어떤 조직에서 개성이 톡톡 튀는 것을 좋아하지 않는다. 개성이 넘쳐나기라도 하면 바로 중성화시킨다. 직설적 표현보다 완곡한 어법을 사용하는 것이 중화된 일본인의 전형이라고 할 수 있다. 개성을 강조하기보다는 조직에 대한 순응을 중시하기 때문이다.

일상적인 식습관에서도 일본인은 음식의 맛을 중성화시키는 것을 좋아한다는 것을 알 수 있다. 단맛이 덜한 수박이나 토마토를 먹을 때 한국인은 설탕을 뿌리는 게 보통이다. 일본인은 설탕 대신 소금을 뿌린다. 단맛을 중화시켜서 더욱 단맛을 내는 것이다. 이런 방식은 절임 음식에도 그대로 적용된다. 소금의 단순한 짠맛을 보강하기 위해서 다시마와 다랑어 국물 등 조미료를 넣어 짠맛을 순화시킨다. 중화된 쓰게모노의 맛을 가장 잘 보여주는 것이 '다쿠앙즈케'라는 음식이다.

다쿠앙은 단맛이 나는 무짠지를 말한다. 무를 쌀겨와 소금에 절인 뒤 노란 빛깔이 나는 울금을 가미해서 담근 것이다. 지금도 일본 농촌에서는 다쿠앙을 만들기 위해 겨울철에 처마 밑에 큰 무를 매달아 말리는 모습을 볼 수 있다. 다쿠앙은 음식을 만든 다쿠앙 스님의 이름을 딴 것이다. 다쿠앙의 유래에는 여러 가지 설이 있으나 일본 전국시대에 전쟁으로 피폐해진 백성들이 반찬도 없이 주먹밥을 먹는 모습을 본 다쿠앙 스님이 무짠지를 만들어준 것이 유래라는 설이 가장 유력하다. 또 다른 유래설은 《일본대백과전서》에 기록되어 있다. 다쿠앙즈케는 다쿠앙 스님이 머물던 효고 지방의 음식인데, 스님이 에도 막부의 3대 쇼군 도쿠가와 이에미쓰에게 이 음식을 바쳤더니 이에미쓰가 '다쿠앙즈케'라고 명명했다고 전해진다. 다쿠앙 스님은 임진왜란 직후 일본으로 건너가 교토 지방의 다이토쿠지(大德寺) 주지가 된 조선의 고승 택암 스님이다.

2

고추에
눈을 뜨다

🌶 독한 인종이네, 통고추를 고추장에 찍어 먹게!

전 세계 60개국에서 1천6백여 종의 고추가 재배되고 있다. 그 모양새와 매운맛의 강도, 쓰임새는 제각각이다. 하지만 어느 나라 사람도 매운 풋고추를 맨입으로, 그것도 고추장에 찍어 먹지는 않는다. 통고추를 소스에 찍어 먹는 나라는 우리나라밖에 없다고 해도 과언이 아니다. 외국인들이 이런 모습을 보면 기겁하면서 "참 지독한 사람들"이라고 혀를 내두를지도 모른다. 하지만 그것은 실상을 모르고 하는 소리다. 고추장이 오히려 매운맛을 약화시키기 때문에 훨씬 수월하게 통고추를 먹을 수 있는 것이다. 매운맛은 미감이 아니라 통증이다. 고추장이 입안에 점막을 형성하여 '통점'을 코팅하는 역할을 하므로 혀는 어느 정도 매운맛에 둔감해진다. 거기다가 고추장의 발효 향미는 고추의 풋내도 사라지게 한다. 외국의 매운 고추와 비교하면 우리 고추는 그다지 매운 편이 아니며, 당도는 훨씬 높다. 적당히 매운맛과 단맛이 어우러진 한국 고추이기에 맨입으로도 먹을 수 있는 것이다.

외국 고추는 우리 고추보다는 작은 편이지만 먹을 수 없을 정도로 매운게 많다. 1970년대 고추 파동 때 동남아시아 고추가 대량 수입된 일이 있다. 그때 '작은 고추가 맵지만 수입 고추는 더 맵다'는 우스갯소리가 나올 정도였다.

매운 음식을 즐기지 않은 일본 고추도 매운맛의 정도에서는 만만치 않다. 이름도 '당나라에서 들어온 매운 것'이라는 뜻의 도카라시(唐辛子)로 불린다. 일본 고추의 매운맛은 한국 청양고추의 3배나 된다고 한다. 특히 매운 종자인 '산타카'는 청양고추보다 20배나 큰 '통증'을 느낄 정도로 맵다. 산타카의 당도는 청양고추의 2분의 1도 되지 않는다. 그만큼 매운맛이 강하다는 얘기다.

이렇게 매운 고추를 맨입으로 먹는 것은 일본인으로서는 상상할 수 없는 일이다. 아마도 전통적으로 매운 음식에 대한 거부감이 작용했을 수도 있다. 지바현 난소 지방의 속담에 "고추를 먹으면 머리가 벗겨진다"는 말이 있다. 왜 이 같은 속담이 생겼는지는 모르지만 매운 고추에 대한 거부감이 꽤 팽배했음을 짐작할 수 있다. 1814년에 발간된 《진총담》이란 책에는 "번초(蕃椒:고추)는 이빨을 훼손하는 독이 있다. 먹으면 안 된다"고 경고하고 있다. 고추를 독초로 인식한 것이다. 사실 일본은 16세기 말 임진왜란 때 고추를 군용식품이 아니라 무기로 활용했다. 조선에 서양의학을 최초로 소개한 실학자 이규경은 《오주연문장전산고》에서 임진왜란 때 일본군과의 전투 장면을 묘사하면서 "(일본군은) 고추를 태운 연기를 적진에 날려 눈을 못 뜨게 하고, 매운 기침을 하여 적진을 교란시킨 다음 공격에 나선다"는 기록을 남겼다.

이처럼 독초로 여겼던 고추가 일본에서 식용으로 전환된 것은 일본인 특유의 기지가 발휘된 때문이다. 기존의 문화를 변형하거나 외래문화를 절충해서 '일본의 것'으로 만들어내는 일본인의 특성이 고추를 식용화하는 데에도 적용되었다. 즉, 중화된 고춧가루를 만든 것이다. 고춧가루, 후추, 산초, 겨자, 채종, 마 열매, 진피 등 7가지 조미료를 섞어 만든 '시치미도카라시'가 그것이다. 줄여서 '시치미'라고도 한다. '7가지의 맛'이라는 뜻이다. 시치미는 매운맛과 달콤한 맛이 절묘하게 어우러져 고춧가루와 전혀 다른 맛을 낸다. 일본 식당에서 우동을 먹을 때 뿌려 먹는 조미료가 바로 시치미이다.

하지만 중화된 매운맛, 시치미의 개발에 대한 반작용도 있다. 일본의 사회학자 가코 히데토시의 말대로 일본이 '고추 문명'에서 소외되게 만든데 시치미가 일조했을지도 모른다. 일본 음식에서 매운 음식의 비중은 현저히 떨어진다. 고추가 어느 나라에서 들어왔든 일본은 고추 문화권에서 거의 제외된 편이다. 우리나라와 중국(쓰촨·후난·산둥 지역 제외) 역시 매운 음식이 발달한 편은 아니다.

중국에서 매운 요리의 본고장은 쓰촨성이다. 쓰촨성의 매운 요리도 18세기 이후에 제자리를 잡았다. 명나라 말기에 서역에서 들어왔지만 고추가 본격적으로 요리에 사용된 것은 그보다 훨씬 뒤의 일이다. 우리나라도 마찬가지다. 고추가 들어와 전국적으로 전파된 것은 임진왜란 이후일 것으로 추정된다. 고추가 전래되기 이전부터 산초 등을 식용하여 매운맛에 익숙했던 우리나라도 일본과 마찬가지로 고추를 해로운 식물로 여겼다. 1614년 이수광이 집필한 《지봉유설》에는 "남만 후추는 큰 독을 가지고 있다"고 경고했다. 당시에는 고추를 '남만 후추'라고 불렀다. '왜국(일본)에서 들어온 풀'이라는 의미로 '왜개자(倭芥子)' 혹은 '왜초(倭草)'라고 부르기도 했다. 그러나 이 같은 경고에도 불구하고 백성 사이에서는 고추가 꽤 인기가 높았던 것 같다. 《지봉유설》은 "주막에서 고추를 조금씩 심어 소주에 타서 팔았으며, 이를 마신 사람들이 더러 죽었다"는 가슴 아픈 기록도 남기고 있다.

하지만 고추는 기후와 토양 등 생육조건이 잘 맞는 한반도 전역으로 전파되었다. 많은 생산량은 고추를 이용한 음식이 발달하는 데 밑거름이 되었다. 지금도 가장 많이 재배하는 채소로서, 한국 음식에서 고추가 들어가지 않는 것은 제사 음식뿐이라고 말해도 틀리지 않을 만큼 애용되고 있다. 그중에서도 김치와 고추장은 한국 음식의 대표 상품이 되었다. 한국 음식 중 이 두 가지만이 국제식품규격위원회의 규격 음식으로 등재되어 있다.

본격적으로 고춧가루가 들어간 김치를 만든 것은 임진왜란 이후 1백여 년의 시간이 흐른 뒤로 보인다. 1715년경 실학자 홍만선이 농업과 의약 및 농촌의 일상생활에 관하여 기술한 《산림경제》에 고추에 버무린 현재의 김치 모습이 처음 보인다. 그리고 50년 후인 1766년에 발간된 《증보산림경제》에는 무려 41종의 김치무리가 다양한 형태로 수록되어 있으며, 1800년대에 발간된 《김치담금법》에는 고추를 썰어 다른 양념과 함께 켜켜이 넣었다고 기록되어 있다. 1827년에 발간된 《임원십육지》에도 많은 종류의 김치가 수록되어 있는데, 특이한 점은 고추의 사용을 적극 권장했다는 것이다.

🌶 고추를 먹으면 엔도르핀이 돈다

고추의 매운 정도를 표시하는 척도가 있다. 스코빌(SHU)이다. 한국의 '국민 고추'인 청양고추의 강도는 4000~1만SHU 정도라고 한다. 세계에서 가장 매운 고추로 알려져 있는 인도의 '부트 졸로키아'는 청양고추의 1백 배가 넘는 100만SHU를 상회한다. 얼마나 매운지 인도의 국방부에서는 이를 원료로 최루탄을 만들어 시위 진압에 사용했을 정도이다. 2위는 방글라데시의 '도셋 나가'라는 고추로 88만SHU이다. 3위는 멕시코의 하바네라 고추(50~60만SHU)다. 중국의 '조천초'도 매운 고추로 꼽힌다. 중국 역시 매운맛을 순화시키기 위해서 고춧가루보다는 고추기름을 만들어 먹는다.

고추가 매운맛을 내는 이유는 무엇일까. 일종의 생존 본능의 발현이다. 고추가 세균과 곰팡이, 곤충 등 외부의 적으로부터 살아남기 위해 '자기 방어기능'을 작동하는 과정에서 배출되는 성분이 있다. 바로 면역촉진제로 알려진 캡사이신이다. 척박한 환경에서 자라는 고추일수록 캡사이신이 많이 함유되어 있고, 캡사이신이 많이 함유되어 있을수록 매운맛이 강하다.

그렇다면 한국에 들어온 고추는 어떤 이유 때문에 당도는 높아지고 매운맛이 순해진 것일까. 정확한 원인은 알 수 없다. 기후와 토양과 같은 생육조건의 영향이 작용한 것으로 추측할 뿐이다. 고추는 열대 지역과 온대 지역에 걸쳐 재배된다. 고추는 풀이 아니라 나무다. 뿌리를 뽑지 않으면 여러 해 동안 살 수 있는 다년생 식물이다. 다만 두 번째 해부터 생산력이 급격히 떨어지기 때문에 1년 재배 후에 뿌리를 뽑아버리는 것이다. 하지만 인도, 베트남, 태국, 멕시코 등 더운 지방에서는 다년 작물로 재배한다.

덥고 습기가 많은 지역일수록 해충이나 세균이 많다는 것은 상식이다. 고추는 살아남기 위해 캅사이신 성분을 더 많이 배출해야 한다. 캅사이신 함유량은 산지에 따라 차이가 나지만 더운 지방의 고추에 더 많이 함유되어 있다. 우리나라 고추가 보통 0.01~0.02퍼센트 정도 캅사이신을 함유하고 있는 반면에 동남아시아 고추는 국내산 고추보다 2~3배 더 많은 양을 함유하고 있다. 그래서 더운 지방의 고추가 유난히 맵다. 문제는 매운맛 성분인 캅사이신이 강할수록 고추는 더디게 익는다는 점이다. 이 때문에 열대 지방의 고추는 일년생이 아니라 다년생으로 키우는 경우가 많다.

고추가 전 세계적 관심을 끄는 것은 '엔도르핀 가설'이 널리 알려진 때문이다. 임신부가 아이를 분만할 때 고통의 정도보다 통증을 덜 느끼는 것은 엔도르핀 수치가 높아지기 때문이라는 것이 엔도르핀 가설의 핵심이다. 엔도르핀은 스트레스와 우울한 기분을 해소하는 중독성이 있는 호르몬이다. 고추의 매운맛을 내는 캅사이신 성분은 혀와 입에서 통증을 유발시킨다. 뇌는 반사적으로 캅사이신을 없애기 위해 진통제인 엔도르핀을 분비한다. 엔도르핀은 일종의 '이로운 환각제'라 할 수 있다. 엔도르핀은 쾌감을 낳고, 사람은 더욱 매운맛에 빠져들게 되는 것이다. 엔도르핀의 환각 효과는 마약보다 더 높다고 한다.

캅사이신은 최근에 항암제 효능도 지니고 있는 것으로 알려졌다. 또 지방 분해 능력도 있어 다이어트에도 유용하다. 고추를 먹으면 항암 효과와 다이어트 효과도 얻을 수 있고 엔도르핀을 얻을 수 있으니 꿩 먹고 알 먹는 셈이다. 고추가 갖고 있는 영양분 또한 괄시할 수 없을 정도로 풍부하다. 풋고추는 비타민 C의 보고라 할 만하다. 귤보다 4배, 사과보다 50배나 많이 함유하고 있다. 고추가 빨갛게 익어가면서 비타민 C 대신 일명 성호르몬이라고 하는 비타민 E로 대체된다. 비타민 E는 비타민 C의 산화를 막아주는 작용을 한다.

일본에서는 김치가 여성의 미용 식품, 다이어트 식품으로 선풍적인 인기를 끌고 있다. 고춧가루의 캡사이신이 지방을 분해한다는 입소문 때문에 매운 김치를 찾는 일본 여성이 늘고 있다고 한다. 고추의 매운맛이 체열을 발생시켜 몸 밖으로 내보냄으로써 체중 조절 효과를 낸다는 것이다. 고추가 보온성 식물로 통용되는 것은 이같이 체온조절 효과가 있기 때문이다. 실제로 KBS의 프로그램인 〈생로병사의 비밀〉 팀이 의뢰한 한 조사에서도 고추의 체중 감량 효과를 입증했다. 김치의 추출물을 먹이지 않은 실험쥐의 체중은 실험에 착수한 뒤 4주가 지난 뒤에도 340그램으로 변화가 없었지만, 추출물을 먹인 쥐의 몸무게는 304그램으로 10퍼센트 이상 줄었다.

🌶 마오쩌둥은 고추로 공산혁명을 이루었다

캡사이신 효능이 알려지면서 고추 마니아가 늘어나고 있다. 세상 사람들이 고추에 얼마나 열광하고 있는지 전하기 위해 책 속의 이야기를 한 토막 소개한다. 《월스트리트 저널》 기자인 아말 나지가 고추의 발자취를 추적한 뒤 쓴 《고추, 그 맵디매운 황홀》에서 발췌한 내용이다.

"세계적 오케스트라 지휘자 주빈 메타는 고추광으로 유명하다. 가는 곳마다 성냥갑에(공식적인 자리에는 금으로 된 상자에) 고추를 갖고 다니며 음식에 넣어 먹는다. 세계적인 영화배우 그레고리 펙과 프랭크 시내트라의 부인, 영국 여왕과 스페인 국왕이 그의 영향을 받았다. 민중벽화로 유명한 멕시코 화가 디에고 리베라도 광적으로 고추를 즐겼다. 1988년 디트로이트 미술관에서 진행된 리베라의 벽화 복원 작업 도중 그의 벽화에서 고추씨가 발견되기도 했다. 그리고 멕시코와 인도에서는 고양이와 개, 닭, 소까지도 매운 고추를 게걸스레 먹는다."

아말 나지는 고추와 관련된 재미있는 에피소드도 소개하고 있다.

"잉카족은 마른 고추를 쌓아놓고 불을 질러 스페인 침략자들의 눈을 일시적으로 멀게 했다. 마야족은 말 안 듣는 아이들을 고추 연기 속에 집어넣는가 하면, 행실이 나쁜 여자의 성기에 풋고추를 문지르기도 했다. 동시에 고추와 그 매운맛은 인디언과 인도를 비롯한 각지에서 '성욕'이나 '성적 감흥'과 직간접적으로 연결시켰다. 예를 들면, 유별나게 매운 한 품종은 아예 이름 자체가 '음경 고추'다. 그리고 페루 정부는 1970년 성추행 사건이 잇달아 일어난 교도소의 음식에 성욕을 자극하는 고추 소스를 사용하지 못하도록 명령했다. 인도의 브라만 계급의 젊은이들은 '자기 정화'를 위해 매운 고추를 먹지 못하도록 되어 있었다."

아말 나지가 고추를 좋아하는 사람을 언급하면서 빠뜨린 사람이 있다. 중국의 마오쩌둥이다. 마오쩌둥은 후난성 출신이다. 후난성 못지않게 쓰촨성도 매운 음식을 즐기는 지역으로 유명하다. 후난성과 쓰촨성은 한국의 영남과 호남, 일본의 도쿄와 오사카처럼 경쟁의식이 강해 지역감정의 골이 깊다. 먹을거리 걱정이 없는 곡창 지대인 쓰촨 지방은 천부지국(天府之國: 하늘이 낳은 부자 지방)으로 불렸다. 쓰촨 사람들은 예부터 "먹을 것은 중국에 있고 맛은 쓰촨에 있다"는 자신감에 충만해 있었다. 쓰촨성이 잘

되는 것을 보고 있을 후난성 사람들이 아니다. 후난 사람들은 쓰촨 사람을 철저히 '무시'한다. "쓰촨 사람은 매운 것을 두려워하지 않는다. 후난 사람은 맵지 않은 것을 두려워한다"며 쓰촨 사람들의 자존심을 건들곤 했다.

두 지방의 사이가 안 좋아진 것은 중국공산당 혁명 1세대인 주요 인사들 가운데 다수가 이 두 지역 출신이었고, 공교롭게도 그들도 정적 관계에 있었던 게 한 원인으로 작용한 것 같다. 마오쩌둥, 펑더화이, 류사오치, 호야호방, 저우언라이 등이 후난성 출신이고, 덩샤오핑, 주더, 류보청, 천이, 뤄루이칭, 량샹쿤 등이 쓰촨성 출신이다. 후난성과 쓰촨성에서 이렇게 많은 혁명가가 나온 것은 매운 음식이 사람의 성격을 적극적으로 바꾸게 하는 것은 아닐까 하는 추정을 낳는다. 어떻든 마오쩌둥은 '매운 것을 좋아하는 사람은 모두 혁명가'라는 '자신의 생각'을 설파하기도 했다. 후난성이든 쓰촨성이든 출신 지역과 상관없이 혁명의 동지가 될 수 있다는 의미로 한 말이다. 그 스스로 만두를 먹을 때 고추를 끼워 먹으면서 혁명 의지를 다졌다는 일화는 유명하다. 또 매운 고추를 얼마나 좋아했는지 〈붉은 고추의 노래〉를 가장 즐겨 불렀다고 한다. '사람들에게 반찬 노릇이나 하는 고추는 자기 신세가 불만스러웠다. 그러던 중 배추, 시금치같이 아무 생각 없이 바보처럼 세상을 사는 채소들을 선동하여 마침내 봉기한다'는 것이 〈붉은 고추의 노래〉의 가사 내용이다. 고추의 매운맛으로 공산혁명을 성공시키자는 의미를 담고 있는 일종의 '고추혁명가'인 셈이다. 결국 두 그룹 간의 경쟁에서 최종적 승리를 거둔 마오쩌둥은 "쓰촨 사람은 고추를 통째로 먹지 못한다"고 힐난했다. 경쟁에서 승리한 뒤 동지와 적을 통고추에 빗대어 구분한 것이다.

마오쩌둥에게 '고추로 혁명을 이룬 사람'이라고 이름을 붙인다면 비난

거리가 될까? 로스 테릴이 쓴 《마오쩌둥의 전기》 가운데 고추와 관련된 에피소드가 있다. 마오쩌둥이 고추를 비유로 국민에 대한 사랑을 표시하고 국가 운영 방향을 제시한 이야기이다.

마오가 류사오치와 저우언라이를 불러 물었다.

"어떻게 고양이에게 고추를 먹이겠소?"

2인자인 류가 먼저 말문을 열었다.

"쉬운 일입니다. 누군가에게 고양이를 붙들라고 시켜 고추를 고양이 입에 넣고 젓가락으로 밀어넣는 거지요."

마오는 그런 강제적인 해결책에 깜짝 놀라면서 고개를 가로저었다.

"절대 무력을 사용하지 마시오. 모든 것은 자발적이어야 하오."

마오는 저우에게도 고양이에게 어떻게 고추를 먹일 것인지에 대해 물었다.

"나라면 고양이를 굶기겠습니다. 그러고 나서 고추를 고기 한 장으로 싸겠습니다. 고양이가 배가 몹시 고프다면 그걸 통째로 삼키겠지요."

마오는 저우의 방법도, 류의 방법만큼이나 탐탁하게 생각하지 않았다.

"속임수를 써서도 안 되오. 절대 국민을 속이지 마시오."

그렇다면 마오는 과연 어떤 방법을 제시했을까.

"고추를 고양이 등에 문지르는 것이오. 등이 따가우면 고양이가 이것을 핥아 먹을 것 아니겠소."

에피소드는 국민을 속이거나 강압적으로 다루어서는 안 된다는 마오의 위민정신을 극적으로 보여준다. 마오가 이 이야기를 실제로 했는지는 알 수 없다. 하지만 그는 고양이(중국 인민)에게 고추의 매운맛(문화대혁명)을 보게 하는 데 성공했다. 하지만 중국 인민에게 심한 좌절감과 손실을 입힌

한·중·일 밥상 문화

'문화대혁명'은 결과적으로 기만과 강압적 통치의 전형이 되고 말았다.

고추장 단지와 곳간 열쇠의 위력

"고추장 작은 단지를 하나 보내니 사랑방에 두고 밥 먹을 때마다 먹으면 좋을 게다. 내가 손수 담근 것인데 푹 익지 않았다."―1신

"전후에 보낸 소고기 장볶이(일종의 장조림)는 잘 받아서 조석 간에 반찬으로 하니? 왜 한 번도 좋은지 어떤지 말이 없니? 무람없다, 무람없어(답답하다, 답답해). 난 그게 포첩(脯貼)이나 장조림 따위 반찬보다 나은 것 같더라. 고추장은 내 손으로 담근 것이다. 맛이 좋은지 어떤지 자세히 말해주면 앞으로도 계속 두 물건을 인편에 보낼지 말지 결정하겠다."―2신

60세 되던 1796년 연암 박지원이 큰 아들 종의에게 보낸 서간문의 한 대목이다. 원전인 《연암선생 서간집》을 번역한 책 《고추장 작은 단지를 보내니》에서 인용한 것이다. 이 편지글에서 시대를 앞서가던 비판적 문필가의 날카로운 필력은 찾을 수 없다. 환갑을 맞은 사대부 양반의 권위 또한 엿볼 수 없다. 자식에게 손수 고추장을 담가 보내는 아버지의 정을 물씬 느낄 수 있을 뿐이다. 이 편지를 쓸 당시 연암은 안의(현재 함양) 현감으로 봉직 중이었다. 아내와 사별한 상태이지만 현감이 손수 고추장을 담았다는 것은 상상할 수 없는 일이다. 조선시대에 음식 조리는 여성의 성역할의 핵심이며 여성의 전유물이었다. 여성은 음식에 관한 일체의 책임을 지고 있었다. 어떤 이유에서 그랬는지 모르겠지만 금기를 깬 행동이 오히려 시대를 앞서가는 휴머니스트로서 연암의 절절한 사랑을 더

욱 부각시킨다.

고추장 단지는 연암에게 아버지의 정을 표현하는 수단이었다. 하지만 정작 고추장 단지를 관리해야 하는 조선 여성에게는 넘쳐나는 사랑을 표현하는 도구는 아니다. 오히려 고추장 단지에서 당시 가혹한 가정 위계질서의 한 단면을 엿볼 수 있다. 집안의 역학구조상 시어머니와 며느리는 명령자와 복종자로서 주종관계였다. 시어머니가 며느리에게 곳간 열쇠와 고추장 단지를 넘겨주고 나서야 집안 살림에 관한 상하관계는 재정립된다. "시어머니 죽고 나면 고추장 단지 내 차지"라는 속담이 이를 잘 보여준다. 시어머니의 구박에서 벗어나고 싶은 며느리의 심정을 표현한 것이다. 조선시대 때 고추장 단지는 곳간 열쇠와 동의어였다. 불과 몇십 년 전까지만 해도 집집마다 광(곳간)이 있었다. 집안의 가장 높은 여자 어른이 곳간 열쇠를 관리했다. 곳간 열쇠를 물려받는다는 것은 곧 집안의 안주인으로 행세할 수 있는 권리를 얻는 것이다. 곳간 열쇠와 함께 물려받는 게 바로 고추장 단지다.

왜 하필이면 고추장 단지일까. 고추장 단지와 곳간 열쇠가 '동렬'이 된 연유는 무엇일까. 고추장은 단순히 음식의 향미를 풍요롭게 하는 양념 재료가 아니다. 김치에 버금가는 우리 민족의 기본 밑반찬으로서 거의 모든 반찬을 만드는 데 꼭 들어가는 기초 재료이다. 소중한 물건에는 신성한 가치를 부여하는 게 인간의 특성이다. 고추장을 포함해 된장, 간장은 예로부터 신성시되어왔다. 하늘과 땅의 기운을 받아서 익어간다고 믿었다. 그 기운을 지배하는 신은 천룡이다. 우리 조상은 안방을 조상신, 대청마루를 성주신, 부엌을 조왕신, 마당을 터줏대감, 뒷간을 측신이 관장하듯이 장독대는 천룡이 지배한다고 믿었다. 천룡은 장독신이다.

이런 샤머니즘적 민간신앙은 일반인의 장독대 출입을 엄격히 제한하게 만들었다. 장독대를 관장하는 사람만이 출입이 가능했다. 안주인은 장독대 관리 권한과 함께 의무도 부담해야 했다. 장독대에 잡귀나 악령이 근접하지 못하도록 지켜야 할 책무가 따른 것이다. 잡귀로부터 지키기 위해 장독대 주변에는 봉선화를 심었다. 붉은 봉선화 꽃이 장독대의 신성함을 지켜주는 수호자였던 것이다. 또 다른 의무가 있다. 장맛내기다. 과거에는 집안마다 장 담그는 비결이 따로 있었다. 된장과 고추장 맛의 비결은 이렇게 대대로 이어져 내려온 것이다.

🌶 고추장은 진상품이었다?

고추장은 한국의 대표적인 맛이다. 바로 발효의 맛이다. 앨빈 토플러는 제1 세대의 맛은 소금, 제2 세대의 맛은 양념, 제3 세대의 맛은 발효라고 했다. 발효의 맛은 숙성이라는 화학적 변화를 통해 만들어진다. 숙성은 한국 음식문화의 중요한 경향이다. 숙성과 발효는 음식 저장을 위한 수단이다. 훌륭한 발효 식품이 되기 위해서는 저장 방식에도 지혜가 필요하다. 고추장 저장법에도 우리의 민족 유전자와 지혜가 숨어 있다. 고추장의 독특한 맛은 우리 민족만 느낄 수 있는 맛이다. 고추장은 단지 매운맛이 아니라 조화미다. 콩과 쌀, 소금, 고춧가루 등이 잘 어우러져 만들어진 발효미가 바로 고추장의 맛이다. 여기에 한국인의 손맛이 더해진다. 우리는 그 맛을 '감칠맛'이라고 표현한다. 하지만 한국인이라면 그 맛을 굳이 따지지 않는다. 문화의 토대가 되는 '공유된 무관심'이 적용되기 때문이다. 식사 초대를 받은 집에서 한식이 나왔다면 초대 받은 사람은 그것은 당연히 고추장, 된장, 간장 등으로 간을 했을 것이라고 믿는다. '공유된 무관심'은 이미 공통된 의식이 없다면 나타날 수 없는 문화현상이다.

그렇다면 우리는 언제부터 고추장을 먹기 시작한 것일까. 고추장 제조법이 기록된 최초의 문헌은 1766년에 간행된《증보산림경제》이다.《산림경제》를 증보해서 유중림이 쓴 이 책에는 "메주를 가루로 만들어 체로 친 것, 한 말에 고춧가루 서 홉, 찹쌀가루 한 되를 넣고 좋은 간장으로 개어서 담근다"고 기록되어 있다. 또 고추장의 맛을 좋게 하기 위해 말린 생선, 곤포(昆布:다시마) 등을 첨가했다는 기록도 보인다. 당시 고추장은 대체로 오늘날과 같은 형태이지만 고춧가루를 훨씬 적게 쓰고 대신 메줏가루를 많이 넣었음을 알 수 있다. 그만큼 고춧가루가 귀했다는 얘기가 된다. 1809년 여성 실학자 빙허각 이씨가 쓴 일종의 여성생활백과사전인《규합총서》에 이르러 오늘날과 유사한 고추장 제조법이 등장한다. 이 책은 "삶은 콩 한 말과 쌀 두 되로 흰 무리를 쪄 함께 찧어 메주를 만든 다음 띄워서 가루를 내고, 여기에 소금 네 되를 좋은 물에 타서 버무린 다음 고춧가루 5~7홉을 섞고 찹쌀 두 되로 밥을 지어 한데 섞어 만든다"고 상세히 적고 있다.《증보산림경제》에 수록된 제조법보다 고춧가루의 비례가 많아지고 메주를 만들 때부터 쌀을 보강하고 있음을 알 수 있다.

고추장의 역사를 천 년 전으로 추정하는 사람도 있다. 이런 주장은 '교류가 활발하지 않던 조선시대 중엽 일본으로부터 들어온 고추가 불과 백년도 지나지 않아 고추장이라는 획기적인 발효 식품으로 발전할 수 있느냐'는 의문에서 출발한다. 이런 주장은 고추의 전래가 일본이 아니라 중국임을 전제로 한다. 이런 주장을 하는 사람들은 15세기 초 발간된《식료

찬요》, 《매계집》, 《향약집성방》 등을 주목한다. 이 문헌들을 보면 "닭이나 꿩을 이용해서 탕을 만들 때 고추장을 넣어 보양 음식으로 만들어 먹었다"는 대목이 있다. 9세기경 발간된 중국의 문서 《식의심감》과 《사시찬요》에도 비슷한 방식으로 '초장(椒醬)'을 먹었다는 기록이 나온다.

'김치박사'로 통하는 최홍식 부산대 교수도 고추가 명나라를 통해서 우리나라에 전해졌을 것으로 추정한다. 일본 사람들이 고추를 '고려 후추'라고 불렀다는 기록이 있고, 우리나라에서 고추를 '당초(唐椒)'라고 불렀다는 것을 볼 때 고추가 일본이 아닌 중국에서 직접 들어왔을 가능성이 높다는 설명이다. 《몽유》의 저자인 실학자 이재위는 "북호(北胡)로부터 전래됐다"고 주장했다. 북호는 지금의 동북 3성 일대를 말한다.

고추장의 역사가 천 년 이상 됐음을 추정할 수 있는 사료와 유적이 전혀 없는 것은 아니다. 고추장이 조선 태조 이성계의 진상품이었다는 기록이 남아 있다. 전북 순창 회문산 자락에 있는 사찰 만일사 비문이 그것이다. 이성계가 이 마을 사람인 김좌수의 집에서 고추장에 비벼 먹었던 점심밥 맛을 못 잊어 비문을 내린다는 내용이다. 이후 이성계의 밥상에 반드시 순창고추장이 올랐고, 왕이 된 다음에는 순창고추장을 궁궐에 진상토록 했다는 기록도 있다. 이 비문은 순창을 고추장의 시원지로 추정하는 근거가 되고 있다. 물론 이성계가 먹은 고추장이 고춧가루로 만든 요즘과 유사한 것이라고 단정할 수는 없다. 만일사는 무학대사가 이성계의 조선 건국과 역성혁명의 성공을 기원하기 위해 만 일(萬日) 동안 지극정성을 다해 기도를 했던 곳이다. 이 때문에 검소한 성군의 면모를 상징적으로 조작하기 위해 순창고추장 이야기를 만들어낸 것인지는 알 수 없다.

이성계와 순창고추장 이야기의 진위야 어떻든, 순창고추장의 맛을 소개하는 고서적들이 적지 않다. 조선시대 어의 이시필이 쓴《소문사설》에 순창고추장의 제조법이 최초로 기록되어 있다. 영조 때 이표가 쓴《수문사설》에는 순창고추장에 대해 "전복·큰 새우·홍합·생강 등을 첨가하여 다른 지방과 특이한 방법으로 담갔다"는 기록이 있다. 문제는 이 책들에는 고춧가루를 사용했다는 명시적 기록이 없다는 점이다.

　고추장의 역사가 어떻게 되든 순창고추장 맛의 권위는 지금도 여전하다. 순창고추장은 달거나 맵거나 짜지 않고 담백한 맛이 특징이다. 공장에서 생산한 고추장의 43퍼센트가 순창에서 생산된다. 1980년대 들어 50여 개의 고추장연구소가 설립되어 '고추장의 메카'라는 순창의 명성을 더하고 있다.

3

대두 음식문화의
분화

상속된 발효의 지적재산권은 3국이 다르다

발효 식품이 세계적으로 선풍적 인기를 끌고 있는 것은 어제오늘의 일이 아니다. 발효는 효모나 곰팡이균 등 미생물이 자신의 효소로 유기물을 분해 또는 변화시켜 인간에게 유익한 물질을 만드는 현상이다. 젖산이 콩의 단백질을 분해해 아미노산을 만드는 이치와 같다. 발효 과정에서 생성되는 유익한 영양소는 무려 3백만 개에 이른다. 이런 영양소가 만들어지는 과정을 거치면 영양가는 2~5배 풍부해지고 새로운 맛을 만들어낸다. 저장 기간도 길어진다. 뿐만 아니라 우리 몸속에 들어가서 생리적으로 유용한 기능을 한다. 인삼을 찐 뒤에 발효시켜 만든 홍삼의 효과를 연상하면 쉽게 이해될 것이다.

사람은 보통 하루에 1.5킬로그램의 음식을 먹는다. 섭취된 음식은 일련의 소화과정을 통해 혈액과 세포가 된다. 혈액은 몸속을 순환하면서 체내의 모든 체세포의 삶을 관장한다. 그래서 우리의 몸속을 흐르는 피를 '식품의 강'이라고 일컫는다. 세포는 태어난 자리에서 죽을 때까지 제역할을 하며 살아간다. 생성된 세포는 역할에 따라 짧게는 며칠 동안, 길게는 6개월가량 산다. 세포가 죽으면 그 자리에 새로운 세포가 자라나 종전의 역할을 대신한다. 간은 15일 정도 지나면 거의 새로운 세포로 바뀐다. 과음 때문에 지방간이 생겼다면 2주일 정도 술을 먹지 않으면 지방간이 거의 해소된다. 신선한 세포로 교체되기 때문이다. 이것이 바로 세포의 생로병사다. 하지만 특별히 건강관리를 하지 않는 사람이라면 성장기간이 마감되는 25세부터 죽은 세포는 백 퍼센트 회생되지 않는다. 회생 비율은 나이가 들어가면서 떨어진다. 회생되지 않은 만큼 노화가 진행되는 것이다.

발효 식품이 세상의 관심을 끄는 것은 세포의 생로병사와 깊은 관련이 있다. 발효 식품의 효능으로 가장 주목받는 점이 면역기능의 강화다. 발효 식품이 NK세포, T세포 등 면역 세포를 만드는 것은 물론 세포를 강화 또는 활성화시키는 역할을 하기 때문이다. 병원균에 대한 면역력과 저항력을 키워줌으로써 건강을 유지할 수 있을 뿐만 아니라 인체의 노화를 억제할 수 있는 것이다.

이 같은 효능이 알려지기 전부터 세계 어느 곳에서나 그 지방에서 생산되는 원료를 사용하여 그 지역 사람들의 기호에 맞는 전통 발효 식품이 개발되어 지금까지 이어지고 있다. 이 같은 발효 식품의 종류는 김치, 간장, 된장, 고추장, 젓갈, 식해, 식초, 치즈, 술, 빵, 요구르트 등 수없이 많다. 또 지리적 환경과 기후의 차이에 따라 나라마다 특성화된 발효 식품이 발달했다. 장을 예로 든다면, 콩의 원산지인 한국과 중국 동북 3성은 두장(豆醬: 된장), 육식을 즐기는 중국은 육장(肉醬: 식해), 바다가 인접해 있는 동남아시아 국가는 어장(魚醬: 젓갈)이 발달했다. 일본은 한반도의 영향을 받아 두장 중에서도 간장이 특히 발달했다. 지역에 따라 선호하는 발효 음식이 다르지만 동양 3국은 하나같이 발효 식품으로 간을 맞췄다. 발효 식품이 곧 음식의 맛을 결정한다고 해도 과언이 아니다.

우리 민족은 뛰어난 발효 지적 재산권을 조상에게 물려받았다. '발효의 왕국'이라는 자부심을 가져도 부끄럽지 않을 정도이다. 프랑스의 인류학자 레비스트로스는 한·중·일 3국 음식의 특징을 비교, 분석하면서 "한국 음식에는 발효의 맛이 난다"고 말했다. 반면에 중국 음식의 특징은 '불의 맛', 일본 음식의 특징은 '칼의 맛'이라고 규정했다. 일본에 대해서는 날음식을 즐기는 점(자연의 맛)을, 중국에 대해서는 익혀 먹는 점(가공의 맛)을 주목한 것이다.

발효 식품, 특히 콩 발효 식품이 발달한 것은 어쩌면 당연한 이치일 것이다. 옛날 우리 조상이 살던 만주 지방이 콩의 원산지이기 때문이다. 농경문화가 자리 잡은 뒤 육식보다 채식을 위주로 했던 우리 민족이 콩에서 단백질을 섭취한 것이다. 콩은 40퍼센트가 단백질로 구성되어 있으며, 몸에 필요한 거의 모든 아미노산을 함유한 것으로 알려져 있다.

🏮 한국, 장(醬)은 장(壯)이다

명의 허준은 이미 5백여 년 전에 콩 발효 음식의 효능을 알았다. 그는 왕들이 대부분 40대에 죽는 이유가 궁금했다. 그리고 스님들이 평균 나이보다 훨씬 오래 산다는 사실에 관심을 가지고, 장수 비결을 의학적으로 찾아내기 위해서 명산 고찰의 노승을 찾아다녔다. 스님들은 좀처럼 비법을 일러주지 않았다. 장수 음식이 세상에 알려지면 사찰에 식량 부족 현상이 빚어질 것을 걱정한 탓이었다. 그러다가 허준의 끈질긴 성화에 못 이겨 알려준 '비법'이 바로 절에서 담근 된장, 간장, 고추장 등과 같은 콩 발효 식품이었다.

그러나 허균의 깨달음 이전부터 우리 조상들은 음식의 으뜸으로 '장'을 꼽았다. 조선 중기에 편찬된 《증보산림경제》〈장제품조편〉 첫머리에 "장(醬)은 장(壯)이다"라고 적시되어 있다. 장은 모든 음식 맛의 최고라는 얘기다. 〈장제품조편〉은 그 이유를 "집안의 장맛이 좋지 아니 하면 좋은 채소와 고기가 있어도 좋은 음식을 만들 수 없다. 설혹 시골 사람들이 고기를 쉽게 얻을 수 없어도 여러 가지 좋은 맛의 장이 있으면 반찬에 아무 걱정이 없다. 우선 장 담그기에 유의하고, 오래 묵혀 좋은 장을 얻게 함이 도리이다"라고 설명했다. 1년에 한 번씩 담는 장은 집안 식구들의 식생활을 책임지는 가장 큰 '재산'으로 생각했다. 우리 주변에 장과 관련된 이야기가 많은 것은 그만큼 소중하게 여겼기 때문이다. 장 이야기는 민화, 전설, 속담 등을 통해 생활 속에 깊숙이 배어 있다.

우선 장맛은 한 집안의 길흉화복을 가름하는 '잣대'였다. 집안 대사 중 으뜸은 역시 혼사일 것이다. 과거에는 혼인의 중요한 결정 요인 중의 하나가 장맛이었다. "장맛 보고 딸을 준다"거나 "며느리가 잘 들어오면 장맛도 좋다"는 속담이 여기에 해당한다. 물론 이 속담에는 안주인이 됐든 며느리가 됐든 상관없이 단맛 나는 장을 만들기 위해서는 부지런하지 않으면 안 된다는 속뜻이 담겨 있다. 장 관리는 그만큼 손이 많이 간다는 의미도 담고 있다. 그런 일을 척척 해내는 부지런한 며느리와 시어머니가 행복한 가정을 만든다는 얘기다. "한 고을의 정치는 술맛으로 알고 집안 일은 장맛으로 안다", "집안이 망하려면 장맛부터 변한다"는 속담 역시 안주인을 비롯한 집안 식구들의 근면성실을 채근하는 것이다.

장맛은 가정의 화목을 의미하기도 한다. "말 많은 집은 장맛도 쓰다"는 속담은 집안이 화목하지 못하면 살림이나 모든 일이 잘 안 된다는 뜻을 내포한다. 안주인의 정성이 곧 가정 평화의 근원임을 일깨워주는 말인 셈이다. 장은 안주인의 책임 아래 담게 된다. 따라서 맛에 대한 책임은 당연히 안주인이 져야 한다. 장맛은 안주인의 손맛에서 나오고, 손맛은 정성에서 나온다는 믿음 때문이다. 혹시라도 장맛이 없을 땐 안주인은 적지 않은 원성을 사야 했다. "아내 나쁜 것은 백 년 원수, 된장 신 것은 일년 원수"라는 속담에서 보듯이 맛없는 장을 담근 안주인은 힐난의 대상이었다. 속담보다는 속세의 미신에 훨씬 직접적이고 자극적으로 표현이 쓰이는 게 일반적이다. 우리 조상들은 장에 벌레가 생기면 집안 식구가 죽는다든지 몹쓸 병에 걸린다고 믿었다.

속담에는 자연과 인간, 인간과 인간의 조화를 바라는 조상들의 지혜가 배어 있다. 특히 어느 사물을 비유할 때 한쪽 면만 부각시키는 법은 거의 없는 듯하다. 이면의 속성을 간과하지 않는다는 얘기다. "가시(음식물에 생기는 구더기)가 무서워 장 못 담글까"(일을 앞두고 너무 두려워하거나 주저하지 말라는 의미)라는 반어법에서 장의 이면적 속성을 간과하고 있다. 옛날 할머니들이 "구더기도 안 먹는 장은 입에도 대지 말라"고 했던 말의 의미도 되새기게 한다.

장맛에 대한 명쾌한 정의를 내린 속담도 있다. "된장과 사람은 묵은 게 좋다"는 것이 그것이다. 사람의 됨됨이나 우정도 세월 속에서 배어나는 것처럼 된장의 진정한 맛도 기다림에서 나온다는 의미이다. "풋고추 박힌 듯하다"(된장에 박아 숙성시킨 풋고추가 훌륭한 반찬이 된다는 비유. 혹은 한곳에 꼼짝 않고 있음을 뜻하기도 함)와 "뚝배기보다는 장맛"(형식보다는 내용이 중요하다는 뜻)도 잘 알려진 속담이다. 믿을 수 없는 사람에게 중요한 일을 맡겨서는 안 된다는 의미를 가진 "강아지에게 메주 멍석 맡긴 것 같다", "개에게 된장 덩어리 지키게 하는 격"이라는 속담도 있다. 이 많은 속담에서 우리 민족과 장이 그만큼 밀접하고 친숙한 관계였음을 알 수 있다.

🕷 이슬물을 받아 장을 담그다

우리 조상들의 식생활에서 장의 위상이 얼마나 대단한지는 장 담그기 과정에서 분명하게 드러난다. 《동국세시기》에 따르면 수십 년 전까지만 해도 침장(沈醬:장 담금)과 침장(沈藏:김장)은 빠뜨릴 수 없는 가장 중요한 연례행사였다. 그중에서도 장 담그기를 더 중시했다. 김장은 '겨울 농사', 장 담그기는 '1년 농사'라고 했다. 그렇게 중시한 만큼 장을 담그는 과정에서 깍듯이 예의를 갖췄다. 손 타지 않는 길일을 택일하고 목욕재계를 한 후에 제사도 지냈다. 물론 집안의 남자들도 외출을 자제하는 등 근신생활을 했다. 메주를 담근 장독에는 붉은 고추와 숯을 띄우고 장독 테두리에는 붉은 고추를 꿴 금줄을 매달았다. 장독대 주변에는 봉선화를 심었다. 귀신을 쫓는 벽사의식의 일환이다. 붉은 고추는 맛과 향을 돋우는 역할을 하고, 숯은 콩 비린내를 없애고 곰팡이를 흡입하는 작용을 한다는 사실이 알려진 것은 그리 오래되지 않는다. 조상의 지혜가 놀라울 뿐이다.

메주가 잘 뜨게 하기 위해서 물도 가려서 썼다. 조선 후기의 가정백과사전인《규합총서》에는 "장 담글 때는 좋은 물을 써야 한다"면서 "청명일과 곡우의 강물, 가을철에 받은 이슬물, 눈 녹인 납설수 등이 최고의 물인데, 권문세가에서는 첫눈을 받아뒀다가 장을 담글 때 쓰기도 했다"고 구체적으로 어떤 물이 좋은지를 적시했다.

하지만 대부분의 민간에서는 샘물로 장을 담갔다. 길어온 샘물을 바로 사용한 것이 아니라 반드시 하루이틀 받아둔 물을 사용했다. 물을 연성화시킨 것이다. 우리 조상들이 대기 속에서는 물의 밀도가 높아져 물이 약알칼리성으로 변한다는 사실을 알고 있었을까. 사실 약알칼리성 물은 몸에 흡수가 잘 되고 활성산소를 줄여 면역 능력도 키운다. 약알칼리성 물은 현대의학에서도 '기적의 물'로 인정한다. 일본 고베 시의 교와병원은 알칼리성 환원수를 이용해 고혈압이나 당뇨병 환자들을 치료하는 것으로 유명하다.

조선시대 왕들이 마셨던 물은 약알칼리성 물, 즉 약수다. '백비탕', '생숙탕', '지장수' 등인데, 하나같이 '기다려서 먹는 물'이었다. 선조가 즐겨 마셨다는 백비탕은 끓이고 식히길 백 번 반복해서 얻은 물로, 단맛이 난다고 한다. 생숙탕은 끓인 물과 냉수를 반반씩 섞은 물로, 숙취했을 때 주로 먹었던 것으로 알려져 있다. 지장수는 황토가 가라앉은 윗물로, 지금도 이 물을 사용해 음식을 조리하는 식당이 더러 있다.

우리 민족이 언제부터 된장을 먹었는지는 확실하지 않지만 장맛만큼은 주변국으로부터 인정을 받았다. 《삼국지》〈위지동이전〉에는 "고구려에서는 장을 잘 만든다"고 칭찬했다. 중국의 《신당서》에도 "발해 서울인 책성(柵城)에 '시(豉)'가 유명하다"고 부러워했다. 조선시대에 한치윤과 한진서가 편찬한 《해동역사》에서 《신당서》의 한 대목을 인용한 뒤 '시'를

'배염유숙(配鹽幽菽:콩을 소금과 짝지어 어두운 곳에서 발효시킨 음식)'이라고 풀이했다. '시'가 청국장, 된장, 간장 등으로 분화되기 이전의 메주 덩어리 자체를 지칭했을 것이라는 것이 음식학자들의 견해다. 이를 토대로 하면 적어도 우리 조상이 원시적이기는 하지만 장을 먹기 시작한 시기는 삼국시대까지 거슬러 올라간다. 김부식이 편찬한 《삼국사기》에도 "신문왕이 김흥운의 딸을 왕비로 맞을 때 폐백 품목에 '시'가 있었다"는 대목이 나온다. 시가 신라 왕가의 혼수품으로 사용될 정도로 귀한 식품임을 짐작할 수 있다.

《고려사》에도 몇 차례 장과 시에 관한 기록이 나오는데, 구황 식품으로 언급되어 있어 눈길을 끈다. 《고려사》에 "헌종 18년(1018년)에는 거란의 침입으로 추위와 굶주림에 떠는 백성들에게 소금과 장을 나눠 주었다", "문종 때(1052년) 개경의 백성 3만여 명에게 쌀·조·시를 내렸다"는 기록이 있다. 고려시대에 구휼 식품으로 장이 사용됐다는 것은 고려시대로 넘어온 뒤에 장이 어느 정도 대중성을 확보했음을 추측할 수 있는 대목이다.

고려시대까지는 장 자체를 메주라고 하던 것이 조선시대에 와서 세분화되고 다양해졌다. 장을 만드는 누룩을 메주라고 하였고, 메주를 띄워 만든 재가공 식품을 된장, 간장, 청국장 등으로 구분했다. 장의 분화는 적어도 발효 시간이 고려시대보다는 훨씬 길어졌고 저장 기술도 획기적으로 발전했음을 암시한다. 《산림경제》에는 무려 45가지의 장류 제조법이 언급되어 있을 정도이다. 《임원십육지》에는 장 20여 종과 시 12종을 소개하고 있다. 조선시대 이후의 장 관련 용어가 무려 250여 종에 이른다고 한다. 지방에 따라 장을 담그는 방법이 다르고 지방마다 다른 이름을 사용했을 가능성을 짐작할 수 있다. 특히 《산림경제》에는 최근 선풍적인 인기를 끌고 있는 청국장의 존재가 확인된다. 이 책에서 청국장을 뜻하는 것으로 보이는 '전국장'이라는 이름이 출현하고, 《증보산림경제》에도 "콩을 잘 씻어 삶은 후 볏짚에 싸서 따뜻한 방에 사흘간 두면 실이 난다"고 청국장 제조법이 소개되어 있다. 이는 오늘날 청국장 만드는 법과 거의 똑같다.

🍵 일본의 어린아이도 아는 낫토의 영양가

우리 조상의 장 제조 기술은 1천3백여 년 전 일본에 전해졌다. 그 증거는 701년에 저술된 일본의 《대보율령》에 출현하는 단어 '시'이다. 1717년에 저술된 《동아》에도 "고려의 장인 말장(末醬)이 일본에 와서 그 나라 방언대로 '미소'라 한다고 하였고, 그들은 '고려장'이라고도 하였다"고 기술하고 있다. 일본 된장인 미소의 어원이 된장임을 일본도 인정한 것이다. 한국이 전해준 방법이 지금까지 이어지고 있어서 한국과 일본의 장 담그는 방법은 본질적인 면에서 크게 다르지 않다.

그렇다면 우리나라 된장과 일본 된장은 어떤 차이가 있는 것일까. 장맛은 원료와 발효균 종류에 따라 달라진다. 된장과 미소는 재료와 발효균이 전혀 다르다. 본래 한국 된장은 콩만으로 만든다. 일본식 미소에는 콩 외에 쌀, 보리, 밀가루 등이 첨가된다. 습기가 많은 해양성 기후 탓이다. 위키피디아에 따르면, 한국 된장을 발효시키는 물질은 곰팡이, 바실러스 서브틸리스, 효모 등 세 가지다. 이 균들이 콩의 단백질 성분을 발효시키는 데 먹이 역할을 한다. 콩을 발효시키면서 표면에 피는 노란색은 이미 곰팡이가 자리를 잡은 것이다. 메주 속의 녹색 덩어리 모양은 바실러스 서브틸리스 균의 서식지이다. 장 뚜껑을 여닫을 때 생긴 효모도 번식력을 넓혀 발효에 일조한다. 볏짚에 발효균이 많기 때문에 볏짚으로 메주를 매달았다는 것은 이미 상식이 되었다.

하지만 같은 콩 발효 문화권이라 하더라도 인도네시아에서는 효모만을 쓰고, 일본과 네팔에서는 바실러스 서브틸리스만을 쓴다. 이 때문에 된장과 미소는 맛에 차이가 있다. 우리의 된장이 구수하면서도 짠맛이 강한 편이라면 미소는 달면서 담백한 편이다.

한국의 청국장과 일본의 낫토도 비슷한 차이가 있다. 청국장과 낫토 모두 삶은 콩을 바실러스균으로 발효시키는 것은 같다. 하지만 청국장이 자연의 힘으로 맛을 낸다면, 낫토는 인공이 가미된 맛이라고 할 수 있다. 청국장은 콩이 크든 작든, 흰색이든 검은 색이든 상관없이 삶아 띄운 다음 삶은 콩에 볏짚을 넣어 자연 발효시킨다. 볏짚의 바실러스 서브틸리스 균만이 아니라 공기 중에 있는 여러 가지 균의 영향을 받아 발효한다. 청국장은 그래서 지역, 날씨, 만든 사람, 사용한 콩 등에 따라 다양한 맛이 만들어진다. 다양한 균이 다양한 맛을 만드는 것이다. 균일한 맛을 낼 수 없다는 것은 청국장을 상품화하는 데 적지 않은 약점으로 작용한다.

최근 일본은 메주에서 낫토균을 분리하여 이 균만을 배양한다. 용기에 든 낫토 일부를 젓가락으로 들어 올리면 끈적끈적하게 실처럼 늘어지는 게 바로 낫토균이다. 1905년에 자와무라 박사가 발견했다고 해서 '바실러스 낫토 자와무라'라고도 부른다. 낫토균만을 추출할 수 있게 된 일본 기업은 낫토를 공장에서 규격화된 상품으로 만들어냈다. 물론 그 이전에는 볏짚에 싼 콩을 용기에 담아 발효를 시켰다.

공장에서 대량생산을 하든 아니면 가정에서 볏짚으로 싸서 만들든 낫토의 원료는 흰콩이다. 그것도 균일한 크기를 고집한다. 일본 속담에 "기어도 검은콩"이라는 말이 있다. 말 못하는 어린아이도 검은콩의 높은 영양가를 안다는 의미이다. 그런데 일본의 대표적인 건강식품인 낫토의 원료로 흰콩만을 고집하는 데에는 나름대로 이유가 있다고 한다. 단순함과 청결함, 신선함이라는 일본 요리의 특징을 잃지 않기 위해서이다. 이런 맛을 《음식문화사》 저자인 오쓰카 시게루는 "일본인의 우마미(旨味)"라고 규정했다. 우마미란 발효의 미를 뜻하는데, 그 속뜻은 생각보다 깊다. 오쓰카는 우마미를 "독립적이지 않고 어울려서 나는 맛을 뜻하는데 인간 생활에 기본이 되는 물질들을 적당하게 혼합할 때 나오는 맛"이라고 정의하면서 "우미노리, 미소, 니혼주, 다쿠앙 등에서 그런 맛을 느낄 수 있다"고 말했다. 그는 이어 "일본의 장 문화는 실패했다"고 '패배'를 선언했다. 일본인에게 특별한 음식들이지만 외국인이 싫어하는 냄새가 나기 때문이라는 것이다. 냄새 처리의 미숙 때문에 최고의 건강식품 임에도 불구하고 세계시장에서 대접을 받지 못하는 현실을 지적한 것이다. 사실 외국인뿐만 아니다. 일본에도 지방에 따라 낫토에 대한 기호 차이를 보이고 있다. 관서 지방 사람에게는 낫토가 크게 환영받지 못한다. 낫토의 생명이라 할 수 있는 점액성이 관서 지방의 것이 관동 지방보다 훨씬 무르다. 반면에 관동 지방의 구마모토 현에는 '낫토의 신'을 받드는 신전도 있다. 이곳에서 해마다 10월 25일 낫토에 대한 고마움을 표시하기 위해 제사를 올린 뒤 참배객에게 낫토를 나눠준다. 낫토를 그만큼 귀하고 소중하게 취급하는 것이다.

장을 만드는 방법은 중국에서 개발됐다는 것이 정설이다. 콩의 원산지인 고구려로부터 역수입해서 고유한 장 문화를 만들어낸 것이다. 고대 중국에서 콩을 발효시켜 만든 장은 매우 귀한 음식이었다. 상등 식품으로 귀빈을 초청하는 연회에 반드시 장을 대접했다고 한다.

중국은 한국이나 일본과 전혀 다른 장 문화를 갖고 있다. 가장 큰 차이점은 장을 담글 때 메주를 만들지 않고 콩 자체를 발효시킨다는 것이다. 중국 장 문화의 대표 상품인 터우반장(豆瓣醬)이라는 이름도 발효가 완성된 후에 콩 조각(豆瓣)이 장에 남아 있기 때문에 얻은 이름이다. 뿐만 아니라 두 차례의 발효 과정을 거친다는 점도 특징이라면 특징이다. 누에콩을 삭혀 만든 된장을 마른 고추나 향신료를 넣어 양념한 뒤 다시 삭힌다. 이 때문에 매운맛과 향기가 독특하고 강한 편이다.

터우시(豆豉) 역시 콩을 발효시킨 중국식 된장이다. 검은콩을 물에 불려 푹 삶아서 말린다. 다만 한국처럼 공기 중에 말리는 게 아니라 항아리에 넣은 채 여러 번 뒤집어가면서 말린다. 터우시는 한약재로도 이용되기도 한다.

4

두부
전성시대

서글픈 사연이 새겨진 두부

우리나라 사람 중에는 두부가 콩을 삭힌 것도 아닌데 그 같은 이름(豆腐)

을 갖게 됐을까 하는 궁금증을 가지는 사람도 있을 것이다. 중국인들이

발효된 두부를 즐겨 먹는다는 사실을 알게 되면 고개를 끄떡이며 수긍하

겠지만 말이다. 하지만 정작 '두부'라는 이름의 기원은 삭힌 두부와는 관

계가 없다.

그 기원엔 고부간의 갈등이라는 서글픈 사연이 숨어 있다. 옛날에 사

이가 좋지 않은 시어머니와 며느리가 살았다. 구박에 시달리던 며느리는

끼니를 때우는 것조차 시어머니의 눈치를 살펴야 할 정도였다. 어느 날

시어머니가 외출한 틈을 타 며느리는 요기를 할 요량으로 콩을 갈아 국물

을 내고 있었다. 그 순간, 밖에서 발소리가 들렸다. 시어머니인 줄 안 며

느리는 콩 국물을 급히 항아리에 숨겼다. 돌아온 사람은 남편이었다. 콩

물을 넣어둔 항아리엔 콩물이 응고되어 하얀 덩어리로 변해 있었다. 콩 국물과는 전혀 다른 별미였다. 그 음식을 '남편이 따라왔다'는 의미로 '두부(逗夫)'라고 이름을 지었는데, 나중에 두부(豆腐)로 바뀌었다는 얘기다.

또 다른 설도 있다. 기원전 2세기경 한나라 회남왕 유안이 처음 만들었다는 설이다. 북송의 도곡은 《청이록》에서 "두부는 유안이 만들었다"며 두부가 만들어진 과정을 세세히 설명하고 있다. 《청이록》 역시 '두부(逗夫)'가 생긴 과정과 비슷한 이야기를 담고 있다. 한나라를 세운 유방의 손자이며 도교 사상의 대가였던 유한이 팔공산에서 수련 도중 콩물에 소금으로 간을 해서 먹곤 했는데, 먹다 남은 콩물이 소금의 응고작용에 의해 맛있는 두부가 됐다는 것이다.

북방 유목민족의 유락 문화 영향을 받아 두부가 만들어졌다는 학설도 있다. 유목민은 우유를 이용해 치즈 등을 만드는 방법을 이미 알고 있었다. 유목민과 농경민의 접경지인 화북 지방에서 치즈를 만드는 방법이 원용되어 두부가 만들어졌을 것이라는 주장이다. 당시에는 두부라는 용어가 쓰인 것은 아니다. 콩밭에서 나는 고기라는 의미로 '무골육(無骨肉)' 혹은 콩으로 만든 우유라는 의미로 '숙유(菽乳)'라고 불렀다고 한다.

우리나라에 처음으로 두부가 전래된 것은 고려시대로, 주로 사찰 음식으로 사용되었다. 스님들이 두부를 단백질 공급원으로 삼았던 것이다. 절에서 만들던 두부는 왕실에도 전해져 제수 음식으로 사용되었다. 산릉(선왕의 무덤) 곁에 사찰을 두고 두부를 만들어 제수 음식으로 올렸다는 기록도 있다. 왕릉을 관리하는 사찰 중에 두부를 만드는 절을 지정하기도 했다. 고려 말의 성리학자 이색이 《목은집》에 〈대사구두부내향〉이라는 두부찬양가("나물국 오래 먹어 맛을 못 느껴/두부가 새로운 맛을 돋우어 주네/이 없는 사람 먹기 좋고/늙은 몸 양생에 더없이 알맞다")를 남긴 것으로 볼 때 제한적이지만 두부가 일반 백성들에도 알려졌을 것으로 짐작된다.

조선 초에 들어와 두부 문화가 급속히 보급됐을 가능성이 높다. 세종 때 명나라 왕실에서 조선 조정에 두부 제조 기술자(궁녀)를 보내 달라는 부탁을 할 정도로 우리 기술은 뛰어났다. 두부를 발명한 것은 중국이었지만 진정한 두부 음식 문화가 꽃핀 곳은 조선이었던 셈이다. 문화선진국이 되기 위해서는 그만한 문화적 토대가 되어 있어야 하는 게 당연한 이치이다. 사실 조선 후기로 넘어오면서 명문가에서는 김치와 장 그리고 두부는 동렬의 위상을 가진 음식으로 여겼다. 조선시대에 명문가에 시집 가려는 규수는 99가지 음식의 제조·조리법을 터득해야 했다. 장과 김치 그리고 두부 만드는 법을 각각 33가지씩 익혀야 했다고 한다. 그만큼 많은 요리와 조리법이 있었다는 얘기다.

우리의 두부 전통은 일제강점기 동안 거의 사라졌다. 두부의 원료인 콩은 전쟁 당시 중요한 징용품이었다. 이 때문에 그 많던 전통 두부 제조법이 사라지고 손두부 제조법만 전해지고 있다. 손두부라고 해봐야 콩물을 굳히기 전의 두부인 순두부, 물렁하게 굳힌 연두부, 콩물을 베나 무명에 싸서 굳힌 베두부(일반 두부), 그리고 간수를 바닷물로 했던 초당두부 정도밖에 없다.

하지만 전수되지 않고 기록에 남아 있는 두부의 종류는 수십 가지나 된다. 김영치 경남대 교수의 저서 《식품과 영양》을 보면 헤아릴 수 없이 많은 두부가 소개되고 있다. 기왕 얘기가 나온 김에 이 책에 소개된 두부를 옮겨보자. 새끼로 묶어서 다닐 만큼 단단한 막두부, 처녀의 고운 손이 아니고는 뭉그러지는 연두부, 콩즙을 끓일 때 약간 태워서 탄내를 내는 탄

두부, 굳히기 전에 먹는 순두부, 속살을 예쁘게 한다는 약두부, 명주로 싸서 굳히는 비단두부, 삭혀 먹는 곤두부, 기름에 튀겨 먹는 유부, 얼려 먹는 언두부, 두부를 끓일 때 생기는 두부피(유바), 거저 먹는 막비지, 띄워 먹는 띈비지, 정선두부, 초당두부, 만월두부, 향림두부, 잣두부, 황기두부, 솔잎두부, 해조두부, 야콘두부, 검은콩두부, 야채두부, 미꾸라지두부, 닭곰탕에 끓여 먹는 연포두부 등등, 숨이 차서 읽지도 못할 만큼 많은 종류의 두부가 존재했음을 알 수 있다.

두부를 일본에 전한 것도 조선이었다. 일본 두부 중에서 가장 맛있고 전통 있는 두부로 꼽히는 '당인두부'를 만든 사람이 조선 사람 박호인이다. 그는 임진왜란 때 일본 장수의 꾐에 넘어가 일본으로 간 '두부 명장' 중의 한 사람이었다. 박호인은 시코쿠 고치 시에서 두부조합을 만들었고, 그의 아들 박원혁이 이어받아 당인두부의 원조가 된 것이다. 일본인들은 부드러운 두부인 순두부와 연두부를 즐기지만 쫄깃쫄깃하고 깔끔한 맛이 특징인 당인두부를 으뜸으로 친다고 한다.

조선인 출신이 당인두부를 만들었다는 사실을 인정하면서도, 일본인들은 두부가 중국에서 전래됐다고 믿는다. 당인두부가 태어난 지명이 도진마치(唐人町)라는 것이 이유라고 한다. 사전적으로 해석하면 '당나라 사람이 사는 마을'이다. 하지만 도진마치는 중국과 조선 사람들을 비롯해 외국 사람이 사는 곳을 통칭하는 말이었다.

🌸 동양 3국, 두부로 정서적 교감을 하다

두부는 중국에서 발명되어 한국을 거쳐 일본에 전해진 음식이다. 한·

중·일 3국이 모두 종주국인 중국의 한자 이름을 원용했다. 똑같이 한자로 '豆腐'라고 쓰면서 한국에서는 두부, 중국에서는 더우푸, 일본에서는 토후로 읽는 '3국 공통어'이다. 비록 한자이지만 두부처럼 같은 이름을 사용하는 3국 토종 음식은 찾기가 쉽지 않다.

그뿐만이 아니다. 두부만큼 정서를 공유하고 있는 음식도 찾기 어렵다. 유난히 두부와 관련된 속담이 많은 것도 동양 3국이 일치한다. 두부만큼 서민적이면서 친숙한 음식이 없고 음식의 특성(부드러움) 또한 이처럼 뚜렷한 것도 찾기 어렵기 때문이 아닐까. 두부의 특성을 빗댄 우리나라 속담으로는 "두부 먹다가 이 빠진다"(방심하다가 뜻밖의 실수를 하게 된다), "두부에도 뼈라"(운 없는 사람은 될 일에도 뜻밖의 재앙이 생긴다) 등이 있다. 일본 속담에서도 일이 시원치 않은 사람에게 핀잔을 줄 때 "두부 모서리에 머리를 부딪쳐 죽어라"라고 험담을 한다. 또 아무런 효과가 없는 일을 "두부에 꺾쇠 박기"라고 이른다. 중국에서 자주 쓰는 속담으로 "입은 칼인데 마음은 두부"가 있다. 말은 험하지만 마음씨는 고운 사람을 지칭할 때 쓰는 표현이다. 또 일을 서두르면 좋은 일이 없다는 경구로 "급하면 뜨거운 두부를 못 먹는다"는 속담도 있다.

두부 자체도 마찬가지다. 만드는 방법도 너무 간단하다. 제조 방법에서 한·중·일 3국의 차이를 발견하기는 쉽지 않다. 두부는 간단히 말하면 두유 즉 콩 간 물을 끓여 응고시킨 음식이다. 그 원리가 3국이라고 다르겠는가. 그래서 3국의 두부가 거기서 거기일 것이라고 여기기 쉽다. 하지만 그렇지 않다. 한·중·일 3국이 강조하는 두부의 특성은 전혀 다르다. 두부의 맛은 물론 요리 방법에 차이가 나는 이유다.

한국 두부는 무색무취한 것이 특징이다. 이 때문에 두부가 주인공이 되기보다는 요리 보조재로 활용되는 경우가 많다. 국, 찌개, 튀김, 부침 등 각종 조리법에 따라 무궁무진한 변신을 할 수 있기 때문이다. 대신 두부 자체가 요리가 되는 것은 두부두루치기, 두부튀김 등 몇 가지 되지 않는다. 일본의 자루두부(자루 모양), 중국의 처우더우푸(썩힌 두부)와 건두부(말린 두부)처럼 두부의 본질이나 형태를 바꾸는 경우는 더더욱 없다. 한국인은 무엇보다 두부의 고소한 맛을 즐긴다. 이 때문에 생두부를 간장에 찍어 먹거나 양념이 최대한 절제된 순두부를 선호하는 사람들이 적지 않다.

일본은 재료의 특징을 변형시키지 않고 음식을 즐기는 편이다. 하지만 콩 비린내에 대한 거부감이 커서 다양한 '합성두부' 제품과 '복합 요리'를 개발했다. 훈제두부, 자루두부, 튀김두부(아케토후), 콩이 끓을 때 생기는 얇은 막으로 만든 유바 등이 대표적인 일본식 두부 제품이라고 할 수 있다. 또한 장기 보관이 가능한 두부 '고야토후'도 있다. 옛날 고야산 산사에서 겨울에 두부를 얼린 다음 건조시켜 만든 데에서 유래된 '영양 두부'다. 일반 두부보다 칼슘이 5배, 철분이 7배나 많이 함유되어 있다고 한다. 전통적으로 진미 대접을 받는 최고급 두부다. '천둥두부'라는 재미있는 이름의 두부도 있다. 이 두부를 볶거나 튀길 때 물기 때문에 폭발음이 난다고 해서 붙여진 이름이다. 다양한 토핑 재료를 사용한 합성두부는 헤아릴 수 없을 정도로 많다. 몇 가지만 예를 든다면, 오키나와의 명품인 지자미(오키나와 사투리로 땅콩)두부, 카레두부, 콜라겐볼두부, 버터두부 등이다.

중국 두부는 맛과 모양이 매우 다채로운 데다가 유별난 미각을 자랑하는 게 많다. 현재 식탁에 오르는 두부의 종류가 150가지가 넘는다고 하니 그들의 발달된 미각에 실로 감탄하지 않을 수 없다. 종류도 많지만 두부를 써는 방법이나 두부모처럼 각진 것에서 딱지처럼 편편한 것까지 모양도 다양하다. 그렇다 보니 두부의 종류가 실제보다 훨씬 많아 보인다. 두부 요리의 예를 몇 가지 들면, 백옥같이 맑고 투명한 서우토더우푸, 샤오충반더우푸(연두부 파무침), 셰황더우푸(노란색의 게살 두부), 자창더우푸(가정식 두부조림), 일종의 두부장인 루프 등 이름도 생소하기까지 하다. 심지어 말 오줌에 절인 두부도 있다.

필자는 중국 최고의 오리전문점인 취안쥐더(全聚德)에서 베이징 덕을 먹어볼 기회가 있었다. 식당의 각 방에는 서빙 매니저가 따로 있을 정도로 서비스가 훌륭한 식당이다. 매니저가 음식이 나올 때마다 음식 소개와 함께 유래와 연혁을 설명해준다. 이곳에서 먹은 것 중에 가장 기억에 남는 음식이 바로 '말 오줌에 절인 두부'였다. 이름은 잊었지만 검은색을 띤 투명하고 연한 느낌의 두부였다. 보기에는 간장에 절인 연두부 같았다. 손님들이 그 두부를 다 먹은 것을 확인한 매니저는 말 오줌에 발효시킨 두부라는 설명을 곁들였다. 기절초풍할 뻔했다.

이 많은 음식들에 대해 어떻게 한마디로 맛을 정의할 수 있겠는가. 동양 3국의 두부 문화를 추적한 프로그램인 〈SBS 스페셜-두부견문록〉은 "북부 지역에서 만들어지는 북두부는 질기지만 맛이 진하고 단맛이 조금 강한 반면에 남부 지역에서 만들어지는 남두부는 식용석고(황산칼슘)로 제조해 부드럽지만 고소함과 단맛이 적다. 하지만 남북을 막론하고 발효된 두부를 좋아한다"고 보도했다. 발효 두부 중 세계적으로 명성이 높은 두부는 일명 '썩은 두부'로 일컫는 처우더우푸다. 두부를 볏짚으로 덮어 썩혀서 발효시킨 것인데, 구린 냄새가 고약할수록 좋은 맛으로 친다고 한다. 길거리나 야시장에서 튀긴 처우더우푸를 먹는 사람이 흔할 정도로 중국인에게 인기가 높은 음식이다.

중국의 두부 요리 중에서 빠뜨릴 수 없는 게 우리에게도 익숙한 마파두부다. 중국의 유명한 음식이 그렇듯이 마파두부 역시 재미있는 생성 기원을 갖고 있다. 19세기 말 청나라 동치제 때 쓰촨성 성도에 사는 온씨 집안에 품행이 단정한 고명딸이 있었다. 얼금뱅이라는 약점이 있었지만 진지호라는 청년과 결혼하여 금실이 아주 좋았다고 한다. 행복하게 살던 어느 날, 남편이 불의의 사고로 죽고 말았다. 온씨 여인은 비통한 심정을 추스르고 시누이와 함께 음식점을 열었는데, 여러 가지 재료를 함께 볶아낸 두부 음식이 인기를 끌었다. 그녀가 세상을 뜨고 난 뒤 식당을 즐겨 찾던 사람들이 그녀를 기려 '마파두부'라는 이름을 붙여주었다고 한다. '마파(麻婆)'는 '곰보 할머니'라는 의미이다.

문사두부는 중국 요리에 흔치 않은 탕 요리이다. 청나라 건륭제 때 양저우에 있는 고찰에 문사라는 스님이 있었는데, 특히 두부 요리에 정통하여 연두부, 원추리, 목이버섯 따위를 재료로 하여 두부탕을 잘 만들었다. 한번은 건륭제가 이를 맛보고 싶어서 그 즉시 궁중 요리에 포함시켰고, 스님의 이름을 따 문사두부라 이름 지었다.

🌀 문화상품으로 거듭나는 두부

중국 관용어 중에 '두부를 먹다(吃豆腐)'라는 표현이 있다. "여성을 희롱한다'는 의미인데, 이 말의 유래에서 '두부의 효능'을 짐작할 수 있다. 아주 옛날 중국에 두부가게를 운영하는 부부가 있었다. 매일 건강식품인 두부를 먹는 여주인의 얼굴은 화색이 좋고 피부는 윤택이 났다. 일부 동네 남정네들이 건강미 넘치는 이 여인에게 농담이라도 한마디 건네기 위해 두부가게 출입이 잦아졌다. 그러자 남정네들의 아내들이 두부가게에 가는 남편을 보고 "또 두부 먹으러 가느냐"며 핀잔을 준 데에서 연유한 관용어라고 한다.

일본에서 연관성을 찾기 어려운 이미지를 이종교배시킴으로써 브랜드 가치를 제고한 사례로 소개된 상품이 있다. '오토코마에(男前)'라는 브랜드의 두부가 그것이다. 오토코마에는 기존 제품보다 가격이 2배 정도 비싸다. 그럼에도 선풍적 인기를 이어오고 있다. 이 상표 이름을 번역한다면 '남성 두부'다. 이 두부를 만든 회사는 "오토코마에를 먹으면 남성스러워진다"고 선전하고 있다. 상품에 '남성다움'이라는 가치를 부여하고 '고가 마케팅'을 펴고 있는 것이다. 이 상품이 각광을 받자 남성 이미지를 강조한 두부 브랜드가 속속 나오고 있다고 한다.

두부와 남성 사이의 상관관계 혹은 두부와 성적 매력 간의 함수관계를 얘기하려는 게 아니다. 두부의 영양학적 가치를 설명하려는 것이다. 미국의 《뉴욕타임스》는 두부를 '살찌지 않는 치즈'라고 찬사를 아끼지 않았다. 두부는 체내의 신진대사와 성장 발육에 없어서는 안 되는 무기질이 다량 함유된 단백질 식품이다. 또 두부의 소화율(95%)은 콩(65%)보다 훨씬 높은 반면에 열량이 낮아 최고의 다이어트 식품으로 인기를 모으고 있다.

《뉴욕타임스》는 또 '다이닝 아웃'면에 머리기사로 한국의 순두부에 관한 특집기사를 게재하고 '가장 이상적인 겨울 식품'이라는 칭찬을 했다. 두부는 균형적인 영양 공급이 쉽지 않은 겨울철에도 영양 보충이 가능한 훌륭한 식품이라는 얘기다. 미국 대통령 중에도 두부 마니아가 적지 않다. 두부의 부드럽고 고소한 맛에 반하고 있는 것이다. 클린턴 대통령 시절, 두부는 백악관 식탁에 정규적으로 오르는 식품이었다. 조지 부시 대통령도 한국을 방문했을 때 밥상에 오른 두부 요리에 대해 칭찬을 아끼지 않았다.

두부 산업은 지속성장이 가능한 유망 산업으로 자리 잡고 있다. 미국의 경제 잡지 《경제 전망》은 미래 10년 동안 가장 성공적이고, 시장 잠재력이 가장 큰 음식 품목으로 두부를 지목했다. 한국 식품회사인 풀무원도 세계 두부 시장 규모가 향후 5년에 10배 이상 커질 전망이라는 연구 결과를 발표했다. 일본 정부도 수출 식품 10대 품목에 포함할 정도로 두부 육성을 위한 투자를 아끼지 않고 있다.

중국에서는 두부가 하나의 문화상품이다. 대표적인 것이 매년 음력 정월 대보름을 앞두고 광둥성 포강현에서 열리는 '중국두부축제'인데, 이 행사가 1605년부터 시작됐다고 하니 그 역사가 5백 년이 넘는다. 이 축제의 하이라이트는 서로 두부를 던지고 바르는 '두부싸움'인데 마치 서양의 토마토 축제를 연상시킨다. 이 축제 때 두부를 많이 맞을수록 큰 복을 받는다는 속설이 있다. 포강현 두부축제가 역사가 깊다면 14년째 이어지고 있는 안후이성 화이난 시의 '두부문화축제'는 국제축제협회가 최근 '잠재력 있는 10대 중국 축제'로 지목한 뒤 급격히 유명세를 타고 있다. 중국 정부도 '화이난 두부문화축제'에 적극적인 지원을 아끼지 않는 것으로 알려졌다. 〈SBS 스페셜-두부견문록〉에 따르면 화이난 두부는 고급 요리로 변신하고 있다고 밝히면서 "요리 조리법은 외부 유출이 불가능하며, 중국 정부가 직접 관리하는 국가기밀로 전복두부, 두부국수 등 다양한 고급 요리를 선보이고 있다"고 덧붙였다.

일본에도 두부축제가 있는데 중국처럼 요란스럽지는 않고, 두부 식생활을 홍보하는 데 중점을 둔다. 일본에서 가장 유명한 두부축제는 오야마(大山) 두부 축제로, 매년 3월에 열린다. 노토 반도의 염전, 간장, 목탄으로 만드는 오야마두부 못지않게 오야마 역 근처에 늘어선 두부가게와 여관도 유명하다. 11월에는 사가 현 우레시노 시에서 온천두부축제가 열린다. 이 지방은 온천수로 두부를 만드는데, 맛이 푸딩보다 더 물렁하다.

우리나라는 두부 축제는 고사하고 독립된 두부연구소조차 찾아보기 어렵다. 한국 두부는 아직 문화상품으로 격상되지 않은 상태이지만 최근에 와서 맛의 우수성을 인정받고 있어 그나마 다행스럽다.

콩나물과 숙주나물을 구분 않는 중국과 일본

콩나물과 숙주나물의 '재배 방법'은 비슷하다. 씨앗을 물에 불려 싹이 나게 한다. 숙주나물은 녹두의 새싹 채소다. 녹두의 애칭은 '녹색 콩'이다. 콩과 식물이고 콩과 같은 방법으로 재배하니 녹두 역시 '발아의 기적'을 발휘한다. 씨앗 녹두가 싹을 피워 숙주나물이 되면 비타민 A는 2배로, 비타민 B는 30배로, 비타민 C는 무려 40배로 늘어난다고 한다. 곡식의 보물이라고 해도 과언이 아니다.

특히 녹두는 해독작용이 높아 대표적인 디톡스(detox) 식물로 꼽힌다. 디톡스는 인체 내에 축적된 독소를 뺀다는 개념의 제독 요법을 말한다. 한의사들이 한약을 처방할 때 환자에게 빠뜨리지 않는 당부가 있다. 녹두빈대떡, 청포묵, 녹두죽, 숙주나물을 절대 먹지 말라는 것이다. 모두 녹두가 원료인 음식들인데, 녹두의 해독력이 한약의 효험을 약화시키기 때문이다. 녹두의 해독작용 효과가 미치지 않는 장기가 없을 정도이다. 당나라 때 맹선이 쓴 《식료본초》에는 "녹두는 원기를 돋우고 오장을 조화시켜주며 정신을 안정시킨다"고 밝혔다. 현대과학에서도 《식료본초》의 주장을 뒷받침하는 각종 연구 결과를 내놓았다. 그중 몇 가지를 들면, 장기의 화학공장인 간을 보호하고 위에 작용해서 설사나 구토를 억제하고, 심장을 강화해서 혈압을 낮추고 췌장에 인슐린 작용을 활성화시킨다. 최근에는 피부미용에도 좋다는 사실이 알려지면서 화장품 제조에도 활용되고 있다. 중국의 의약서인 《본초강목》은 녹두를 "백독(百毒)의 명약"이라고 적고 있다.

녹두의 원산지는 인도다. 녹두 종자는 원나라와 교류가 많았던 고려 때 중국을 통해 한반도에 들어왔다. 《거가필요》에 '더우야차이(豆芽菜)' 요리법이 소개된 게 전래 시기를 판단하는 근거이다. 지금의 숙주나물 요리법과 큰 차이가 없다. 녹두를 깨끗이 씻어서 물에 불린 뒤에 항아리에 넣고 물을 끼얹고 싹이 어느 정도 자라면 껍질을 씻어내고 뜨거운 물에 데쳐 생강, 식초, 소금, 기름 등을 넣고 무친다.

한국에서 녹두는 상대적으로 귀한 곡식이었다. 옛날에는 명절이나 제사 때에나 맛볼 수 있었다. 그래서 요리 종류도 많지 않다. 숙주나물, 녹두빈대떡, 청포묵, 숙주냉채, 녹두죽, 녹두 떡고물, 만두소, 녹두차 등이 고작이다. 물론 녹두나 숙주나물을 다른 재료와 함께 요리한 음식은 꽤 많다.

반면에 중국에서는 국수, 만두, 고기 요리에 볶은 숙주나물을 빠뜨리지 않고 넣을 정도로 좋아한다. 특히 고기요리와 국수에 잘 어울린다고 여긴다. 중국에서 숙주나물의 위상은 한국과 차원이 다름을 단적으로 보여주는 예가 있다. 요리사 채용 시험이나 요리대회에서 숙주나물 볶기는 테스트 과목에서 빠지지 않는다고 한다. 숙주나물이 그만큼 흔하다는 얘기다. 물론 고도의 기술이 요구되는 음식 재료라는 점도 고려됐음직하다. 중국에는 경력 25년 이상에 국내외 요리대회에서 1회 이상 우승한 요리사가 8백 명 정도 된다. 이들에게 '요리대사'라는 칭호가 붙여진다. 이들 중 보다 탁월한 요리사를 뽑아 명주(名廚: 명장요리사)라는 칭호를 붙인다. 명주들도 가장 다루기 힘든 음식 재료로 숙주나물을 꼽는다고 한다.

일본에서는 콩나물과 숙주나물을 구분 없이 '모야시'라고 부른다. 서양에서도 마찬가지다. 콩나물을 '싹튼 콩'이라는 의미로 'bean sprout'라고 번역한다. 하지만 일상에서 통용되는 의미는 콩나물이 아니라 숙주나물이다. 미국 입장에서는 콩나물보다 숙주나물이 훨씬 일반적 음식이었기 때문에 생긴 일이다. 생 숙주나물을 샐러드로 만들거나 미소시루에 고명으로 띄우는 등 숙주나물의 용도는 다양하다. 최근 일본에서 선풍적인 인기를 끌고 있는 요리가 있는데, 그것이 바로 숙주나물 돼지고기 볶음과 베이컨 숙주나물 볶음이다.

어떻든 식용 역사도 오래됐고 교역도 활발했을뿐더러 진귀한 음식도 아닌 콩나물과 숙주나물을 둘러싸고 한일 양국의 식문화가 이렇게 차이가 나는 이유는 무엇일까. 무엇보다 식감을 즐기는 일본인의 취향과 관련이 있어 보인다. 위키피디아 일본어판도 "숙주나물이 새싹 채소를 대표하며 그 미감과 식감이 좋아 급격히 보급됐다"고 밝히고 있다.

🌾 역사적 인물과 함께 다시 태어난 음식들

녹두는 해독 능력이 얼마나 뛰어난지 '역사 속의 독소'까지 해독하는 도구로도 사용되었다. 숙주나물은 워낙 쉽게 상하는 음식이다. 이 때문에 '변절자'라는 의미로 환치되어 사용되기도 한다. 숙주나물의 본래 이름은 '녹두나물'이다. 조선 초기에 한양 이외의 지역에서는 녹두나물이라고 불렀다. 물이 위에서 아래로 흐르듯 문화도 한양에서 지방으로 침투해갔고, 상당한 시간이 흐른 뒤 숙주나물이라는 이름으로 통일되었다. 초기에 유독 한양 지역에서 숙주나물이라는 이름으로 불리게 된 데에는 사연이 있다. 그 일화가 《조선무쌍신식요리제법》에 소개되어 있다.

세조 때 신숙주가 상왕으로 물러난 단종의 복위를 꾀한 집현전 학자들을 밀고하자 백성들이 신숙주의 배신 행위를 증오하면서 녹두나물을 숙주나물이라고 불렀다는 것이다. 숙주나물이 쉽게 변질하는 것을 빗댄 힐난이었다.

세조 옹위를 지지했던 신숙주는 위화도회군으로 고려에 '반역'하고 조선을 건국한 이성계보다는 그래도 나은 대접을 받았는지 모르겠다. 고려 왕조 5백 년의 성도였던 개성의 백성들은 돼지고기를 곁들인 김치보쌈을 '성계육(成桂肉)'이라고 이름을 붙였다. 왕도를 빼앗긴 개성 백성들이 원수처럼 미워한 이성계를 고기 씹듯 질겅질겅 씹어 먹고 싶다는 의미를 담아 표현한 것이다. 심리학에서 말하는 일종의 '전위적 공격행동(Displaced Aggression)'이 나타난 것이다. 전위적 공격행동이란 이를테면 회사 상사에게 꾸지람을 들었을 때 다른 부하 직원에게 화풀이하는 것과 같은 행동을 말한다.

시대의 고비마다, 역사의 굴절마다 백성들은 자신들의 애환을 노래에 담아 해소하곤 했다. 동학혁명 당시 '민중가요'인 〈녹두장군〉도 그중 하나다. '녹두장군'은 동학혁명의 지도자인 전봉준을 말한다. 키가 작아서 붙여진 별명이다. "새야 새야 파랑새야 녹두밭에 앉지 마라. 녹두꽃이 떨어지면 청포장수 울고 간다"에서 녹두꽃은 전봉준을, 청포장수는 민중을 뜻함을 누구나 짐작할 것이다. 한국에서 '녹두'는 역사 배반의 응징 수단이기도 하면서, 봉건체제 개혁을 위한 새로운 역사를 만들려는 희망이기도 했던 것이다.

중국에도 '숙주나물'이나 '성계육'과 비슷한 발상에서 유래한 음식이 있다. 밀가루 반죽을 핫도그 모양으로 길게 만들어 기름에 튀긴 여우탸오(油條)가 그것이다. 중국에서 실존 인물을 모시는 사당은 관제묘(관우)와 악왕묘(악비) 두 곳뿐이다. 두 사람은 중국에서 가장 많은 사당을 가진 장군이다. 그중 한족의 영웅으로 칭송받는 악비에 관한 이야기 속에 여우탸오가 만들어진 사연이 담겨 있다. 남송의 장군이던 악비는 만주족이 세운 금나라와의 전쟁에서 연전연승했다. 위난지국의 남송을 구출한 것이다. 그러나 악비는 그 공로를 인정받기는 고사하고 금나라와의 굴욕적 타협을 주장하던 재상 진회에게 살해당했다. 결국 남송은 나라가 기울고 금나라에 굴복하고 말았다. 진회에 대한 원한이 사무친 백성들이 여우탸오를 먹는 것을 진회를 씹어 먹는 것과 동일시했다.

'원한과 복수의 음식'만 있는 것은 아니다. '보은의 음식'도 있다. 숙주나물을 재료로 쓰는 중국의 교자가 그것이다. 청조의 태조 누르하치가 젊은 시절 동북 지방을 정처 없이 떠돌 때의 일이다. 굶주림에 지친 누르하치는 동냥이라도 해서 허기를 채울 생각이었다. 때마침 반인반수의 도깨비(麻虎子)가 출몰, 어느 집도 그에게 문을 열어주지 않았다. 누르하치는 꾀를 냈다. 그는 "마호자를 잡기 위해서 온 사람"라고 자칭했다. 마을 사람들이 그를 맞이하고 먹을거리를 주었다. 얼마 지나지 않아 실제로 마호자가 이 마을을 습격했다. 그런데 누르하치를 본 마호자는 "당신 같은 용기 있는 사람에게 대적할 수 없다"며 고개를 숙였다. 마을 사람들은 마호자를 죽여 그 고기를 만두소로 썼다. 그것이 바로 교자다. 그날이 섣달 그믐날이었다. 중국인들은 매년 이날 밤에 교자를 먹으며 누르하치의 덕을 기린다고 한다.

꽁바오지딩(宮保鷄丁)도 같은 범주에 포함시켜도 무리가 없을 듯하다. '꽁바오'는 원래 '왕자의 스승'이라는 뜻이다. 꽁바오지딩을 번역하면 '왕자의 스승 닭볶음'쯤 될 것 같다. 중국 쓰촨 사람인 정보정은 산둥에 근무할 때 권력을 전횡하던 서태후의 오른팔 안덕해 태감을 처단한 공로로 '꽁바오'라는 칭호를 받았다. 그가 고향인 쓰촨 총독으로 부임하자 고향 사람들이 이 음식을 대접했다. 그가 죽은 뒤 높은 뜻을 받들어 이 음식을 꽁바오지딩이라고 불렀다.

중국의 4대 미인인 서시, 양귀비, 초선, 왕소군은 아직도 살아 있다. 음식으로 살아가고 있다는 얘기다. '서시설'이라는 음식은 하얀 조갯살이 서시의 혀처럼 예쁘다고 붙여진 조개 요리이다. 춘추전국시대에 월왕 구천은 서시를 이용한 미인계로 오나라를 멸망시켰다. 서시가 희생된 바닷가에서 사람의 혀를 닮은 조개가 잡히기 시작한 것이 서시설(西施舌)의 유래다. 상하이에는 양귀비를 기리는 음식이 있다. 포도주로 간을 한 암탉 요리인 '귀빈계'가 그것이다. 마치 양귀비가 사람을 홀리는 것과 같이 취하게 한다고 해서 이 같은 이름을 얻게 됐다고 한다. 왕윤을 도와 동탁을 제거했던 초선은 '초선두부'란 브랜드 권한을 갖고 있다. 초선두부는 우리 식으로 말하면, 모두부와 미꾸라지를 함께 끓여 만든 추두부탕이다. 미끌미끌한 미꾸라지는 간교한 동탁이고, 하얗고 부드러운 두부는 초선을 의미한다. 왕윤이 초선을 이용하여 동탁을 제거한 것처럼 이 음식도 두부를 이용하여 미꾸라지를 요리했다는 의미를 담고 있다. 한나라 원제의 후궁이었다가 정략상 흉노족에게 시집을 가야 했던 왕소군은 '소군오리' 요리를 남겼다. 당면으로 오리탕을 끓인 음식이다.

5장

국물 있는 나라,
국물 없는 나라

5장
국물 있는 나라,
국물 없는 나라

한·중·일 3국은 모두 고유한 국물 문화를 갖고 있다. 하지만 각 나라의 국물 음식의 성격과 의미 그리고 기능은 3국 3색이다. 한국인은 국을 밥과 짝을 맞춰 먹는다. 즉, 밥과 국은 동일체이며, 국은 밥의 '동반자'이다. 밥을 국에 말아서 먹기도 한다. 국 이외에도 찌개라는 국물 요리가 있다. 일본에도 한국보다는 제한적이지만 국 문화가 있다. 맑은 장국인 스이모노와 일본된장을 푼 미소시루가 일본의 국 문화를 대표한다. 일본인들은 보통 스이모노나 미소시루를 밥을 먹기 전에 먹는 게 일반적이다.

중국에는 한국이나 일본에서 말하는 개념의 국은 없다. 서양식으로 말하면 수프라고 할 수 있다. 중국 요리에서 수프는 코스 요리 마지막에 나오는 식후 요리이다. 대표적인 수프로 쏸라탕(酸辣湯), 샤러탕(蟹肉湯) 등이 있다. 서양식 코스 요리에서 수프가 맨 먼저 나오는 것과 정반대다. 서양식과 일본식 수프는 입맛을 돋우는 데 목적이 있지만, 주로 기름에 튀기고 볶는 음식이 많은 중국에서는 입가심의 기능을 하는 것이다. 이 때문에 중국식 수프는 식사 후의 느끼함을 없애는 데 초점을 맞춰 요리한다.

1

국은
싸구려 음식이 아니다

🎐 국은 정을 나눠 먹는 음식

한국 음식에서 국은 '반찬의 으뜸'으로 친다. 이용기가 쓴 《조선무쌍신식
요리제법》을 보면 "국이 없으면 얼굴에 눈이 없는 것 같다"고 비유하면서
"온갖 잔치든 평상시의 식사든 국이 없으면 못 쓰나니, 또 이것 아니면 밥
을 말아 먹을 수 없으니 어찌 소중치 아니하리오"라고 적고 있다. 이같이
중요했던 국에 관한 최초의 기록은 신라시대로 거슬러 올라간다. 원효대
사, 정도전, 정약용과 함께 한국 역사상 4대 천재로 불리는 최치원은 "헛
되게 밥만 먹으니 국에 맛을 조화하기를 바라기는 어려울 것"이라고 국
없이 밥 먹는 고충을 토로했다. 국 없이 밥을 먹으면 '밥을 먹은 것 같지
않다'는 넋두리조차 천 년의 역사를 이어오고 있는 것이다.

국을 맑게 끓일지 진하게 끓일지는 재료에 따라 결정된다. 국의 이름
은 재료의 이름 뒤에 '국'자를 붙이는 게 보통이다. 하지만 국의 진정한 맛

을 결정하는 것은 재료가 아니라 간을 하는 양념에 있다. 국물 요리의 진미는 뭐니 뭐니 해도 국물에서 나오기 때문이다. 이 국물의 맛을 결정하는 것이 장이다. 국 요리는 장국, 냉국, 토장국, 곰국 등으로 크게 구분하는데, 이런 분류 역시 간을 하는 양념의 종류에 따른 것이다. 쇠고기 뭇국·미역국 같은 맑은 장국은 간장, 오이냉국 같은 냉국은 식초와 간장, 배추된장국·아욱국 같은 진한 토장국은 된장으로 간을 맞추는 게 보통이다. 고깃국과 곰국은 소금으로 맛을 낸다.

한국에서 국이 발달된 것은 안타깝게도 가난한 생활 때문이라는 게 정설이다. 식구는 많은 반면 먹을거리가 부족한 궁핍한 상황에서 많은 사람이 넉넉히 먹기 위해 국물 요리를 만들었다는 것이다. 국 재료가 풍부하고 여러 가지로 응용이 가능한 만큼 다양한 국물 요리를 만들 수 있었다. 종류도 헤아릴 수 없이 많다. 한 신문기자의 푸드 블로그에 소개된 충청도 향토 음식을 예로 들면 굴국, 굴냉국, 꽃게알된장국, 낙짓국, 넙치아욱국, 뱅우국(실치시금칫국), 비짓국, 선짓국, 세모국, 싱어아욱국, 쑥국, 열무쇠고깃국, 우렁잇국, 청포묵국, 해삼국, 황복국 등 이 지방의 국 종류는 30가지가 넘는다. 한국의 음식문화를 '국물 문화'라고 규정하는 이유를 납득하고도 남는다.

국물 요리의 본질은 끓이는 것이다. 끓인 음식은 각종 재료가 어우러져 중화된 맛을 낸다. 중화된 맛은 포용력을 낳고, 포용력은 함께 나눠 먹는 너그러움을 낳는다. 우리 민족은 먹던 국도 다른 사람에게 예사로이 덜어준다. '함께 나눠 먹는 식사'를 미덕으로 여기기 때문이다. 국이나 탕 그릇에 입을 댄 숟가락을 담그는 것을 불쾌하게 생각한다면 도저히 용납될 수 없는 행동이다. 국물 문화를 "철철 넘치는 한국인의 정"이라고 정의한 이어령의 말을 되새길 수밖에 없다. 부족한 먹을거리를 해결하기 위해 만든 국과 탕을 통해 넉넉한 인정을 베푼 조상들의 마음씀씀이가 새삼 따뜻하게 다가온다.

한국에서 국물을 부정하는 것은 정을 부정하는 것인지도 모른다. '국물도 없다'는 관용어가 그 의미를 분명하게 드러낸다. 여기서 '국물'이란 약간의 이익 혹은 인정을 뜻한다. '국물도 없다'는 '그 이익을 나눠주지 않겠다'는 뜻이다. 이것이 다시 '함께 일을 도모할 수 없다'거나 '용서하지 않겠다', '배려할 수 없다', '인정사정 봐주지 않겠다'는 뜻으로 확장되어 사용된다.

또 다른 측면에서 국물은 곧 한국인만이 느끼는 카타르시스이기도 하다. 한국인은 보통 밥을 뜨기 전에 뜨거운 국물을 먼저 한 숟가락 떠서 호호 분 뒤에 후루룩 마신다. 뜨거운 국물이 배 속으로 들어가면서 느끼는 유쾌한 통증에 희열을 느끼는 게 한국인이다. 한국인은 왜 뜨거운 국물에서 카타르시스를 느끼는 것일까? 한국인은 입천장이 델 정도로 뜨거운 국물을 먹고 땀을 뻘뻘 흘리면서 '아, 시원하다'고 말한다. 이 한마디의 탄성은 순전히 감각적 표현에 지나지 않을지도 모른다. 뜨거운 국물이 목구멍에서 식도를 지나 배 속까지 전달될 때 마치 스트레스가 풀리는 것처럼 느끼는 것 말이다. 어떻든 신진대사 과정을 따져보면 뜨거운 국물을 먹으면서 시원함을 느끼는 것은 전혀 생뚱맞은 얘기는 아니다. 뜨거운 국물을 먹으면 몸이 데워져 땀을 흘리게 된다. 땀이 나는 것은 곧 몸속의 열을 발산하는 것이다. 몸의 열이 빠져나갔으니 시원하게 느끼는 것은 당연한 결과다.

이런 정서를 갖고 있는 한국인의 밥상에 식은 국물 음식이 오르는 것은 용서받을 수 없는 일일지도 모른다. 60대 정도의 한국 주부들은 어지간히 바쁜 상황이 아니라면 식은 국을 상에 올리는 법이 없다. 뿐만 아니라 행여 국이 식을세라 뚝배기 같은 보온 그릇을 사용한다.

우리 조상들이 뜨거운 음식을 얼마나 즐겼는지를 보여주는 일화가 있다. 조선 초기의 문신 중에 한갱랑(寒羹朗)이라는 사람이 있다. 한갱랑은 단짝 친구인 한명회를 수양대군에게 소개하여 계유정난을 성공시키는 데 일조한 권남의 호다. 권남은 과거시험 9과(초시·중시·전시를 각각 세 차례 치름)에 전부 장원급제할 만큼 조선왕조 5백 년을 통틀어 최고의 수재 중한 사람으로 꼽힌다. 조선시대에 과거시험 9과 합격 기록을 세운 사람은 권남과 이율곡 단 두 사람뿐이다. 권남은 수양대군과 자주 만나 시국 정세에 관한 토론을 벌이곤 했다. 날이 새도 토론이 끝나지 않는 경우가 다반사였다. 바깥주인인 수양대군이 사랑채에서 국사를 논하고 있는데 부인 윤씨와 식솔들도 잠을 청할 수 없었을 것이다. 권남에 대한 미운 마음이 생겼을 법하다. 그래서 붙여준 별명이 '한갱랑'이다. '식은 국을 먹는 나리'라는 조롱이었다. 하지만 권남은 조롱을 조롱으로 여기지 않고 자신의 호로 정해버렸다.

서양의 국물 요리로 브로스(broth)라는 게 있다. 일본에는 우리의 된장국과 비슷한 미소시루가 있다. 하지만 이것들은 뜨거운 상태에서 먹지 않는다. 차갑거나 미지근한 상태에서 먹는다. 뜨거운 맛에 익숙지 않은 외국인들은 한국 음식의 매운맛보다도 뜨거운 맛에 적응하기가 더 어렵다고 한다. 일본인들은 뜨거운 음식을 못 먹는 사람을 '네코시타(고양이 혓바닥)'라고 놀린다. 하지만 일본 사람들 중에 뜨거운 음식을 한국 사람들만큼 잘 먹는 사람은 그리 흔하지 않다.

밥을 국에 말아 먹는 문화도 세계적으로 유례가 흔치 않다. 국은 비빔밥 문화와도 맥이 닿아 있다. 국이든 비빔밥이든 여러 재료를 섞어서 만들어내는 혼합의 맛을 즐기는 게 한국인이다. 원래 재료의 맛 자체를 느끼려는 일본인과는 상당한 차이가 있다. 일본인은 음식 원래의 미감을 최고의 맛으로 여긴다. 요리할 때도 식품 고유의 맛을 최대한으로 살리는 것이 관례이다. 탕 요리인 샤브샤브 요리를 먹을 때 한국인은 고기와 야채를 한꺼번에 넣고서 익혀 먹는다. 요리를 다 먹은 뒤에는 국물에 밥을 볶거나 죽을 끓여 먹는다. 거기에도 각종 양념과 김치, 야채, 김 가루 등 여러 가지 재료를 '섞는다'. 반면에 일본인은 고기는 물론이고 야채도 정해진 순서대로 한 가지씩 데쳐 먹는다. 자연의 원초적인 맛을 최고로 치기 때문이다. 비싼 회를 먹을 때 일본인은 더욱 까다로워진다. 한국인은 고추냉이를 푼 양념간장뿐 아니라 고추장이나 된장에도 찍어 먹는다. 고추, 마늘, 양파 등 자극적인 재료와 함께 쌈을 싸서 먹기도 한다. 하지만 일본인은 회만을 와사비에 찍어 먹을 뿐이다. 방금 먹은 회와 다른 종류의 회를 먹을 경우 물로 입을 헹구거나 저민 생강을 한두 점 집어 먹는다. 일종의 입가심이다.

🍶 일본에서 밥을 국에 말아 먹으면 거지 된다

엄밀한 의미에서 한국의 국과 비교할 수 있는 음식은 세계 어느 나라에도 없다고 해도 지나친 말이 아니다. 한국처럼 다채로운 것은 아니지만 일본에도 엄연히 국 문화가 있다. 한국의 된장국과 가장 유사한 맑은 장국인 스이모노와 일본된장을 푼 미소시루가 있다. 하지만 이조차도 스시나

돈부리모노(덮밥) 같은 특정한 음식에 곁들여 나오는 것에 불과하다. 한국의 국은 그 자체가 메인메뉴이면서 밥을 보조하는 이중적 기능을 갖고 있다. 그에 비해 스이모노나 미소시루는 주메뉴의 입맛을 돋우기 위한 보조 기능에 충실한 역할을 할 뿐이다. 국에 들어간 내용물을 보면 보다 분명히 알 수 있다. 건더기라고 해야 눈곱만하게 썬 미역 몇 조각이 고작이다. 대신 향을 중시한다. 다시마, 멸치, 곤부, 조개류 등 제철 음식 재료로 우려낸 국물은 계절감을 느낄 수 있을 정도의 향취가 배어 있다고 한다. 일본의 국은 내용물보다는 국물에 중점을 둔다고 할 수 있다.

격식을 갖춘 일본의 '한 상 음식'에는 국물이 빠지지 않고 제공된다. 잔칫날 같은 때 한 사람에게 여러 번 상을 올려야 할 경우에도 상차림마다 별도로 국물이 제공된다. 이 때문에 스이모노와 미소시루는 생선회, 야키모노와 함께 일본 요리의 식단표에서 빼놓을 수 없는 중요한 음식으로 취급된다. 스이모노와 미소시루를 합쳐서 '시루모노'라고도 한다. 이같이 중시하는 때문인지는 모르겠지만 일본 남성이 여성에게 청혼할 때 "아침에 미소시루를 끓여주시겠습니까?"라고 말한다. 한국인이 "아침식사를 함께 하자"고 말하는 것과 비슷한 의미이다.

일본인 앞에서 밥을 국에 말아 먹는다면 '먹고살기가 어려울 정도로 딱한 사람'으로 취급받게 될지도 모른다. 일본에서는 "밥을 국에 말아 먹으면 가난뱅이가 된다"는 속설이 있기 때문이다. 하지만 일본에도 국물에 밥을 말아 먹는 요리가 있다. 가난한 사람들을 위한 음식이 아니다. 본래 도쿄 지방의 귀족들만 먹던 '오차쓰케'라는 요리로, 도미를 우려낸 일종의 해장 음식이다. 오차쓰케는 우리처럼 별도의 그릇에 담아내는 것이 아니라 꼭 밥그릇에 부어서 먹는다. 일본은 예로부터 붉은 빛깔을 띤 도미를 좋아했다. "썩어도 도미"라는 일본 속담이 있는데, 우리 식으로 말하면 "썩어도 준치", "부자는 망해도 3년 먹을 것은 있다" 정도로 해석될 수 있다. 뿐만 아니라 일본인은 도미를 '행운을 부르는 생선'으로 여긴다. 복을 전해준다는 7복신 중의 하나인 에비스(惠比須: 어부의 신)도 도미를 낚아 올렸다는 데 연유한 주술이다.

그런데 이름이 좀 이상하지 않은가. 도미로 우려낸 육수라면 당연히 도미를 뜻하는 '다이'라는 단어를 써서 '다이쓰케'라고 해야 하는 것이 아닌가. 그런데 왜 오차쓰케라고 하는 것일까. 밥을 따뜻한 차나 물에 만 음식도 오차쓰케 혹은 오유쓰케라고 한다. 도미로 국물을 우려낸 도쿄의 전통 귀족 음식인 오차쓰케가 대중에게 알려지면서 도미 육수 대신 값싼 차나 따뜻한 물로 대체한 음식에도 같은 이름을 붙인 것이다. 밥을 따뜻한 차에 만 것은 오차쓰케, 따뜻한 물에 만 것은 오유쓰케라고 한다. 지금은 이조차도 굳이 구분하지 않고 국물에 말아 먹는 것을 통칭해서 오차쓰케라고 부른다. 무엇이든 구분하기 좋아하는 일본인이지만 익숙지 않은 국물 음식을 굳이 세분화하려 하지 않은 것으로 추측된다. 최근 들어 음식에 따라 나오는 스이모노와 미소시루 등 국물 음식을 구분하지 않고 그저 '수프'라고 부르는 것과 같은 이치이다. 같은 국밥이라도 먹는 장소, 재료, 용도 등을 세분해서 따로국밥, 장터국밥, 술국밥, 돼지국밥, 콩나물국밥 등으로 구분하는 한국과는 확실히 다른 점이다.

일본 국물 요리의 역사는 헤이안시대로 거슬러 올라간다. 이 시대의 작품인 《연희식》에 '국물(汁)'이라는 표현이 처음 나타난다. 같은 시대의 작품인 《공가일기》에는 '숙즙(塾汁)', '온즙(溫汁)', '냉즙(冷汁)'이라는 표현이 등장한다.

국물 음식의
대표선수

 미네랄을 섭취할 수 있는 영양 창고 설렁탕

중국이나 일본의 국물 음식(스이모노와 미소시루 제외)은 한국의 국보다는 찌개(탕)에 가깝다. 한국에서는 국에 미치지는 못하지만 찌개의 위상도 상당히 높다. 찌개는 주재료로 사용된 음식에 따라 각양각색으로 요리의 변형이 가능하다. 특히 과거보다 다양한 음식 재료를 구하기 쉬워진 만큼 종류도 늘어나는 등 찌개 문화의 발달은 가속화되고 있다. 한국의 일반 식당은 메뉴의 대부분을 국물 음식이 차지하고 있다고 해도 지나친 말이 아닐 정도이다. 김치찌개, 된장찌개, 순두부찌개, 동태찌개, 해물탕, 감자탕, 내장탕, 추어탕, 꼬리곰탕, 갈비탕, 부대찌개 등등 종류가 헤아릴 수도 없이 많다. 조선 후기의 실학자 서유구가 쓴 《임원경제지》에는 무려 58가지의 탕이 소개되어 있다.

그중에서 설렁탕은 한국 탕 요리의 대표선수라고 할 수 있다. 설렁탕은 왕이 백성의 안녕을 빌어주는 상징과도 같은 음복 음식이었다. 조선의 왕들은 봄철에 선농단에 나가 풍년을 기원하는 제사를 지냈다. 선농제는 인간에게 농사짓는 법을 가르쳤다는 고대 중국의 신농씨와 후직씨를 모시는 제사이다. 설렁탕과 관련된 최고(最古)의 기록은 조선 세종 때로 거슬러 올라간다. "세종이 한 해의 풍요를 기원하기 위해 선농단에서 제사를 지내고 있었다. 마침 비가 장대처럼 퍼부어 먹을 것이 마땅치 않았다. 세종은 억수 같은 빗속에서도 논에 있던 소를 잡으라고 명했다"는 기록이 전해진다.

백성들에겐 이 제사가 좋은 구경거리였다. 먼발치에서라도 임금님의 옥체를 알현하기 위해 백성들이 구름 떼처럼 몰려들었다고 한다. 물론 먹을거리가 부족했던 당시 상황에서 제사 음식을 나눠 먹는 '뒤풀이'에 대한 기대도 없지 않았을 것이다. 곡식은 쌀과 기장, 고기는 소와 돼지를 통째로 제단에 올렸다. 제단에 바친 소를 신성시하는 건 당연한 이치다. 제사상에 오른 소를 한 부위도 버리지 않고 국을 끓여 사농공상의 귀천 구분 없이 백성들에게 나눠주었다.

이 제사에 바친 쌀도 왕이 직접 경작한 것이다. 창경궁에 가면 '춘당지'라는 연못이 있다. 이곳은 원래 영조와 정조가 친히 농사를 짓던 '권농장(勸農場)'이다. 일본이 권농장의 땅을 파고 그곳에 춘당지를 만든 것이다. 일본이 궁궐(창경궁)을 놀이터(창경원)로 격하시키고 그곳에 동물원과 식물원을 만들었지만 왕과 백성을 잇는 통로였던 설렁탕과 그 맛까지는 없애지 못했다.

1929년 12월 1일 《별건곤》이란 대중잡지에 '우이생(牛耳生)'이라는 필명을 가진 이가 〈괄시 못할 경성 설렁탕〉이란 글에서 설렁탕의 진미를 재연하고 있다. "파 양념과 고춧가루를 많이 쳐서 소금으로 간을 맞추어 가지고 훌훌 국물을 마셔가며 먹는 맛이란 도무지 무엇이라고 형언할 수가 없으며 무엇에다 비할 수가 없다. 그야말로 고량진미를 가득히 늘어놓고도 입맛이 없어 젓가락으로 끼지럭끼지럭하는 친구도 설렁탕만은 그렇게 괄시하지 못한다"는 대목이 있다.

손정규가 쓴 《조선요리》에는 설렁탕의 영양가에 주목하여 "설렁탕은 소의 고기와 내장, 뼈 등을 하루쯤 곤다. 경성 지방의 일품요리로서 값이 싸고 자양이 있는 것이다"라고 밝히고 있다. 최근에 와서야 알려진 것이지만, 설렁탕을 먹으면 면역 기능을 높여 암을 예방하는 데 도움이 된다고 한다. 또 피부를 윤택하게 하는 콜라겐도 듬뿍 들어 있다고 한다. 뿐만 아니라 골다공증 환자에게 좋은 비타민 A가 다량 포함되어 있어 겨울철 스태미너 음식으로 제격이다. 2009년 《로스앤젤레스 타임스》는 설렁탕을 "미국 내 많은 아시아 식당에서 즐겨 먹는 아침 메뉴"라고 소개한 뒤 "아침에 미네랄을 섭취할 수 있는 가장 강력한 방법"이라고 보도했다. 한마디로 영양 창고라는 얘기다.

🎋 일본 음식의 파격, 창코나베

한 사람이 하나의 상에서 식사를 하는 게 상례인 일본에서도 여럿이 함께 먹는 요리가 있다. 나베모노 즉 전골 요리이다. 일본의 난방 기구 중에 '이로리(圍爐裏: 방바닥의 일부를 네모나게 잘라낸 곳에 재를 깔아 취사용이나 난방용으로 불을 피우는 장치)'라는 화덕이 있다. 이로리는 난방용 도구이자 취사용 도구다. 온 가족이 이로리에 나베모노를 끓여 나눠 먹는 게 일본인의 소망이라고 한다. 온 가족이 이로리에 둘러앉아 나베모노를 먹는 모습은 풍요롭고 로맨틱한 일본인의 삶을 상징한다. "나베에서 음식이 펄펄 끓는다"는 일본인의 풍족한 삶을 묘사한 관용적 표현이다. 일본인이 자주 사용하는 또 다른 표현에서도 나베모노에 대한 일본인의 애정을 느낄 수 있다. "아이가 울어도 나베모노의 뚜껑을 열지 마라"는 표현에서는 이 음식에 대한 애착을, "남자 체면보다 나베 끓이기"라는 표현에서는 이 음식의 품격을 엿볼 수 있다.

음식에 대한 애정이 깊은 만큼 나베모노의 종류도 많다. 나베모노는 다시마와 야채 등을 우려 끓인 지리나베, 미즈타키(닭백숙), 도리나베(닭도리탕)가 기본이다. 그 외에 끓는 육수에 얇게 저민 쇠고기와 채소를 넣어 살짝 데쳐 먹는 샤브샤브, 쇠고기 전골 스키야키, 어묵을 넣고 끓이는 오뎅탕 등이 대표적이지만 각 지방의 특산물을 이용한 특화된 나베모노도 수없이 많다.

후쿠오카 지방의 향토 음식으로, 우리나라의 곱창전골에서 유래된 모쓰나베도 그중 하나다. 잘 손질된 소 내장을 부추와 마늘을 넣고 담백하게 끓여내는 모쓰나베는 값싸고 실속 있는 술안주로 서민들에게 인기가 높다. 말고기 탕 요리인 사쿠라나베도 있다. 일본인들이 말고기를 좋아하기도 하지만 말고기 색깔이 벚꽃같이 아름답다고 해서 이 같은 이름을 붙였다고 한다. 말고기 회(바사시)는 '사쿠라니쿠'라고도 한다. 고기도 생선도 아닌 주먹밥을 재료로 사용한 나베 요리도 있다. 곡창지대인 아키타 지방의 향토 음식 키리탕포나베가 그것이다. 찹쌀 주먹밥을 끓인 키리탕포나베는 아키타 지방에서 나는 닭의 껍질로 육수를 내야 제맛이 난다고 한다. 관서 지방에는 자라고기(마루나베)와 고래고기(하리하리나베)를 주재료로 한 나베 요리가 유명하다. 특히 하리하리나베는 야채와 고래고 기만을 넣을 뿐 아무런 양념이나 간도 하지 않는 게 특징이다. 일본식 아 귀탕 도부지리는 이바라키 지방의 향토 요리로, 아귀를 공중에 매달아놓 고 손질을 한다고 해서 유명해졌다고 한다.

이 밖에도 이시가리나베(연어, 홋카이도), 자파지루(생선의 머리·뼈·내장, 아 오모리), 이모리나베(토란, 야마가타), 야나가와(미꾸라지, 도쿄), 네기마(참치, 도 쿄), 보탕나베(멧돼지, 시즈오카), 후쿠지리(복어, 야마구치), 베쇼나베(닭고기와 돼 지고기를 일본 술과 후추만으로 양념, 히로시마), 구조니(떡국, 나가사키) 등이 각 지 방의 향토 음식으로 유명하다.

이렇게 많은 나베모노 중에서 단연 첫 손가락에 꼽을 수 있는 음식은 창코나베다. 창코나베는 원래 스모 선수들이 체중을 늘리기 위해 스스로 만들어 먹었던 특식 요리로, 은퇴한 스모 선수들이 일반인을 대상으로 이 음식을 팔면서 점차 대중 음식으로 자리를 잡았다. 일본 음식의 파격 이라고 할 만한 창코나베는 두 가지 면에서 매우 생소한 음식이다. 고기 와 생선을 함께 재료로 사용한다는 점과 밥을 말아 먹는 전골이라는 점이 다. 고기와 생선을 함께 재료로 사용한 음식은 세계적으로도 많은 편이 아니다. 음식 재료 하나하나의 맛을 음미하기를 좋아하는 일본에서 담백 한 생선과 기름기 많고 느끼한 고기의 조합이 이루어졌다는 것은 흥미롭 다. 가장 일본답지 않은 음식이기 때문이다. 그것도 일본의 전통을 중시 하는 스모 선수들이 만들어냈다는 게 더욱 흥미롭다.

🌀 음식으로 천하를 구제한 훠궈

중국에도 가족이 함께 한자리에서 요리하면서 먹는 즉석요리가 있다. 중국 탕 요리의 진수라고 일컬어지는 훠궈(火鍋)다. '뜨거운 냄비'라는 의미인 훠궈는 본래 산둥 지방의 겨울철 별미 음식으로, 쇠고기와 양고기, 해산물, 야채 등 각종 재료를 육수에 데쳐 먹는 중국식 샤브샤브다. 일본이나 한국의 샤브샤브와 달리 맵게 요리하는 것이 특징이다. 쓰촨식 훠궈는 주로 고급 해물을, 베이징식 훠궈는 고기를 주재료로 사용한다. 솬양러우(涮羊肉)도 훠궈의 일종이다. 중국 동북 지역과 몽골의 소수민족이 만들어 먹은 것으로 알려져 있는데, 지금은 중국 전역에서 겨울철 보양 음식으로 널리 먹고 있다.

중국인들은 훠궈를 '중국 문화상품'으로 자랑한다. '상징'에 민감한 중국인들은 훠궈에 공찬과 합찬이라는 상징성을 부여한다. 중국 음식 중에서 조리 과정과 먹는 과정이 하나로 결합된 음식이라는 점에 착안한 상징 조작이다. 훠궈가 '한솥밥'이라는 의미를 가장 잘 형상화한 음식이기 때문이라는 게 중국 문화학자들의 견해이다. 훠궈는 식탁 위에 솥을 올려놓고 각자의 수저로 떠먹는다. 불과 솥이 식탁에 오르는 것이나 음식을 먹던 숟가락을 솥에 담그는 경우는 훠궈를 먹을 때를 제외하고는 찾아볼 수 없다. 가장 예외적인 식사 형식을 가장 중국적인 문화로 만들어내고 있는 것이다.

훠궈는 한국의 전골 요리처럼 식탁에서 끓여 먹는 즉석요리이다. 현장에서 요리를 하기 위해서는 조리용 불이 필요하다. 중국에서 타오르는 불은 사람 간의 우정을 상징한다. 화덕 위에 얹은 둥근 그릇은 이웃 간의 융화를 의미한다. 중국인은 훠궈를 나눠 먹으면서 가족의 화목과 융합을 연상한다. 이를 친구와 친지로 확장하면 '콴시(關係)'가 된다.

훠궈의 재료는 먹을 수 있는 모든 것이라고 해도 과언이 아니다. 고기, 생선, 야채 가릴 것 없이 먹을 수 있는 것이면 다 재료로 사용할 수 있다. 육수는 보통 10가지가 넘는 약용식물을 우려낸다. 이런 이유에서 훠궈는 중국의 다양한 문화를 통합하고 소통하는 음식으로 인식된다.

중국에는 훠궈 이외에도 많은 탕 요리가 있다. 탕은 보통 닭고기, 양고기, 오리고기, 돼지족발, 전복, 가리비, 생선 등 각종 고기와 생선을 재료로 사용한다. 가장 대중적인 탕 음식으로는 파이구탕(排骨湯)이 있다. 우리의 갈비탕과 유사한데, 쇠갈비 대신 돼지갈비를 튀긴 파이구를 사용하는 게 다르다. 파이구탕은 중국 서민들이 가장 즐기는 대표적인 음식이다.

쇠고기와 당면으로 만든 뉴러우펀쓰탕(牛肉粉絲湯)도 중국인이 즐겨 먹는 탕 요리이다. 홍사오뉴러우탕(紅燒牛肉湯)은 우리의 '매운 갈비탕' 정도 되는 음식이다. 쉐차이러우쓰탕(雪菜肉絲湯)은 돼지고기를 채 썰어 넣은 우거지탕이다. 여기에다 국수를 말아 먹기도 한다.

시훙스차오지단탕(西紅柿炒鷄蛋湯)은 으깬 토마토에 달걀을 풀어 저어가면서 반숙으로 익히면 그만인 간단한 음식이다. 익힌 토마토는 항산화 성분인 리코펜을 가장 효과적으로 흡수할 수 있는 방법으로 알려지면서 인기가 높다. 시훙스차오지단탕이 토마토와 달걀의 조합이라면 지룽위미껑(鷄茸玉米羹)은 계란과 옥수수를 결합시킨 수프다. 졸깃하게 씹히는 옥수수 맛이 부드러운 달걀과 어울려 독특한 맛을 낸다. 유더우푸펀쓰칭차이탕(油豆腐紛絲靑菜湯)은 유부와 양념 야채가 들어간 국물 요리이다. 이밖에도 돼지고기 완자를 넣은 꽁완탕(貢丸湯)과 우리나라 포장마차에서 흔히 볼 수 있는 꼬치오뎅과 유사한 마라탕(麻辣湯)이 있다. 매운 국물로 만드는 마라탕에는 우리처럼 어묵 한 가지만 들어가는 게 아니라 버섯류, 야채류, 고기류, 생선류 등 다양한 재료가 사용된다.

3

고기 음식에도
서열이 있다

식탐가 서태후는 쇠고기를 먹지 않았다

돼지는 중국인에게 매우 친숙한 동물이다. 필자가 중국 헤이룽장성 하얼빈에서 세계적 지질공원인 우다롄지(五大連池)로 이동하다가 재미있는 풍경을 목격했다. 무려 13시간을 자동차를 타고 가야 하는 무료한 여정이었다. 간혹 나타나는 민가를 벗어나면 차창 밖에 보이는 것은 콩밭과 옥수수밭 그리고 방풍림뿐이었다. 이런 무료함을 깬 것은 다름 아닌 하얀 새끼돼지였다. 돌연 자동차가 길 위에 멈춰 섰다. 신호등에 걸린 것은 아니다. 그런 외딴 마을에 신호등이 있을 리도 만무하다. 이유인즉, 돼지 한 마리가 도로를 가로막고 서 있었던 것이다. 자동차가 다가와도 피할 생각을 하지 않은 채 한참 동안이나 도로를 '점거'하고 있었다. 운전기사는 이런 일을 자주 경험했는지 아니면 본래 어진 품성을 갖고 있는지 알수 없었지만, 관광 안내원과 잡담을 하면서 돼지가 비켜나길 기다릴 뿐이었다. 길가의 사람들도 그 광경을 신기하게 쳐다보는 것 같지 않았다. 운전기사는 "주변 농가에서 돼지를 놓아기르기 때문"이라고 말했다. 그렇다면 중국에선 돼지도 '방목'한다는 말인가.

2008년 기준으로 중국에서 사육되는 소는 8천7백20만 마리, 돼지는 4억 6천5백40만 마리다. 전 세계에서 사육되는 돼지의 55퍼센트가 중국에 있다. 중국을 '돼지 공장'이라고 불러도 틀리지 않을 듯싶다. '가정'을 뜻하는 집 '가(家)'자가 지붕(宀) 아래 돼지(豕)가 있는 형상을 하고 있다는 게 이해가 간다.

돼지고기를 좋아하는 나라가 동양에서는 중국이라면, 서양에서는 독일이다. 사실 서양에 돼지고기 육식 문화를 전파한 민족은 게르만족이다. "게르만족은 한 종류의 고기만 먹는다"는 기록이 전해지고 있을 정도로 돼지고기를 즐겨 먹었다. 그리스의 의사인 안티무스는《섭생론》에서 "돼지고기는 프랑크족(게르만족)이 가장 좋아하는 맛있는 음식"이라면서, 게르만족은 심지어 라드(돼지비계)도 날것으로 먹는다는 소문도 전하고 있다. 돼지고기 육식 문화는 게르만족의 민족이동 경로를 따라 유럽 전역으로 전파되었다. 5세기경에 유럽 전역에 돼지고기 문화가 보편화된 것으로 보인다. 이 무렵에는 돼지 사육 숫자를 갖고 토지와 숲의 면적을 추정했다고 한다. 그만큼 돼지고기 육식 문화가 보편화된 것이다.

중국에서 돼지고기가 차지하는 위상은 참으로 대단하다. 제사 음식이나 잔치 음식에 결코 빠지지 않는다. 제사에 쓰이는 음식은 조상의 은덕을 부르는 초복(招福)의 의미를 갖고 있다. 따라서 제물에 흠결이나 상처가 있으면 안 된다. 돼지는 그 자체가 흠결 없는 동물로 여겨졌다.

중국에서 돼지고기를 재료로 만드는 음식은 무려 1천5백 가지가 넘는다고 한다. 그중에서 가장 대중화된 요리는 송나라 문인 소동파가 만든 돼지고기 비계찜, 즉 둥포러우(東坡肉)다. 둥포러우는 소동파가 고향 항저우에서 유배 생활을 하면서 쇠약해진 건강을 회복하기 위해 개발한 음식이다. 돼지고기를 기름에 튀긴 뒤 술과 파, 간장 등으로 양념을 한 다음 센 불에 끓였다가 약한 불로 푹 고아낸 음식이다. 돼지고기 살은 연하고 돼지껍질은 졸깃졸깃 씹히는 맛이 나는 게 특징이다. 이 고기의 색깔이 붉어 훙사오러우(紅燒肉)라고도 하는데, 마오쩌둥이 평생 즐겼다는 유명한 음식이다.

바이윈산의 이름을 딴 바이윈주서우(白云猪手)는 중국식 돼지족발이다. 바이윈 산에 있는 절의 주지스님이 외출한 사이에 한 스님이 몰래 돼지 다리를 삶았다. 요리가 다 완성되기도 전에 주지스님이 돌아오는 것을 본 스님은 삶던 돼지 다리를 한쪽에 숨겨놓았다. 나중에 양념을 발라 먹었더니 삶자마자 먹는 것보다 기름지지도 않고 오히려 미감이 더 좋았다. 여기에 착안해서 삶은 돼지족발을 찬물에 식힌 것이 바이윈주서우 맛의 비결이 되었다.

바이윈주서우는 시험을 앞둔 수험생들이 꼭 챙겨 먹는 음식이다. 한국인이 중요한 시험을 앞두고 엿이나 떡을 먹듯이 중국인은 바이윈주서우를 먹는다. 이는 당나라 때 고사에서 유래된 풍습이다. 과거시험을 준비하던 몇몇 선비들이 모여 무리 중에 어느 누가 과거시험에 합격하면 장안에 있는 대안탑에 붉은 글씨로 급제자의 이름과 시 제목을 새겨 기념하자고 약속했다. 붉은 글씨로 과거시험의 제목을 적었다는 의미의 '주제(朱題)'와 돼지족발이라는 뜻의 '저제(猪蹄)'는 동음이어다. 이로부터 돼지족발을 먹고 합격을 기원하는 주술적 풍습이 생겼다고 한다.

진화훠투이(金華火腿)는 일명 발효 돼지고기라고 할 수 있다. 중국의 정육점이나 식품점 벽에 주렁주렁 매달려 있는 고기가 바로 이것이다. 요리된 진화훠투이의 모양은 우리의 편육과 비슷하다. 보존 식품으로 발효 처리한 것을 요리한 음식이다. 우리가 날고기를 직접 삶아 편육을 만드는 것과는 약간 차이가 있다.

돼지고기 음식에 대한 중국인의 긍지는 대단하다. 모슬렘은 돼지고기를 먹지 않는다. 돼지를 하대한다. 돼지를 돼지라고 부르지도 않는다. 그저 '검은 것'이라고 칭한다. 돼지를 불경스럽고 '지저분한 동물'로 치부하는 것이다. 중국인들은 그런 모슬렘들을 향해 넌지시 중국 속담을 인용할지도 모른다. "모슬렘 한 명이 여행을 하면 살이 찌고, 두 명이 여행하면 야윈다"고. 모슬렘들도 중국의 돼지고기 맛을 보면 좋아하게 될 것이라는 얘기다.

그러나 이 같은 자부심에도 불구하고 중국에 돼지가 흔해서 그런지는 모르지만 돼지를 인용한 속담은 비하적인 의미로 사용되는 표현이 많다. 아무도 거들떠보지 않는다는 의미로 "돼지도 안 먹고 개도 안 먹는다"고 말하거나 견문이 좁은 사람을 가리켜 '흰 돼지'라고 부른다.

중국인이 워낙 돼지고기를 좋아하다 보니 쇠고기에 대한 거부감을 갖고 있는 것은 아닐까라고 생각하는 사람이 있다. 그렇지 않다. 오히려 소가 '귀중한 가치'를 갖고 있기 때문에 상대적으로 돼지고기보다 식용을 적게 할 뿐이다. 중국에서는 소를 소유하고 있다는 것 자체가 자랑거리다. 중국 농가에서는 일부러 눈에 띄는 곳에 소를 둔다. 일종의 과시다. 중국인들은 경제적으로 힘들어도 웬만해서는 소를 팔지 않는다고 한다. 만약 내다 팔아야 하는 불가피한 사정이 생겼을 경우에는 매수자의 품성까지 따져보고 거래를 한다고 한다. 혹시라도 자신이 키운 소를 잡아먹거나 학대하지 않을까 하는 우려 때문이다.

프레데릭 시문스는 '육식 터부의 문화사'라는 부제가 붙은 저서《이 고기는 먹지 마라?》에 중국인이 소를 어떻게 바라보는지 소개하고 있다. 시문스는 이 책에서 "19세기 중국에서는 인간에게 도움이 되는 소는 찬양의 대상이었다. 신에게 제물로 바치는 육류에는 쇠고기가 포함되지 않았다. 쇠기름으로 양초도 만들지 않았다. 소의 도살이 여성이나 영아의 살해와 같은 의미로 받아들여졌다. 다만 왕과 공자에게 바치는 제물로는 허용됐다"고 기술하고 있다. 이처럼 소를 '우대'하는 풍습은 근대에 만들어진 것이 아니라 2천여 년 전부터 이어져 내려온 전통이다. 한나라 때는 장례식 음식으로 쇠고기 요리를 만들어 죽은 사람과 함께 매장했다고 한다. 음식을 가리지 않고 먹었던 청조의 서태후도 쇠고기만은 먹지 않았다고 한다. 인간을 대신해서 농사일을 하는 소에게 군주로서 최소한의 예의를 표시했던 것으로 보인다.

🐾 송아지 쌍둥이 출산은 국가의 경사

한국에서도 소는 중국 못지않게 대우를 받았다. 사람과 소의 교감이 주는 진한 감동을 느끼게 한 독립영화 〈워낭소리〉는 한국인과 소의 관계를 잘 묘사하고 있다. 다리가 불편해서 바로 서지도 못하는 최 노인이 소에게 제초제와 농약을 뿌리지 않은 풀을 먹이기 위해 갖은 고생을 하는 모습은 소에 대한 한국인의 각별한 애정을 잘 보여준다. 외국인의 눈에는 한국인의 유별난 동물 사랑이 색다르게 보였을 것이다. 미국의 여류 작가 펄 벅은 한국을 배경으로 쓴 소설《살아 있는 갈대》의 첫머리에서 한국을 "고상한 사람들이 사는 보석 같은 나라"라고 극찬했다. 그가 찬사를 보낸 이유는 자신이 경험한 한국인의 심성, 즉 생명을 존중하는 정신 때문이었다. 그는 "시골길에서 짚단을 실은 달구지를 한 농부가 몰고 가면서, 그 농부 스스로도 짚단을 가득 얹은 지게를 짊어지고 소와 같이 걸어가는 것을 보고 크게 감명을 받았다"고 회상했다. 소의 짐을 덜어주기 위해 수고를 마다하지 않는 한국인의 심성을 보았다는 게 펄 벅의 설명이다. 맞다. 그것은 소를 가족으로 받아들이지 않으면 불가능한 일이다. 우리는 집에서 키우는 소를 '생구(生口)'라고 불렀다. 생명작가로 유명한 최수연은《소─땅과 사람을 이어주던 생명》에서 "생구는 원래 한집에서 같이 밥을 먹고 사는 하인이나 종을 말하는 것인데, 가축 가운데서는 유일하게 소를 그렇게 불렀다. 사람과 똑같이 하나의 소중한 생명으로 여겼다"고 말했다.

소는 사실 '존경의 대상'이기도 했다. 목축업이 번성한 제주도는 새해 들어 맞는 첫 축일(丑日)을 '첫쉣날'이라고 하면서 이날 소의 건강과 무병을 빌었다. 백중날에는 가축을 주재하는 당신(堂神)에게 제사를 지내는 풍습이 아직까지 내려오고 있다.

비록 일부 지역이긴 하지만 지금까지도 이런 전통이 내려오고 있는데 농경사회 때야 말할 필요도 없을 듯하다.《태조실록》에 당당히 기록을 남긴 송아지도 있다. 강릉부사 이엽의 집에 사는 소가 그 주인공이다.《태조실록》은 "전 강릉부사 이엽의 집소가 한 번에 송아지 두 마리를 낳았다"고 기록하고 있다. 지금도 소가 송아지를 낳으면 농가의 큰 경사로 여긴다. 쌍둥이 송아지 탄생이 '국가적 경사'로 실록에 기록할 만큼 중대사인가 하는 의문이 들기는 하지만, 어떻든 농업을 천하지대본으로 삼았던 조선왕조는 다산과 풍요의 의미를 담고 싶어 실록에 기록을 남긴 것이 아닐까.

숭불정책을 펴던 고려시대에는 육식을 삼갔다. 그러다가 고려 말 원나라의 침입으로 육식이 부활하게 되었다. 그러나 고려인이 직접 도살하는 것을 꺼려서 소나 돼지 등의 도살은 한반도에 살던 몽골인과 위구르인에게 맡겼다고 한다. 많은 사람들이 시대 구분 없이 백정을 최하의 천민으로 알고 있지만 사실 고려시대엔 일반 농민을 이르는 말이었다. 백정이 '도살 전문 직업인'으로 바뀐 것은 조선시대 초기다. 조선이 창업을 한 뒤 떠돌이 생활을 하는 화적민인 양수척(楊水尺)을 정착시키고 그들에게 기피 업종인 도축을 담당하게 하고 백정이란 이름을 부여한 것이다. 이때부터 백정은 천민 계급으로 추락하게 되었다. 당시 백정의 수가 적은 것으로 보아 적어도 조선 초기까지는 소의 도살을 기피했음을 짐작할 수 있다.

숭불정책(고려)에서 숭유정책(조선)으로 바뀐 국시(國是)는 백성들의 의식을 변화시켰고, 음식 습관과 취향에도 적지 않은 영향을 미쳤다. 가장 큰 변화를 보인 것은 육식 문화였다. 《조선왕조실록》에 기록된 것처럼 조선 초기에는 소 도살을 금하는 왕명이 심심치 않게 눈에 띈다. 태조 이성계가 "밭을 가는 것으로 해서 사람들에게 유익한 만큼 소를 함부로 잡지 못하도록 법령을 정해놓은 것이다. 그런데 난폭한 무리들이 아직도 법령을 무서워하지 않고 제멋대로 소를 잡고 있다. 이제부터 위반하는 것은 엄격히 다스릴 것이다"라고 경고한 것을 보면, 쇠고기 맛을 본 일부 귀족들을 중심으로 밀도살한 쇠고기를 먹는 일이 잦아졌음을 알 수 있다. 개중에는 식탐가도 있었겠지만 영양이 부족한 당시 사정을 짐작할 때 식용

보다는 약으로 쇠고기를 먹었다는 게 학자들의 견해다.

조선 중기로 넘어오면서부터는 공공연하게 육식을 즐기게 되었다. 아동문학가 김정호는 《조선의 탐식가》에서 오늘날 '삼겹살데이'나 '빼빼로데이'가 있는 것처럼 '쇠고기 먹는 날'인 난로회(煖爐會)가 생겼을 정도라고 주장한다. 김정호는 "서울 풍속에 음력 10월 초하루, 화로 안에 숯을 시뻘겋게 피워 석쇠를 올려놓고 둘러앉아 기름장·달걀·파·마늘·산초가루로 양념한 쇠고기를 구워 먹는 것을 '난로회'라고 한다"는 《동국세시기》의 기록과 "정조 5년 겨울, 정조가 밤늦게 일하는 규장각·승정원·홍문관 유생들을 불러 난로회를 열었다"는 《홍재전서》의 기록을 근거로 제시한다.

우리 조상의 미각은 쇠고기를 통해 재발견된다. 쇠고기는 부위별로 맛이 다름을 알게 되었고, 소의 부위를 세밀하게 구분해서 요리를 한 것이다. '문화인류학의 대모'로 불리는 마거릿 미드는 쇠고기에 대한 미각이 가장 세분화된 민족으로 우리 한민족을 꼽았다. 그는 한민족은 소의 부위를 120개로 분류했다고 주장하면서, 51개로 분류한 동아프리카의 보디족이 그 다음이고, 세계 최고의 미감을 자랑한다는 프랑스도 35개에 불과하다고 밝혔다. 이규태는 《한국의 음식》에서 한국인이 소의 부위를 얼마나 세세하게 구분했는지 보여주고 있다.

"등심, 안심, 갈비, 사태, 차돌박이, 제비추리 같은 살코기에 양, 간, 곱창, 염통, 콩팥, 피 이외에도 내장, 우설, 젖통 살, 쇠머리, 쇠꼬리, 우족은 물론 쇠다리의 관절인 도가니까지 발라내고, 쇠가죽 겉에 붙은 수구레까지 긁어 먹으며 척추 뼈 속에 든 등골까지 빼 먹었다. 소 담 속의 결석인 우황까지 꺼내 약으로 쓰고 '우각태'라고 하여 쇠뿔 속에 들어 있는 아교 같은 골질까지 파내어 고아 먹었다. 소 뼈다귀까지 외국에서 대량으로 수입해와 그 속에 스며든 골수까지 우려 먹는 이 놀라운 미각 문화에 고개가 숙여질 뿐이다."

되새김질을 하는 반추동물인 소는 위가 4개 있다. 우리 민족은 그것도 각각 이름을 붙여 다른 요리로 만들어 먹었다. 제1 위는 '양'이다. 양 중에서도 살이 붙어 식감이 좋은 부분을 따로 '양지머리' 혹은 '특창'이라고 한다. 제2 위는 '벌집위', 제3 위는 '처녑', 제4 위는 '홍창' 또는 '막창'이라고 한다. 대창은 큰창자, 곱창은 작은창자다. 《한국의 음식》에 따르면 쇠뼈로 요리할 수 있는 한국 음식은 40가지가 넘는다고 한다. 소에서 버리는 부위는 털과 뿔뿐이라는 얘기가 나올 만하다. 여기에 그치지 않는다. 이규태는 "우리나라에서는 숯불의 강도와 잿불의 후박, 화기의 조사 거리, 석쇠의 열전도율 등으로 방, 오, 삼, 홍, 염, 암 등 열댓 가지의 맛으로 구분했고 그 굽는 정도로 맛을 각기 달리해 먹었으니 대단한 요리 문화가 아닐 수 없다"고 감탄했다. 이규태는 또 〈불고기론〉에서 "숯불을 피워 그 위에 재를 얇게 덮은 다음 살코기를 석쇠에 얹어 지글거리기 시작하거든 반숙된 채로 들어내어 찬물에 담그기를 세 번 하여 다시 굽는다. 이 세상 어떤 다른 나라에 이 같은 요리 문화나 미각 문화가 있었던가 싶다"고 말했다.

조선 초, 말고기 품귀 현상을 빚다

누가 뭐라고 해도 한국의 대표적인 고기 음식은 불고기다. 하지만 1950년대 이전의 문헌에는 '불고기'라는 표현이 보이지 않는다. 조선시대에는 불고기를 '너비아니'라고 했다. 《시의전서》,《조선요리제법》 등에 '너비아니 만드는 법'이라는 표현이 나온다. '너비아니'란 말은 쇠고기를 넓적하게 썰어서 구웠기 때문에 이 같은 이름이 붙여진 것이라고 한다.

고기 요리가 발달하고 분화되기 전의 기본적 요리 방법은 꼬치구이였다. 제사 음식에 쓰이는 산적도 꼬치구이의 변형이라고 할 수 있다. 산적의 원형은 마늘과 파 등으로 양념한 고기를 꼬챙이에 꽂아 불에 구운 '맥적(貊炙)'이다. 최남선이 지은 《고사통》에는 "맥적은 고구려의 전신인 부여계의 맥(貊)족이 즐기던 불고기(炙)를 일컫는 말"이라고 기록되어 있다.

꼬치구이는 옛날이나 지금이나, 동양이나 서양이나 매우 보편적인 고기 요리법이다. 터키의 케밥이 가장 유명하다. 케밥의 원래 의미는 '꼬챙이에 끼워 불에 구운 고기'다. 얄팍하게 썬 고기와 야채를 꼬치에 번갈아 끼워 원통형으로 다진 뒤 구운 것이다. 원통 모양의 고기를 껍데기를 벗기듯이 얇게 썰어 소스에 찍어 먹는다. 브라질식 숯불구이라고 할 수 있는 슈하스코도 마찬가지다. 쇠고기, 돼지고기, 양고기, 닭고기 등을 덩어리째 꼬챙이에 함께 꿰어 구운 것이다. 한 자리에서 여러 종류의 고기를 맛볼 수 있다는 장점이 있다.

현재 우리나라에서 가장 많이 먹는 고기는 돼지고기다. 돼지고기 중에서도 배 부위의 살인 삼겹살을 즐긴다. "소주 한잔 하러 가자"고 하면 으레 삼겹살을 연상할 정도이다. 삼겹살은 유독 한국인만 즐기는 부위라고 한다. 엄밀히 말하면 서양인들이 즐기는 베이컨도 돼지 배 부위의 살로 조리한 음식이다. 하지만 생고기인 채로 구워 먹는 우리의 삼겹살과 유사하다고 하는 것은 억지처럼 보인다. 베이컨은 삼겹살 부위의 살에서 지방을 제거하고 소금에 절인 다음 불에 말린 발효된 돼지고기이기 때문이다. 같은 재료를 사용한다고 같은 요리가 될 수는 없는 법이다.

한국인이 삼겹살을 먹기 시작한 것은 그리 오래되지 않는다. 언제부터 먹었는지도 정확하지 않다. 고려·조선시대의 문헌을 보면 삼겹살은 고사하고 돼지고기 식용에 관한 기록이 거의 남아 있지 않다. 야생 멧돼지에 관한 기록이 더 많다는 게 역사·문화학계의 연구 결과다. 삼겹살 식용 역사뿐만 아니라 유래조차 유추하기가 쉽지 않다. 단서가 거의 없기 때문이다. 다만 개성 지방에서 시작되었을 것으로 어림짐작할 뿐이다. 개성은 예로부터 인삼으로 유명한 곳이다. 개성 사람들이 삼겹살과 인삼을 함께 먹곤 했는데 그 맛을 '삼삼하다'고 표현했다는 얘기가 전해 내려오고 있다. 이를 근거로 삼겹살의 발원지를 개성으로 추정하는 것이다.

반면에 말고기에 관한 기록은 꽤 된다. 우리 민족이 원래부터 말고기를 기피했던 것은 아니다. 《조선왕조실록》에 따르면 조선 초기에는 말고기의 인기가 워낙 높아 품귀 현상이 일어나곤 했다고 한다. 말고기가 궁중과 관아 등 상류층의 주요 기호 식품이었기 때문이다. 건마육(乾馬肉: 육포)도 없어서 못 먹었다고 한다. 《조선왕조실록》에 보면 태조 때 제주에서 매년 섣달에 암말을 잡아서 건마육을 만들어 조정에 진상했다는 기록이 남아 있다. 조선의 왕 중에서 연산군은 특히 말고기를 즐겼다. 백마가 정력에 좋다는 속설을 믿고 육회와 생식기를 자주 먹었다고 한다.

그러나 언제부터인가 말고기 선호 풍조는 사라졌다. 작가인 최홍은 "조선조 중기의 임진왜란이 커다란 계기가 됐을 것"이라고 추측하면서 "말은 왜군을 물리치는 데 크게 기여했다. 그러한 전공을 세운 말고기를 먹을 수 없다는 인식이 확산된 것이 결정적 이유"라고 주장했다.

🍖 육식 권하는 텐노를 용서하지 말라

일본의 육식 문화는 한국이나 중국과는 많은 차이가 난다. 일본은 정부 차원에서 정책적으로 육식 문화를 정착시킨 아주 특별한 나라이기 때문이다. 메이지유신 이전에 일본인들은 육식을 거의 하지 않았다. 데라카도 세이켄의《에도 번창기》에 일본인들이 얼마나 육식을 기피했는지 잘 묘사되어 있다. 이 책에 따르면 "다이묘(大名) 행렬이 고기 파는 집 앞을 지날 때는 부정을 피하기 위해 가마를 높이 추켜올리고 지나갈 정도였다"고 한다. 정육점을 보는 것조차 불길하게 여긴 것이다. 하지만 다이묘의 행차길 가에 정육점이 있었다는 것은 주목하지 않을 수 없는 대목이다. 이 정육점은 식용을 위한 고기를 파는 집은 아니었다. '쿠스리구이(藥食い)'라고 해서 몸을 보호하기 위한 건강식으로 먹는 고기를 파는 집이었다. 에도시대에 고기는 곧 약이었다. 1563년 일본 나가사키에 상륙하여 예수회 포교 활동을 하다가 1587년 일본에서 추방당한 선교사 루이스 프로이스가 쓴《일본사》에 "일본인은 들개나 학, 고양이, 날 해초 등을 먹는다. 그들은 소를 먹지 않고 가정 약으로 개를 먹는다"고 적혀 있다. 쇠고기를 먹지 않는 것을 이상하게 여기는 서양인의 시각을 엿볼 수 있다.

메이지유신은 일본을 근대화시킨 정치적인 혁명이기도 했지만 한편으로는 육식을 가능하게 한 '음식 혁명'이기도 했다. 7세기 무렵 불교를 받아들이면서 시행된 육식금지법(675년)을 1천2백여 년 만에 폐지하는 대변혁을 단행한 것이다. 천 년 넘게 이어온 식습관과 관성은 쉽게 힘을 잃지 않는 법이다. 그렇다고 해서 육식에 대한 거부감이 쉽게 사라지지는 않았다.

일본에서는 '보약'이라는 이름으로 몰래 고기를 먹는 경우는 있었지만 대체로 육식을 멀리하는 식습관은 잘 지켜져 왔다. 그래서 일본 정부는 육식을 터부시하는 의식을 배척하기 위해 '육식=문명'이라는 등식을 국민들에게 주입시켰다. 육식을 선진문화의 상징으로 만든 것이다. 서양인의 큰 키와 선진화된 문명은 육식의 결과라고 선전했다. 일본 천황, 즉 텐노는 메이지유신 4년째 되는 해인 1871년 육식금지법을 전격적으로 폐지했다. "외국 사신을 맞을 때 생선만 대접해서는 나라의 체면이 안 선다"며 텐노가 솔선수범해서 고기 먹는 모습을 직접 백성들에게 보여주었다. 나베 요리에 멧돼지고기를 넣어 서양 사신들에게 대접하여 일본의 체면을 세우기도 했다. 육식 권장을 통한 '탈아(脫亞)'라는 정부의 정책을 실현시키기 위한 하나의 상징 조작인 셈이다. 이런 노력의 결과, 메이지유신 이후 사정이 달라졌다. 메이지 초기인 1871년 가나가키 붕이 '규나베야(쇠고기전골집)'를 소재로 쓴 소설 《아구라나베》가 폭발적인 인기를 끌었다. 당시 육식에 대한 거부감이 수그러든 사회적 분위기를 짐작할 수 있는 현상이다. 규나베야는 나카가와라는 실존 인물이 도쿄에 연 최초의 쇠고기 식당이다. 이 책 내용 중에 규나베야가 1867년 개업하던 날 사무라이 집안의 하인 두 사람이 찾아와 "우리들은 별난 음식을 좋아해서 온 것이니 고맙게 생각하라"고 말한 뒤 고기를 주문했다는 대목이 나온다. 적어도 육식금지령이 내릴 무렵에도 약이 아니라 음식으로 고기를 찾는 사람이 더러 있었음을 확인할 수 있다. 불과 4~5년 만에 쇠고기를 소재로 한 소설이 큰 인기를 끌었다는 것은 천지개벽할 일임에 틀림없다.

하지만 정부의 강력한 정책 의지에도 불구하고 육식에 대한 거부감이 완전히 사라진 것은 아니었다. 작용에 대한 반작용은 인지상정이다. 저항도 만만치 않았다. 육식 문화가 국민 일반에까지 전파되는 데에는 적지 않은 어려움이 있었다. 익숙하지 않은 음식이나 식품에 대해 극도의 거부감을 보이는 '신형 공포증(neophobia) 현상' 때문이었다. 이 현상은 일종의 문화적 저항이라고 할 수 있다. 심지어 고기를 먹고 육식을 권장하는 텐노는 처단돼야 한다는 명분을 내세워 흰 옷을 입은 자객 다섯 명이 텐노 암살을 시도한 일까지 발생했다. 육식 허용 여부를 둘러싸고 한 나라가 소용돌이 속으로 빠져들어갔음을 짐작하고도 남는다.

일본의 '음식 혁명'은 관동대지진으로 사실상 마무리된다. 1923년 발생한 관동대지진은 육식을 거부하는 일본인의 인식의 벽을 완전히 허물었다. 굶주림 앞에선 전통도 관습도 무력했다. 육식이 완전히 정착되지 않았던 시절, 일본인들은 동물의 내장을 먹는다는 이유로 조선인을 '호루몬'이라고 조롱했다. 그러나 관동대지진으로 먹을거리가 없자 일본인들도 조선인을 따라 내장까지 먹기 시작했다.

어떻든 일본인들도 점차 고기 맛에 길들여져 갔다. 특히 메이지유신 초창기에 고기를 넣은 나베 요리가 선풍적인 인기를 끌었다. 그중의 하나가 '칭기즈칸 요리'다. 이 요리를 보면 일본인의 상상력에 혀를 내두르게 된다. 음식 자체 때문이 아니라 정복욕을 숨김없이 드러낸 칭기즈칸이라는 이름 때문에 그렇다. 중국을 침략한 일본인들은 중국식 샤브샤브 요리인 훠궈를 맛보게 되었다. 이 음식을 일본인의 입맛에 맞게 변형시킨 뒤 '칭기즈칸 요리'라는 이름을 붙인 것이다. 중국 대륙을 누비던 칭기즈칸을 연상해서 이런 작명을 했다는 얘기가 있다. 사실인지 아닌지 확인할 길은 없지만 적어도 칭기즈칸과 중국 침략에 나선 자신들을 동일시하지 않는다면 그런 연상은 불가능해 보인다. 한국에서도 한때 많은 식당에서 칭기즈칸이라는 이름으로 샤브샤브 요리를 팔았다. 칭기즈칸이라는 이름의 나베모노를 중국 음식으로 인식하고 있었다는 사실에 씁쓸한 뒷맛이 남는다.

아무튼 어느 시점부터 일본은 국내 생산만으로 쇠고기 수요를 감당할 수 없는 나라가 되었고, 지금은 최대 쇠고기 수입국 중 하나로 부상했다. 일종의 '음식 혁명'에 성공한 셈이다. 1백30여 년 전의 '요리 유신'이 바로 오늘날 풍부하고 정제된 일본 육식 문화의 모태가 된 것은 부정할 수 없는 일이다.

🞉 정부 정책이 만든 세계 4대 음식, 고베와큐

일본의 음식 혁명이 성공하는 데 결정적 영향을 끼친 일등 공신은 돈가스이다. 튀김옷을 입혀 육식의 거부감을 없앤 돈가스는 프랑스 요리인 코틀레트(영어로는 커틀릿)를 원용한 것이다. 코틀레트는 소, 양, 돼지의 등심을 튀긴 요리인 반면 돈가스는 등심을 안심으로 대체한 뒤 생선처럼 튀겨낸다. 안심 대신에 닭고기를 재료로 사용하기도 한다. 소나 돼지의 안심은 육질이 너무 부드러워 잘 부서지기 때문에 튀김 음식 재료로 부적합하다. 그래서 서양 사람들은 주로 소시지나 햄을 재료로 사용했다. 그러나 일본인은 튀김옷을 입혀 안심의 단점을 일거에 해결했다. "일본의 근대사는 튀김옷을 입고 있다"(오카스 데스, 《돈가스의 탄생》)는 주장이 나오는 것은 일본의 근대화 과정이 돈가스의 탄생과 닮아 있다는 얘기다. 닮은 점이란 다름이 아니라 일본인의 기질을 두고 하는 말이다. 일본인의 특별한 장점 중 하나로 '좋은 것은 (이유를 따지지 않고) 취한다'는 의미를 가진 '이이 도코 도리'가 꼽힌다. 근대화 과정에서 고유의 전통과 정신을 살리면서 서양 문물을 흡수하여 근대화를 이룬 일본인의 기질이 돈가스에 적용되었고, 이것을 일본의 대표 음식으로 만들었다는 의미이다.

이처럼 거창한 의미를 가진 돈가스는 인생의 변곡점에서 그 가치를 더한다. 기업 입사와 대학 입학시험 등을 앞두고 꼭 먹는 '합격 기원 음식'이다. 중요한 시험을 앞두고 챙겨 먹는 한국의 떡과 엿, 중국의 돼지족발과 같은 음식이다. '가스' 발음이 승리를 뜻하는 단어의 발음과 비슷하기 때문이다. 승리를 합격의 의미로 치환시킨 것이다.

튀김옷을 입히지 않은 돼지고기 중에서 가쿠니(角煮)가 일본에서 가장 많은 사랑을 받는 음식으로 알려져 있다. 가쿠니의 사전적 의미는 '사각형의 찜'인데, 네모나게 모양을 낸 돼지고기를 조린 음식이다. 우리나라의 장조림과 유사하다. 돼지비계를 제거해서 기름기를 없애고 달콤하게 조리하는 것이 이 음식의 핵심이다.

돈가스라는 일본식 요리를 개발해서 돼지고기를 섭취했다면, 쇠고기는 서양식 요리법을 그대로 따랐다. 일본인은 대개 서양인처럼 철판 요리나 스테이크 요리를 즐긴다. 그래서 마블링이 잘된 쇠고기의 인기가 매우 높다. 그래야 고기 맛이 부드럽기 때문이다. 부드럽고 맛있는 고기의 대표 브랜드는 송로버섯, 푸아그라, 철갑상어와 함께 세계 4대 음식 중의 하나로 꼽히는 고베와큐다. 고베와큐는 고기 한 마리 값이 우리 돈으로 1억 원이 넘는다고 한다.

비싼 고기 음식으로는 호루몬야키라는 것도 있다. '호루몬'의 어원은 '버리다'라는 의미를 가진 단어다. 이는 일본인들이 먹지 않고 버린 내장을 먹던 재일한국인을 비하하는 말로도 쓰였다. 또 재일동포들이 곱창구이를 먹는 것을 보고 호루몬야키라는 이름을 붙였다. 광동대지진 때 먹을 게 없던 일본인들도 재일한국인을 쫓아 호루몬야키를 먹었다. 호루몬야키는 살코기만 고집하던 일본의 육식 문화를 바꾸는 획기적 전기가 되었다.

호루몬야키의 요리 방식은 한국의 곱창구이와 다르다. 곱창구이는 관 모양 그대로 굽는다. 그리고 곱창이 어느 정도 익으면 그 속에서 나오는 곱을 즐긴다. 반면에 호루몬야키는 관 모양을 갈라 넓게 펼쳐서 굽는다.

일본인은 하나의 음식에서 수없이 많은 파생 음식을 만들어내는 특성이 있다. 이를테면 호루몬야키는 소 내장을 꼬치에 끼워 구운 구시야키로 발전하게 된다. 주영하 한국학중앙연구원 교수는 "야키도리(닭꼬치구이)도 결국 호루몬야키에서 발전한 것"이라고 주장한다. 소 내장 튀김 요리도 있다. 아부라카스가 그것인데, 비싼 살코기를 먹을 수 없었던 가난한 일본인들이 소 내장을 이용해서 만든 요리이다. 일본식 곱창전골이라고 할 수 있는 모쓰나베도 라멘, 명란젓과 함께 후쿠오카 지방의 3대 요리로 자리를 잡을 만큼 큰 인기를 끌고 있다. 이들 내장 요리는 현재 쇠고기 살코기보다 더 고급스런 요리로 인식되고 있다. 실제로 살코기보다 내장이 훨씬 더 비싸게 팔리고 있다.

일본에서 야키니쿠로 불리는 한국 음식 불고기가 상업화된 것은 그리 오래된 일이 아니다. 1986년 서울 아시안게임 때 한국을 방문한 한 재일동포가 냉면집에서 불고기를 파는 것을 보고 오사카에 있는 자신의 냉면집에서 그대로 따라 한 것이다. 한국 불고기가 재일한국인의 가정식이 아닌 상업화된 대중 음식으로 일본 사회에 뿌리를 내리기 시작한 시발점이다. 물론 한국식 이름 '불고기'를 일본식으로 표기했다. 그게 바로 '야키니쿠'다. 그로부터 불과 30여 년이 지나지 않아 한국 요리가 일본 영화의 소재로 사용될 만큼 대중화되었다. 2007년 부천영화제에서 가장 주목받은 작품 중의 하나가 〈불고기〉(재일동포 구수연 감독)였다. 작품성 못지않게 서양 요리(로스구이)와 한국 요리(불고기)의 대결을 일본 시각에서 다루었다는 점에서 한국 관객들의 관심은 남달랐다.

나라마다 선호하는 고기가 다르다. 일본은 쇠고기 못지않게 말고기를 즐긴다. 말고기 최대 소비국이다. 나름대로 이유가 있다. 일본은 가축 사육이 쉽지 않은 자연조건을 갖고 있다. 험난한 산과 화산섬이 많은 반면 초목지로 적합한 구릉지가 적기 때문이다. 전쟁이 많았던 일본에서 말은 어떤 가축보다도 친숙한 동물이다. 일본어로 '말을 샀다'는 표현이 '일을 능숙하게 처리하다'라는 뜻으로 쓰이는 것도 말에 대한 일본인의 정서를 반영한 것이다.

일본인은 신선한 말고기를 육회(바사시)나 다다키(고기를 뜨거운 물에 살짝 데친 후 얇게 썰어서 소스에 찍어 먹는 일본식 샤브샤브 요리)로 먹는다. 바사시의 별칭은 '사쿠라니쿠'다. 특히 산악지대인 나가노 현의 말고기가 유명하다. 나가노 현 마쓰모토 시에 있는 고기음식점 간판에는 다른 지방에서 볼 수 없는 그림이 걸려 있는 경우가 많다. 누워 있는 소 앞에서 말이 위협적으로 앞다리를 들고 있는 그림이다. 말고기가 쇠고기보다 맛있다는 자부심을 담고 있다는 게 이 지방 사람들의 설명이다.

사실 많은 나라들이 쇠고기보다 말고기를 상급으로 친다. 오늘날 유럽의 대부분 국가들, 즉 러시아, 프랑스, 벨기에, 네덜란드, 독일 등이 대표적인 말고기 애호 국가이다. 유목 국가들 대부분이 그렇다고 보면 틀림없다. 미국을 상징하는 음식인 햄버거도 실은 말고기 스테이크에서 유래된 것이다. 홋카이도 교육대 교수인 미야자키 마사카르는 저서 《하룻밤에 읽는 물건사》에서 "몽골 사람들은 질긴 말고기를 부드럽게 하기 위해서 스테이크처럼 요리해서 먹었다. 이것이 러시아를 거쳐 독일로 전해진 뒤 함부르크 스테이크로 변신했다. 이것이 다시 미국으로 건너가 오늘날의 햄버거가 됐다"고 적고 있다.

일본인들이 말고기를 좋아한다고 해서 쇠고기가 소홀한 대접을 받고 있는 것은 아니다. 일본 정육점에서는 말고기와 쇠고기를 함께 파는 게 보통인데 말고기를 쇠고기로 속여서 파는 경우가 종종 있다고 한다. 여기서 생긴 속어가 '사쿠라'라는 말이다. 쇠고기를 말고기로 속여서 판다는 데에서 연유한 속된 표현이다. 고등어(사바) 수를 속여 파는 것을 '사바 사바'라고 하는 것과 마찬가지다. 1897년에 간행된 《도쿄신번창기》는 "쇠고기의 공급에 제한이 있어 가격이 싸지 않다. 말고기, 돼지고기를 섞어 팔거나 혹은 다른 동물의 고기나 부패한 고기를 쇠고기라고 판다"고 당시 사회 실태를 고발하기도 했다.

4

신에게 바친 선물, 통째요리

🍳 통째요리는 가장 완벽한 음식

동양에서 통째요리는 종교의식이나 제례의식에 그 뿌리를 두고 있다. 일반적으로 과거의 제례란 조상이나 '초자연적 대상'에게 바쳤던 제사다. 제사 형태에 따라 제물 내용도 달랐다. 조상에게 올리는 제사상에는 조상이 즐겼던 음식을 제물로 올리는 게 보통이다. 초자연적 대상에게 바치는 제물엔 특별한 의미가 부여되었다. 그 희생 제물은 신에게 바치는 '진상품'이다. 당연히 제물의 크기는 신의 영향력과 비례한다. 옥황상제나 염라대왕 같은 중요한 신에게는 대체로 통돼지, 생선 한 마리처럼 희생물을 통째로 바쳤다. 이는 제물이 신성하다는 의미를 내포하는 것이다. 통째 음식을 가장 이상적인 음식으로 여긴 측면도 없지 않다.

한국은 삼국시대 이전부터 소와 돼지를 희생 제물로 바쳤다. 특히 돼지는 역사적으로 중요한 의미를 갖는 동물이다. 고구려 유리왕은 도망가는 멧돼지를 쫓다가 이르게 된 국내성 위나암으로 도읍을 옮겼다. 고려 때 왕건의 조부 작제건은 서해 용왕으로부터 돼지를 선물로 받았다. 왕건의 등극을 예고한 것이다. 이것들은 《삼국사기》에 나오는 '돼지 일화' 중의 일부다. 제물의 넓적다리뼈에 구멍을 뚫고 불에 태워 그 갈라진 모양을 보고 점을 치기도 했다. 조선시대에 와서도 멧돼지를 납향(臘享: 한 해 동안 지은 농사 형편과 그 밖의 일들을 신에게 알리는 제사)의 제물로 썼다. 돼지는 신에게 바치는 희생물인 동시에 하늘의 뜻을 전하는 전령사였다.

조선시대 궁궐에서는 한 해에 48번이나 제사를 지냈다. 음력 정월 초하루와 추석에 지내는 차례, 매달 초하루와 보름에 지내는 삭망제, 계절마다 지내는 사시제 등 종류도 다양했다. 마을의 제사도 용왕을 모시는 별신굿제, 서낭신에게 지내는 성황제, 정초에 모시는 동제, 산신령에게 제를 올리는 산신제, 마을의 평안과 풍년을 기원하는 탑신제, 풍어제, 기우제와 같이 특정 목적을 위한 제사의 종류가 헤아릴 수 없이 많다.

세월이 흘러 제례의 절차나 형식은 간소화되었다. 하지만 이처럼 규격화된 제례문화가 생활문화로 깊숙이 배어 있고 지금까지 이어지고 있는 나라는 흔하지 않다. 한국인은 자동차 한 대를 사도 무사안전을 비는 고사를 지낸다. 심지어 첨단 과학기술의 결정체라고 할 수 있는 우리나라 최초의 우주발사체 '나로호'를 발사하는 국가적인 행사에서도 성공을 기원하면서 떡시루와 돼지머리를 올린다. 희생의 이유에 대한 이론이 분분한 것은 사실이지만 어떻든 돼지는 민족 고유의 전통적 희생물로서 그 위상을 지키고 있는 셈이다.

우리 민족이 제사상에 돼지머리를 얹는 습속은 망자를 위한 의식에서 온 것으로 추정된다. 중국 당나라 때 간행된 《진서》〈숙신씨편〉을 보면 옛 고구려인에 관하여 이런 기록이 나온다.

"그들은 돼지고기를 즐겨 먹고, 그 가죽으로는 옷을 만들어 입으며, 겨울철에는 찬바람과 추위를 막으려고 돼지기름을 두껍게 몸에 바른다. 또 사람이 죽으면 돼지를 잡아서 관 위에 올려놓아 망자의 양식으로 바치는 습속이 있다."

제사상이야 그렇다 치더라도 초복 의례인 고사상엔 왜 돼지머리를 올리는 것일까?《음식잡학사전》을 쓴 민속학자 윤덕노는 "고사 자체가 재물의 신인 돼지에게 소원을 비는 의식"으로 해석한다. 그래서 돼지머리를 통째로 제사상에 올리는 것이라고 한다. 윤덕노는 "도교와 무속에서 돼지는 예전 할머니들이 복을 빌었던 칠성님 중의 하나로 북두칠성의 일곱 번째 별인 파군성에 사는 신이다. 인간의 길흉화복과 부귀영화를 결정하는 신으로 자를 갖고 다니며 계량을 담당하고 재물을 관장한다"면서 "돼지꿈을 꾸면 재물이 생긴다는 해몽도 여기서 비롯된다"고 주장한다. 고사상에 오른 돼지머리는 축재를 상징한다는 얘기다. 화폐의 의미인 우리말 '돈'과 돼지를 뜻하는 한자 '돈(豚)'의 발음이 같은 것도 축재의 상징으로 받아들이는 데 일조했음은 쉽게 짐작이 된다. 거기다가 여성도 제주가 될 수 있는 유일한 제사가 고사다. 음식을 차려놓고 액운을 쫓고 큰돈을 벌게 해달라는 바람에는 남녀 구분이 없다고 여긴 것일까.

🐷 중국의 통째요리는 부귀영화의 상징

카오차이는 숯불 화덕에 달아놓고 약한 불로 익힌 음식을 통칭한다. 우리 식으로 말하면 숯불구이고, 서양식으로 말하면 바비큐 요리쯤 될 것

같다. 여기에다가 보통 새끼돼지, 오리, 닭, 양 등을 통째로 굽는다. 카오차이의 대표적인 음식으로 카오양러우(양고기구이), 카오야쯔(오리구이) 등이 있다. 카오양러우는 칭기즈칸구이라고도 한다. 칭기즈칸이 전쟁터에서도 즐겨 먹은 즉석 음식이어서 이러한 이름이 붙었다고 한다. 양고기를 석쇠나 철판에 구운 뒤 양념장에 찍어 채소를 곁들여 먹는다. 요리 방법과 먹는 방식이 한국의 불고기와 유사하다. 신장웨이우얼 자치구에서는 카오양러우를 다른 지방과 색다르게 요리한다. 고기 노린내를 없애기 위해 후추와 향신료를 듬뿍 바른 뒤 바비큐처럼 구워내는 게 특징이다. 담백한 맛이 일품이라고 한다.

중국에서 통돼지구이는 통양구이보다 위상이 높다. 특히 결혼식의 고정 메뉴다. 통돼지 요리가 결혼식 음식이 된 데에는 사연이 있다. 옛날 광둥 지방에는 갓 시집온 새색시의 처녀성을 확인하는 인습이 있었다. 시댁은 며느리가 처녀라는 사실이 확인되면 한 식구로 받아들인다는 의미로 카오루주(烤乳猪)라는 통돼지구이를 이바지 음식으로 마련하여 친정에 보냈다. 물론 처녀가 아니면 이 음식을 준비할 필요가 없다.

이 요리는 나중에 황금통돼지구이, 즉 추이피루주(脆皮乳猪)로 발전되었다. 갓 태어난 돼지를 통째로 쇠막대에 꽂아 구운 바비큐 요리이다. 요즘은 카오루주 대신 최고의 결혼식 피로연 음식으로 꼽힌다. 중국인은 '고기를 먹자'고 하면 '돼지고기를 먹자'는 의미로 통할 정도로 돼지고기를 좋아한다. 추이피루주는 특히 중국인들이 좋아하는 붉은 색깔을 띤다. 중국인은 붉은색에서 태양과 즐겁고 경사스러운 일을 연상한다. 이런 이유 때문에 추이피루주는 중국인들에게 결혼식 음식으로 사랑을 받고 있다.

추이피루주가 황금 빛깔을 내기 위해서는 예술작품 제작에 못지않을 정도로 많은 손이 가야 한다. 특히 굽는 과정에서 귀와 같이 약한 부분이 타는 경우가 많아서 명장 요리사가 손수 굽는다고 한다. 중국인은 추이피루주의 바삭한 껍질만 먹는데, 샌드위치처럼 껍질 두 장 속에 빵과 양념을 넣어 먹는다.

3천 년의 역사를 갖고 있는 추이피루주는 8대 진귀한 음식 중의 하나다. 또한 중국의 최고 요리인 만한취안시의 으뜸 요리로 쳤다. 지금도 중국 국가 행사에 빠지지 않는 귀한 음식으로 꼽힌다. 저우언라이가 한 정부 행사에서 손님의 음식 취향을 파악 못해 곤경에 빠졌는데 순간적 기지를 발휘해 위기를 벗어난 재미있는 일화가 있다. 그가 초대했던 저명인사 중에 《역사를 찾아서》의 작가인 T. H. 화이트도 포함되어 있었다. 그는 돼지고기를 먹지 않는 유대인이었다. 화이트는 황금빛깔을 띤 추이피루주가 식탁에 오른 것을 보고 기겁했다. 화이트가 유대인임을 순간적으로 깨달은 저우언라이는 "우리는 이를 돼지고기라고 하지 않고 오리고기라고 한다"고 말했다. 돼지고기를 먹지 않는 모슬렘들이 유럽 사람들에게 햄이나 베이컨을 대접할 때 "이 고기는 돼지고기가 아니라 앵무새 고기"라고 말하는 것을 흉내낸 것이다. 화이트는 나중에 돼지고기를 먹은 사실을 회개하면서 "그렇지만 황금통돼지고기의 맛은 잊을 수 없다"고 술회했다고 한다.

간혹 통돼지 요리는 사치의 대명사로 인용되기도 한다. 위진남북조시대가 끝날 무렵의 일화다. 당시 진나라는 나라를 망칠 정도로 음식문화가 사치스러웠다. 하루는 사위인 양수가 장인인 진나라 무제를 집으로 초대하여 특별한 돼지고기를 대접했다. 그 맛이 각별해서 비법을 물어보니 인간의 젖을 먹여 키운 돼지를 통째로 삶은 것이라고 했다. 이 음식을 맛본 무제가 어떤 반응을 보였는지는 전해지지 않지만 이 정도의 음식 호사를 부린다면 국가 위기를 초래하고 남을 듯하다. 결국 진나라는 얼마 지나지 않아 패망하고 말았다.

⚫ 통째요리는 목과 꼬리를 중시한다

중국 음식에 관심을 갖다 보면 중국인들의 음식에 대한 상상력에 감탄하게 되는 일이 한두 번이 아니다. 비록 재료가 식상한 것이라고 해도 음식의 유래는 드라마틱하고 요리법은 창의적이다. 특히 유래가 어떻든 간에 음식에 거창한 의미를 부여하는 습성이 있다.

중국의 통닭구이 요리로 가장 잘 알려진 푸구이지(富貴鷄)는 부귀의 상징이다. 일종의 통닭진흙구이인 푸구이지는 옛날에 장쑤성의 한 거지가 훔친 닭을 연잎으로 싸서 진흙을 발라 통째로 구워 먹은 데에서 유래했다고 한다. 그 거지는 조리기구가 없어 궁여지책으로 진흙을 발라 구워 먹은 것인데, 진흙이 기름을 흡수하여 담백한 맛이 일품인 요리가 되었다고 한다.

중국인들은 이 요리에서 기를 얻는다고 생각한다. 닭을 싼 진흙을 깨뜨리는 행위가 기를 여는 행위라고 여긴다. 또 중국어로 닭을 뜻하는 '계(鷄)'를 '지'라고 발음하는데 상서롭다는 뜻의 '길(吉)'과 발음이 같다는 것에 착안하여 푸구이지를 부귀의 상징으로 만든 것이다.

푸구이지에 부귀를 바라는 소망이 담겨 있다면 자오화지(叫花鷄: 거지닭)에는 경사와 기쁨을 갈구하는 마음이 담겨 있다. 자오화지도 황토진흙을 발라 구운 닭 요리로, 일정 시간 동안 숙성시키는 게 특징이다. 이것도 우연히 발견된 요리법이다. 저장성 사오싱 지방의 거지들이 닭을 훔쳐와 털을 뽑고 황토진흙을 발라 땅속에 파묻어 숨겨두었다가 구워 먹었다는 속설에서 비롯된 이름이다. '자오화(叫花)'는 거지라는 뜻이다.

닭의 발음과 진흙을 깨는 행위가 푸구이지의 상징 매체가 되었다면 자오화지는 닭의 성질을 상징의 모티브로 활용했다. 닭은 알을 많이 낳고 부지런한 동물이다. 중국에서는 닭을 다산과 경사를 상징하는 상서로운 동물로 여긴다. 그래서 다산의 특성을 결혼식과 연계시켜 자오화지를 결혼식 음식으로 이용했다. 자녀를 많이 낳고 경사스러운 일이 있길 바라는 축원을 담은 음식인 셈이다.

중국에서는 우리나라와 달리 통닭 요리를 할 때 머리를 떼어내지 않는다. 중국인들은 머리가 잘린 요리를 먹으면 불길한 일이 생긴다고 여긴다. 그뿐만 아니다. 닭 머리가 향하고 있는 쪽에 앉은 사람은 누구든 불편해한다. 왜냐하면 닭 머리가 가리키는 쪽에 앉은 사람은 곧 '해고를 당한다'는 속설 때문이다. 그래서 닭 머리를 틀어 몸통 쪽으로 숙여놓는 게 요리사의 센스다.

산시성 다오커우 지방의 통닭 요리인 다오커우사오지(道口燒鷄)는 저장성 진화의 소시지, 장쑤성 가오유의 오리알, 베이징의 통오리구이 못지않게 명성이 자자한 음식이다. 《사서》의 기록에 의하면, 청조의 가경제가 지방을 돌면서 다오커우에 도착했는데 어디선가 맛있는 요리 냄새가 났다. 황제가 "어디서 고소한 냄새가 풍기는가?"라고 물으니 눈치 빠른 신하가 그 음식을 수배해서 왕에게 바쳤다. 음식 맛을 본 가경제는 "보기도 좋고 맛도 일품이며 냄새 또한 기가 막히다"라고 칭찬했다. 그로부터 '다오커우의 통닭'은 청조의 황궁에 들어가는 진상품이 되었다.

통째요리를 말할 때 생선 요리를 빼놓을 수 없다. 생선은 대체로 통째로 요리하는 게 일반적이지만 중국은 조금 특색이 있다. 잉어나 쏘가리를 통째로 요리할 때 머리와 꼬리를 하늘로 치켜세운다. 이는 잉어가 용문을 올라가는 모습, 즉 등용문을 상징한다.

5

삼계탕과
베이징 덕의 배틀

🖋 달콤한 악마가 된 삼계탕

"수프는 담백한데, 닭은 젓가락만 갖다 대도 살이 떨어질 정도로 부드럽게 삶아져 있고, 인삼의 강력한 향기도 풍기는, 단순한 음식이 아니라 생명을 입속에 넣는 느낌을 준다. '그래, 삼계탕을 먹으면 되겠어.' 나는 그렇게 말했다. 삼계탕은 펄펄 끓는 뚝배기째 테이블에 올라온다. 펄펄 끓는 우윳빛 수프 안에, 닭은 마치 거대한 바위산처럼 솟아올라 있다. 젓가락을 갖다 대면 껍질이 벗겨지고, 살이 뼈에서 떨어져 나와 쫀득하고 하얀 덩어리로 변한 찹쌀과 함께 국물 속에 녹아든다. 봄에 녹아내리는 빙산처럼."

일본 대중문학을 선도하고 있는 무라카미 류가 음식을 소재로 쓴《달콤한 악마가 내 안으로 들어왔다》에 나오는 한 대목이다. 무라카미는 잘 알려진 '삼계탕 마니아'다. 그는 이 책에서 삼계탕을 '대한민국 최고의 요

리'라고 극찬했다. 설령 문학적 표현이라고 치부하더라도 그가 삼계탕에
얼마나 탐닉하고 있는지 느끼는 데 부족함이 없을 것 같다.

삼계탕은 한국 음식의 특징인 '약식동원(藥食同源) 정신'이 훌륭하게 구
현된 대중 음식이다. 삼계탕을 먹는 것은 종합영양제를 복용하는 것과
같다. 특정한 부위를 요리한 음식과 다르게 건강 유지와 신체 발달에 필
요한 거의 모든 영양분을 고루 갖추고 있기 때문이다. 특히 닭고기는 다
른 고기와 달리 부위별로 영양분이 다르게 분포되어 있다. 날개에 콜라
겐, 가슴살에 단백질과 아미노산, 발에 글리코사민이 유난히 많다. 거기
다가 고기와 국물, 그리고 거기에 첨가된 부식 재료까지 모두 먹는다. 동
양 3국의 음식 중에서 삼계탕과 같은 음식은 흔하지 않다.

음식궁합이라는 측면에서도 삼계탕의 영양학적 효과를 설명할 수 있
다. 닭과 인삼은 한의학적으론 상극의 음식이다. 인삼은 더운 성질, 닭고
기는 찬 성질을 갖고 있다. 끓는 과정에서 닭고기의 고유 성질은 중화된
다. 닭과 인삼이 찰떡궁합으로 바뀌어 최고의 보양강장식이 되는 것이
다. 닭고기에는 양질의 단백질과 비타민이 풍부하다. 특히 단백질과 비
타민 C는 스트레스 해소용 영양분으로 통한다. 인삼은 닭고기의 육질을
부드럽게 하고 고기 맛을 좋게 한다. 면역력을 증진시키고 식욕을 돋우
는 것으로 알려진 사포닌의 작용에 의한 것이다. 사포닌의 효능은 간단
한 실험을 통해서도 알 수 있는데, 어항 속에 인삼 잔뿌리 하나를 넣으면
물고기가 곧 죽고 만다. 사포닌이 물고기의 혈구를 파괴하기 때문이다.
서양에서 인삼을 '피닉스 진생(phoenix ginseng)'이라고 부르는 이유도 사포
닌 때문이다. 인삼은 또한 체내 효소를 활성화시켜 신진대사를 촉진시키
고 피로 회복을 돕는다.

삼계탕에는 인삼, 마늘, 밤, 대추, 율무, 은행, 찹쌀 등이 부재료로 들어간다. 이것들은 하나하나가 약재라고 해도 과언이 아니다. 마늘에 강장제 효능이 있다는 것은 3천여 년 전 이집트 노예들이 입증했다. 노예들이 마늘을 먹고 뜨거운 사막 한가운데서 피라미드를 건축했음은 잘 알려진 사실이다. 밤과 대추는 빈혈을 예방하는 효과가 있다. 율무는 노폐물제거 및 해독 기능을 한다. 은행은 폐와 장의 기능을 향상시킨다. 밤, 대추, 율무 등은 인삼과 마늘의 강한 기운을 중화시키는 역할을 하니 음식재료들이 최고의 조화를 이루고 있는 셈이다. 또 닭의 몸통 속에 넣는 찹쌀은 소화성 위궤양에 좋다. 우리 조상들이 굶주리고 허약할 때나 배탈이 난 뒤에 찹쌀미음을 끓여 먹은 것도 경험적으로 찹쌀의 효능을 알고 있었기 때문이다.

삼계탕은 삼복 기간에 먹는 우리 민족의 절식 음식이다. 삼계탕과 계절에는 중요한 함수관계가 숨어 있다. 기온이 높고 습기가 많은 여름철에는 체온이 올라간다. 이 체온이 높아지지 않도록 유지해야 탈 없이 여름을 날 수 있다. 인간의 신체 구조는 관절에 체온 조절 장치(원더네트)가 있어서 얼음 위에서 살다시피 하면서도 동상이 걸리지 않는 펭귄이나 오리의 구조와 다르다. 그래서 체온을 떨어뜨리기 위해, 즉 열을 발산하기 위해 위장과 근육 속에 있던 혈액이 피부 근처로 모여들면서 내장기관은 혈액 부족 현상에 시달리게 된다. 그만큼 체내 체온이 떨어지고 장내 혈액순환이 원활하지 못하게 되는 것이다. 여름에 찬 음식을 먹으면 쉽게 탈이 나는 까닭이다. 위장에 탈이 나면 간 등 다른 장기에도 나쁜 영향을 미치게 된다. 한국인들이 여름에 보양 음식을 즐기는 이유이다. 할인점에서 1년에 팔리는 삼계탕 재료의 40퍼센트 이상이 7~8월에 집중되고 있는 이유도 여기에 있다.

　오래전부터 닭은 체온 저하를 막고 인삼은 몸을 뜨겁게 하는 음식으로 알려져 있다. 《본초강목》에는 "닭은 보양(補陽)·보익(補益)시켜 속이 차가워지는 것을 방지하는 효과가 있다"고 적혀 있다. 또 《동의보감》에도 "닭고기에는 독이 약간 있으나 허약한 것을 보호하는 데 좋기 때문에 식사요법에 많이 쓴다", "닭고기에는 사람에게 필요한 영양분이 많이 들어 있어 여름철 몸의 기를 보충, 각종 면역 기능을 튼튼하게 만들어준다"고 닭고기의 효능을 적시했다. 거기다가 닭고기는 다른 육류에 비해 칼로리가 매우 낮다. 쇠고기나 돼지고기는 물론 흰 살 생선보다 훨씬 더 낮은 칼로리를 지니고 있다. 그런 까닭에 비만에 시달리는 사람이나 회복기 환자, 노인, 운동량이 부족한 샐러리맨들에게 아주 좋은 동물성 단백질 공급원이다. 콜라겐이 가득 들어 있는 닭 날개는 피부 미용에 도움을 준다.

카오야 맛 뒤에 숨겨진 가학성

한국에 삼계탕이 있다면 중국에는 베이징 카오야(烤鴨)가 있다. 물론 그 명성은 삼계탕이 베이징 카오야에 비할 바가 되지 못한다. 흔히 '베이징 덕'이라는 이름으로 잘 알려진 베이징 카오야는 중국 요리의 진수로 꼽힌다. 베이징에 가서 만리장성을 보지 않고 베이징 카오야를 맛보지 않으면 차라리 가지 않은 것만 못하다고 할 정도이다. 베이징 카오야가 중국 요리의 상징이라면 베이징 카오야 전문점인 취안쥐더(全聚德)는 중국 식당의 대표다. 1864년 개업 이래 약 1백50년 동안 한 번도 주방의 화덕에 불이 꺼지지 않은 것으로 유명한 취안쥐더는 중국 정부로부터 전통 명품 브랜드인 라오쯔하오(老字號) 인증을 받은 국가적 기업이다. 라오쯔하오는 중국 정부가 백년 이상의 역사를 가진 명품 전문 판매점에 주는 등록 상표다. 뿐만 아니라 중국 증시인 A증시에 상장한 전통 음식 기업 1호다. 브랜드 가치는 1백억 위안 가까이 될 것으로 추정된다고 한다. 중국 전역에 성업 중인 1백 개 점포에서 한 해에 소비하는 오리가 5백만 마리를 넘는다고 한다. 특히 중국 정부는 국빈 행사를 이곳에서 여는 등 전폭적인 지원을 하고 있다. 저우언라이는 생전에 27번이나 이곳에서 외국 국빈을 맞았다고 한다. 2008년 베이징 올림픽 기간 중에는 하루에 13명의 국가 정상급 귀빈이 몰려 성황을 이룬 적도 있다. 뿐만 아니라 한 층에서 두 명의 국가원수가 식사를 했던 일도 있었다. 베이징 올림픽 기간 동안 무려 1만 3천 마리의 오리가 소비되었다는 보도도 있었다.

베이징 카오야의 역사는 상대적으로 다른 유명한 중국 음식에 비해 일천하다. 원나라 말기에 대중화된 음식으로, 원래의 고향은 베이징이 아니라 난징이다. 오리고기 맛을 본 명나라 태조 주원장에 의해 궁궐 요리로 채택된 이후 베이징 천도로 베이징의 명품 요리로 자리를 잡게 된 것이다. 명나라 초기에 베이징에 카오야 전문점이 생길 정도였다. 고기가 연하고 껍질이 얇아 많은 고객들이 이 식당을 찾았다는 기록이 있다. 청조에 들어와 오리구이가 대중화되면서 베이징 어디에서나 쉽게 오리구이 전문점을 볼 수 있게 되었다. 그중에 비옌이팡(便宜坊)이라는 난징식 카오야 전문점이 유명했다고 한다. 본래 닭이나 오리를 잡아 파는 가게였는데 나중에 오리 요리를 하는 일류 식당의 명성을 얻었다고 한다. 비옌이팡의 오리 요리는 오리를 화덕에 넣어 구워낸 것이다. 베이징 전통시장에 가면 다리를 매달아 걸어놓은 오리를 볼 수 있는데, 이것이 바로 피엔이팡 식으로 요리하기 위한 재료이다.

중국 드라마 〈천하제일의 음식점〉에서 카오야의 조리 방법이 구체적으로 묘사된 적이 있었다. 베이징 덕에 사용되는 전용 오리를 톈야(塡鴨)라고 하는데, 톈야의 사육 방법이 다소 잔인하다. 어느 고기 요리든 지방의 함유량과 육질이 그 맛을 결정한다. 그런 요리 재료를 만들기 위해 톈야에 인공적 작업을 한다. 톈야가 왜소하면 지방이 적고 비대하면 육질이 질겨지기 때문이다. 몸무게가 약 3.5킬로그램 정도가 가장 적절한 상태라고 한다. 우선 생후 2개월이 지나면 전혀 움직일 수조차 없을 비좁은 우리에 가둔다. 이 상태에서 하루에 세 차례씩 사료를 충분히 먹인다.

카오야의 맛은 껍질이 결정한다. 껍질에 맛을 내기 위해 오리 항문을 틀어막고 목 부분에 작은 구멍을 뚫어 대롱을 꽂은 다음 바람을 넣는다. 피부와 지방을 분리하여 쭈글쭈글한 껍질 주름을 펴기 위한 조치다. 그런 다음 내장을 제거하고 씻어서 갈고리에 걸어 그늘에 말린 뒤 굽는 과정을 거친다. 구울 때도 과일나무 장작을 사용하여 고기 비린내를 제거한다. 껍질이 다갈색으로 익으면서 베이징 카오야의 특별한 맛이 만들어진다.

다 익은 카오야는 바삭한 껍질과 담백한 속살이 함께 붙어 있도록 잘라내는데, 보통 한 마리당 120조각 정도가 나온다고 한다. 이 조각난 편육을 '편압(片鴨)'이라고 부른다. 카오야 요리사의 실력은 편압 기술이라고 해도 과언이 아니다. 최고의 요리사는 한 마리당 200조각을 낸다고 한다. 편압 하나하나에 껍질과 살이 같이 붙어 있어 제맛이 나게 해야 함은 물론이다. 오리는 껍질이 가장 맛있다. 미식가들은 살코기는 거들떠보지도 않고 껍질에 집착한다고 한다.

웰빙 바람을 타면서 오리고기만큼 각광을 받은 음식이 없다. 쇠고기나 돼지고기는 가능한 한 먹지 말고 개고기는 기회가 주어지면 먹어도 상관없지만 오리고기는 찾아가면서 먹으라는 이야기가 있을 정도이다. 이는 과학적으로도 근거가 있는 얘기다. 쇠고기 등 대부분의 육류 식품은 산성이지만 오리고기는 사람 몸에 좋은 약알칼리성이다. 오리는 인체에 흡수되어도 굳지 않는 불포화성 지방을 갖고 있다. 끓는 오리고기 육수에 손을 넣어도 뜨거움을 느낄 뿐 큰 화상을 입지 않는다. 오리 체내에 불포화성 지방이 다량(70%) 포함되어 있어서 상대적으로 비화점(약 70℃)이 낮기 때문이다. 이 때문에 오리고기를 먹으면 장내에서 지방이 분해된다. 장에 지방이 축적되지 않기 때문에 콜레스테롤이 쌓이지 않는 것이다. 콜레스테롤 형성이 억제되면 혈액순환을 도와준다. 동맥경화나 고혈압 억제에 오리고기가 좋은 이유다. 필수아미노산과 각종 비타민도 풍부하다. 단백질은 쌀밥의 6배, 대두의 1.4배이고, 비타민은 닭고기의 3.5배나 된다.

오리는 또 독특한 소화기관을 갖고 있다. 오리가 먹은 유해한 물질은 유익한 물질로 변환된다. 오리의 해독 능력은 다른 동물이 해독할 수 있는 양의 15배 정도라고 한다. 유익한 물질로 변화된 것을 몸속에 저장하는데, 이 원리를 이용해서 유황오리가 만들어진 것이다.

6장

정력 때문이야,
정력 때문이야

6장
정력 때문이야,
정력 때문이야

"인간의 미각은 3단계로 발전한다." 미국의 문화인류학자 마빈 해리스의 말이다. 그의 주장에 의하면 첫 번째 단계는 미각 취미다. 음식을 맛으로 찾아먹는 단계다. 두 번째 단계는 맛보다는 이색적인 식재료를 찾는 괴기 취미다. 그마저도 흥미를 잃으면 마지막 단계로 음식 재료에 대한 학대에서 즐거움을 찾는 가학 취미로 이어진다는 것이다. 생활이 윤택해지면서 생존을 위한 영양의 필요를 넘어 욕구 충족을 위해서 음식을 먹는 경향이 점점 강해지고 있다. 그것은 "입과 배의 욕망이란 곧 인간에게 채워진 수갑과 족쇄에 지나지 않는다"는 톨스토이의 말을 증명하는 과정이 되는 것은 아닐까. "육체 욕망을 다스리는 첫걸음은 절식이다"는 톨스토이의 말에 공감하는 것은 필자만이 아닐 것이다. 이제는 무엇을 먹느냐보다는 어떻게 먹느냐를 진지하게 생각해볼 때이다.

1

식도락의 극치를
보여주는 음식

식도락은 신이 준 선물

건강하게 오래 살려는 인간의 욕망은 때론 무한한 창의성의 원동력이 되기도 한다. 그것이 진귀하고 독특한 음식을 만들어내기도 하고 몬도가네 (이탈리아어로 '개 같은 세상'이라는 의미)식 음식 섭취도 가능하게 한다. 설령 그것이 엽기적 식탐이라고 해도 미식과 식도락이라는 이름으로 미화되는 경우도 적지 않다.

음식은 그 자체가 문화다. 선악의 개념, 문명의 개화 정도 같은 추상적 개념을 대입시켜 판단할 필요는 없다. 단, 호불호(好不好)는 있을 수 있다. 어떤 음식을 좋아하느냐 싫어하느냐는 국가, 민족, 족속을 구분하는 기준이 될 수 있다. 물론 이런 구분도 때론 무용할 수 있다. 특정한 국가, 민족, 족속의 소수자의 행위라면 더욱 그렇다.

진귀한 음식을 말할 때 중국을 빼놓고 말할 수 없다. 중국은 다리가 넷

달린 것 중에서는 책상, 날아다니는 것 중에서는 비행기를 제외하고 모든 것을 음식 재료로 사용한다는 얘기가 있다. 그만큼 풍부하고 다양한 음식 재료를 활용해온 것이다. 중국의 일상 식생활에서 요리에 사용되는 재료는 3천 종이 넘는다. 진귀한 재료까지 합치면 1만 종이 넘는다고 한다. 조리 방법도 1만 4천여 종이나 된다고 하니 '음식 천국'이라는 말이 이해가 가고도 남는다. 음식 재료와 조리 방법의 다양함은 미각을 발전시켜온 중국인의 지혜에서 비롯된 것이기도 하지만 그 이면을 들여다보면 넘쳐나는 인구와 부족한 식량을 해결하기 위한 치열한 투쟁의 산물이기도 하다.

세상의 모든 음식과 그 진미는 중국에 있다는 얘기가 허언이 아님은 중국의 진귀한 음식을 보면 알 수 있다. 진귀한 음식이란 좋은 음식이라기보다는 구하기 어려운 희귀한 음식이다. 진귀함이 미각적 쾌감을 높이는 것인지는 단정할 수 없다.

중국의 네 가지 진귀한 요리로 모기 눈알, 원숭이 해골, 바다제비집, 곰 발바닥 요리가 꼽힌다. 광둥 지방의 음식인 모기 눈알 요리는 수프의 일종이다. 눈에 보이지도 않는 모기 눈알을 조리해서 먹었다는 사실 자체가 경이로울 뿐이다. 무엇보다 모기 눈알을 어떻게 채취하는지 궁금할 것이다. 중국인은 천적을 이용하는 기지를 발휘했다. 박쥐는 하룻밤에 평균 2천~3천 마리의 모기를 잡아먹는 것으로 알려져 있다. 모기 눈알은 소화되지 않은 채 그대로 배출된다. 이 점에 착안하여 동굴 속에서 박쥐의 배설물을 모아 모기 눈알을 채취한다.

모기 눈알 요리는 음식 재료가 '비위생적'이어도 맛만큼은 기가 막히다고 한다. 특히 씹을 때 눈알이 터지는 쾌감은 먹어보지 않은 사람은 짐작도 할 수 없다. 이 음식은 국빈 대접용 메뉴로 사용되기도 했다. 영국의 엘리자베스 1세 여왕도 이 요리를 대접받았다고 한다. 사향고양이가 소화를 못 시키고 배설한 딱딱한 커피콩 씨를 갈아 만든 르왁커피가 세계 최고급 커피로 인정받는 것과 같다.

없는 음식이 없다는 중국에서 식도락의 극치를 보여주는 것은 원숭이 해골 요리(쑹수허우터우)라고 할 수 있다. 원숭이 식용은 옛날부터 있었다. 인도네시아 수마트라 섬 서해안에 있는 멘타와이 제도에서 원시적 생활을 하는 사게오니족은 지금도 원숭이를 사냥해서 먹는다. 이 부족의 생활을 영상에 담은 EBS 〈세계테마여행〉의 〈순수의 땅〉편에 의하면 사게오니족은 원숭이와 개를 최고의 먹을거리로 친다고 한다. 원숭이 고기를 먹는 과정에는 중요한 규칙이 있는데, 원숭이 골은 사냥한 사람이 직접 먹는 것이라고 한다.

사게오니족도 중국인만큼 잔인한 방법으로 원숭이 골을 먹는지는 알 수 없다. 과거에 중국에서는 살아 있는 원숭이 생골을 먹는 게 원숭이 해골 요리의 진정한 맛을 본 것이라고 했다. 1970년 세계 각 나라의 진귀한 풍습을 소개한 다큐멘터리 영화 〈몬도가네〉에서 원숭이 해골 요리가 소개되었다. 목을 고정시키는 동그란 구멍이 뚫린 식탁에 머리만 내놓고 겁을 잔뜩 먹은 채 커다란 눈을 껌뻑이고 있는 원숭이. 잠시 뒤 커다란 나무망치가 원숭이 머리를 가격하고 주전자에 담긴 펄펄 끓는 물이 원숭이 정수리로 떨어진다. 마지막으로 카메라는 식탁 밑에 축 늘어진 원숭이 몸통과 '원숭이 식탁'에 둘러앉아 즐겁게 떠드는 식도락가들을 비춘다. 동물의 내장처럼 원숭이의 해골에도 통점이 거의 없어 망치를 얻어맞고 졸도한 원숭이는 통증을 거의 느끼지 못한다. 결국 '요리용' 원숭이는 자

신이 점점 '무뇌' 원숭이로 변해가고 있다는 것조차 모른 채 서서히 죽어
간다. 아마 이 영화에서 생략한 마지막 장면은 식도락가들이 희희낙락하
며 숟가락으로 원숭이 골을 파먹는 것임은 짐작하고도 남는다.

원숭이 해골 요리의 기원은 청나라 초기로 거슬러 올라간다. 광둥 지
역의 번왕이었던 오삼계 수하 병사들의 무식과 만용이 만든 음식이다.
부대의 한 병사가 원숭이 골을 꺼내 먹었다는 이야기가 알려지면서 원숭
이 고기와 원숭이 골이 식재료로 사용되었다고 한다. 광둥 지방에는 아
직도 원숭이 골 수프인 허우나오탕이나 원숭이 고기를 조리하는 음식점
이 있다고 하는데 실제로 그런지는 확실하지 않다.

원래 베트남 왕조의 음식이었던 바다제비집은 수프 요리이다. 청나라
건륭제의 장수 비결이 매일 아침 복용한 바다제비집 수프에 있다는 얘기
가 있을 정도로 진귀한 보양식이었다. 지금은 한국의 유명한 중국음식점
에서도 맛볼 수 있을 정도로 세상에 널리 알려져 있다.

바다제비는 바닷가 절벽 꼭대기에 해초를 얽히고설키게 엮어 집을 짓
는다. 해초의 틈새를 침과 위액으로 메워 마무리 공사를 하는데, 미끌미
끌한 해초가 떨어지지 않게 하기 위한 바다제비만의 독특한 건축 방식이
다. 이렇게 만들어진 바다제비집을 채취해서 말리면 색깔과 모양이 마치
한국의 생강강정같이 된다. 크기는 보통 손바닥만하다. 처음에 지은 바
다제비집은 빛깔이 희다. 이것은 중국 황실에 진상하는 최고급품으로 취
급된다. 사람들이 채취를 하거나 다른 이유로 유실됐을 경우 바다제비는
다시 집을 짓는데 이때는 갈색을 띤다. 위액과 침의 점도가 낮아졌기 때
문이다. 또 다시 유실됐을 경우에는 피를 토해 집을 짓는데, 이때는 붉은
색을 띤다. 붉은색 바다제비집은 워낙 귀해서 부르는 게 값이라고 한다.

절벽 끝에 아슬아슬하게 매달린 바다제비집을 긴 막대기로 채취하다가 절벽에 떨어져 죽는 사람도 많다고 한다. 지난해 세계 최대 경제잡지인 《포브스》 인터넷판에서 세계 10대 혐오 음식을 발표했는데, 그중에 바다제비집 요리가 포함되었다. 위액과 피를 토하는 고통을 감내하면서 만든 바다제비의 보금자리를 식도락가들의 세 치 혀의 쾌락을 위해 희생시켜서는 안 된다는 경고를 담고 있는 것은 아닐까.

🎋 2천5백 년의 역사를 가진 곰 발바닥 요리

곰 발바닥은 요리하기가 쉽지 않은 음식 재료이다. 특히 곰 발바닥에 붙어 있는 털은 얼마나 억센지 요리 가위는 물론 펜치로도 잘라내기가 어려울 정도이다. 털을 태울 때 나는 노린내는 숨을 쉬기도 어려울 정도로 아주 지독하다.

곰 발바닥 요리의 역사는 매우 깊다. 미식가였던 맹자가 "물고기와 곰 발바닥 요리를 모두 먹고 싶지만 하나만 먹을 수 있다면 곰 발바닥을 선택하겠다"고 말했다고 하니, 곰 발바닥 식용 역사는 족히 2천 년은 넘는 셈이다. 곰은 야생 꿀을 즐겨 먹는데, 왼발로 나무를 잡고 오른발로 먹이를 채취하는 습성이 있다고 한다. 그래서 중국인은 오른쪽 앞다리를 선호한다. 꿀과 먹이의 향이 오른발에 배어 있어 특별한 미각과 영양학적 가치를 지닌다고 믿기 때문이라는데, 그 진위야 알 수 없는 일이다. 여기에 마빈 해리스가 말한 가학 취미가 더해지는 경우도 있다. 청나라 황제 중의 한 사람은 곰 발바닥을 도려내어 조리하는 현장에서 이 음식을 즐겼다고 한다. 이규태는 한 신문 칼럼에서 "청나라 황궁에서는 발바닥이 잘

려나가는 고통을 이기지 못해 지르는 비명 소리를 들으며 곰 발바닥 요리를 먹는 가학 취미를 누렸다고 한다"고 적고 있다.

곰 발바닥 요리 외에도 낙타, 오소리, 오리, 거위, 닭, 쥐의 발바닥을 재료로 한 음식도 있다. 낙타 발바닥 요리는 당나라 현종과 양귀비가 즐겼던 음식이다. 특히 두보가 〈여인행(麗人行)〉이라는 시에서 이 요리를 비유로 들어 그들의 음식 사치와 타락상을 고발해서 더욱 유명해졌다. 윤덕노가 쓴 《음식잡학사전》은 "재료를 부드럽게 만든 후 마늘과 파로 양념을 하고 전복 즙으로 조려서 버섯과 죽순을 넣어 맛을 더한다고 했으니 재료만 놓고 봐도 최고급"이라면서 "중앙아시아에서는 지금도 귀한 손님이 왔을 때 대접하는 요리"라고 설명했다. 중동 지역에서 전해진 음식이라는 얘기다.

중국의 진기한 식습관과 엽기적 음식문화의 진면목은 동물의 발바닥 요리에서 볼 수 있다. 땅을 짚고 다니는 특성상 동물의 발바닥 조직은 딱딱하고 질기다. 쥐, 오리 같은 작은 동물의 발바닥 요리는 요리 재료인 발바닥을 부드럽게 하기 위해 동물이 살아 있는 채로 조리한다고 한다. 그렇게 해야 요리가 된 뒤에도 발바닥 살이 굳지 않기 때문이다. 살짝 가열된 프라이팬 위에 살아 있는 동물을 올려 발바닥을 익히는데, 대표적인 요리로 오리발바닥구이(카오야장)와 쥐발바닥볶음 요리를 꼽을 수 있다. 카오야장의 요리법은 간단하다. 갖은 양념을 한 철판 위에 산 오리를 올려놓고 아주 약한 불로 서서히 가열하면 그만이다. 오리는 철판 위의 양념을 모이로 알고 쪼아 먹는 데 열중하다가 철판 온도가 서서히 높아지면서 발이 익어가는 줄도 모른다. 양념이 묻은 발바닥이 충분히 익으면 이를 떼어내 접시에 담아내면 카오야장 요리가 완성된다. 거위와 오소리

역시 오리와 비슷한 방법으로 요리한다. 쥐발바닥볶음 요리는 철판에 눌어붙은 발바닥 껍질을 긁어모아 볶는 것인데, 쥐발바닥볶음 요리 한 접시를 만들기 위해선 생쥐 수십 마리가 필요하다고 한다. 또 요리용 쥐는 발바닥의 부드러움을 유지시키기 위해 톱밥에서 기른다고 한다.

중국에서 통칭 닭 발바닥 요리라고 부르는 것은 엄밀하게 말하면 우리의 닭발 요리와 같은 것이다. 대표적인 요리가 '봉황의 발톱'이라는 의미를 가진 펑자오(鳳爪)라는 음식이다. 펑자오라는 이름에서 중국인은 과장이 너무 심하다고 생각할지 모른다. 하지만 그것은 닭발 요리가 포장마차에서나 먹는 싸구려 음식으로 치부되는 지금의 얘기이지, 음식이 귀하던 옛날에는 닭발 요리도 당당한 '제왕의 음식'으로 불렸다. 춘추전국시대 때 제나라의 한 임금은 닭발을 한 번에 수천 개를 먹어야 만족했다는 '믿을 수 없는' 기록도 있다. 중국 서진의 문장가 장협은 닭발을 '천하진미'라고 찬사를 보냈다고 한다.

🌸 중국 음식 속의 국화 꽃잎이 뜻하는 것은?

중국의 엽기적인 음식문화는 요리 방법이나 먹는 방법에서도 나타난다. 거위 창자 요리는 요리법에 있어서 베이징 덕에 버금가는 괴기적 음식이라고 할 수 있다. 이 요리는 꼭 산 거위의 창자를 재료로 사용해야 제맛이 난다고 한다. 그래서 살아 있는 거위의 항문을 도려낸 뒤 창자를 꺼내 조리한다. 윌리엄 골딩의 소설 《파리대왕》의 한 대목, 암퇘지의 음부에 쇠꼬챙이를 꽂아 도살한 뒤 불에 굽는 장면이 연상된다. 거위 창자 요리는 인간의 내면에 잠재한 잔인성을 극단적으로 보여주기 위해 작가가 설정

정력 때문이야, 정력 때문이야

한 돼지 도살 장면보다 더 끔찍하다는 생각이 든다.

만약 서양의 어느 나라에서 탄사오루양(炭燒乳羊)을 만들어 먹는다면 동물 학대 논쟁을 불러일으키는 것은 물론이고 그 식도락가는 동물학대법으로 고생깨나 해야 할 것이다. 이 음식의 재료는 출산 직전의 양이다. 만삭의 양을 숯불에 구운 뒤 배를 갈라 배 속에서 익은 새끼 양을 꺼내 요리해서 먹는 음식이다. 새끼 양의 보드라운 살은 젓가락을 대기만 해도 부서질 듯이 연하다고 한다.

쥐를 요리 재료로 사용한 음식이 있다면 한국인은 고개를 절레절레 저을지도 모른다. 심지어 그것을 산 채로 먹는다면 기절초풍할 것이다. 싼자오(三叫) 요리는 갓 태어난 생쥐를 통째로 먹는 음식이다. 싼자오는 '세 번 운다'는 의미이다. 젓가락으로 집을 때, 양념에 찍을 때, 입에 넣을 때 생쥐가 세 번 운다고 해서 이 같은 이름이 붙었다고 한다.

중국인은 남녀노소 가릴 것 없이 뱀 요리를 즐긴다. 특히 뱀 수프 요리(싼스어겅)를 좋아한다고 한다. 유안의 《회남자》에는 "월인(중국의 남부와 베트남)들은 뱀 요리를 최고로 친다"고 기록되어 있다. 중국의 남부는 아열대 혹은 열대성 기후 지역으로, 울창한 숲이 넓게 분포해 있다. 지금도 정글 지방에서는 뱀을 최고의 건강식으로 여기고 있으니 그런 지방에서 뱀을 먹는 것을 놀랍거나 이상하게 생각할 일은 아니다. 이러한 식습관은 중국 전역으로 전파되어 오늘날 일상식이 되다시피 했다. 광둥성 등 중국 남부 지방의 재래시장에 가면 시장 바닥에서 뱀 껍질을 벗기고 있는 상인을 쉽게 볼 수 있다. 중국인들은 동면을 앞두고 체력을 비축해 놓은 가을철에 뱀 고기를 많이 찾는다고 한다.

아무리 모양보다는 맛과 영양을 중시하는 실용주의적인 중국인들이라고 해도 흉측해 보이는 뱀 요리만큼은 쉽게 적응이 안 되는 모양이다. 이 때문에 눈, 코, 혀로도 뱀이 들어간 음식인지 아닌지 분간할 수 없도록 요리하는 게 중국 고급 식당의 전통이라고 한다. 혹시라도 뱀 고기를 먹지 않는 사람을 위해 애교 섞인 배려도 잊지 않는다. 뱀을 재료로 만든 음식이라면 국화 꽃잎이나 월계수 잎으로 장식하는 것이다.

한국인 중에도 뱀을 즐기는 사람이 꽤 있다. 물론 정력보강제로 먹는 것이다. 뱀은 쉬지 않고 72시간가량 교미를 지속할 수 있다고 하니 그런 생각을 가질 만하다. 그럼에도 우리에게 뱀 요리는 여전히 엽기적인 음식이다. 그런데 뱀, 고양이, 닭을 함께 끓인 음식이 있다면 진귀한 음식의 반열에 올려도 무방할 것이다. 용과 호랑이와 봉황이 싸우는 듯한 기세를 느낄 수 있다는 룽후펑다후이(龍虎鳳大會)라는 요리이다. 이 역시 보양 음식이다.

🐍 한국인은 '괴물의 고기'를 즐긴다?

서양인의 시각으로 볼 때 한국의 대중적인 음식 중에서 최고의 혐오 식품은 낙지다. 만약에 서양인들이 살아 있는 세발낙지를 나무젓가락에 둘둘 말아서 고추장에 찍어 먹는 모습을 보면 기겁을 할지도 모른다. 실제로 미국 언론은 한국 영화 〈올드보이〉에 산낙지를 먹는 장면이 나오는 것을 두고 "폭력적이다", "낙지가 미국을 공격했다"며 요란한 반응을 보이기도 했다.

서양인은 낙지, 문어, 오징어와 같이 머리와 다리밖에 없는 두족류 연체동물을 먹지 않는다. 서양 신화에 낙지는 저승의 관문을 지키는 문지

285

정력 때문이야, 정력 때문이야

기로 묘사되어 있다. 우리 식으로 말하면 저승사자인 셈이다. 그래서 낙지를 '악마의 고기'라고 부르기도 한다. 아리스토텔레스도 대하, 붕장어와 함께 낙지를 '바다의 3대 괴물'로 지목했을 정도로 싫어했다고 한다. 영어에서는 문어, 낙지, 오징어라는 구분 없이 모두 octopus로 통한다. 얼마나 싫어하면 이런 현상이 일어났을까 하는 생각이 든다.

징그럽게 생기고 흐물흐물 움직이는 낙지를 산 채로 먹는 모습이 다소 엽기적으로 보일 수는 있겠지만 낙지의 영양가는 최고다. 낙지는 정력을 돕는 작용을 한다. 한때 중금속이 검출되어 논란이 되기도 했지만 머리(실제는 몸통) 속에 있는 검은 물주머니(고락)는 '갯벌의 산삼'이라고 불릴 정도로 강정강장에 효과가 크다. 고락 한 개에 인삼 한 근에 함유된 양의 타우린이 들어 있다. 정약전의 《자산어보》에도 비쩍 마른 소에게 낙지 서너 마리를 먹이면 곧 강한 힘을 갖게 된다고 했다. 우리나라 남부 지방에서는 지금도 임신한 소가 몸을 푼 뒤나 소가 더위를 먹었을 때 낙지와 막걸리를 먹인다.

번데기도 외국인에게는 혐오 식품이다. 외국인 관광객을 대상으로 실시한 한 여론조사에서 한국의 엽기 음식 1위에 번데기가 꼽혔다는 보도도 있었다. 하지만 번데기는 혐오 식품으로 인식되기는 해도 한때 건강 식품의 대명사였다. 옛날에는 귀한 영양 식품으로 여겼다. 번데기는 누에가 고치를 짓고 변태한 상태다. 즉, 누에의 성충이다. 번데기뿐만 아니라 모든 곤충의 성충은 단백질 덩어리라고 해도 과언이 아니다. 사실 인류가 최초로 선택한 먹을거리가 곤충과 곤충의 성충이다. 한 자료에 따르면 번데기 열 알이면 달걀 세 개보다 단백질 함유량이 높다. 그러니 고단백 식품이라고 할 만하지 않겠는가.

🍶 일본 혐오 음식은 변형의 소산

지리적 여건상 교류가 잦은 덕분에 보통의 한국인은 일본 음식에 대한 거부감이 거의 없다. 이국적으로 받아들이기보다 친숙한 느낌을 가질지도 모른다. 전통적이고 보편적인 일본 음식 중에서 유별나거나 특별해 보이는 음식은 많은 편이 아니다.

하지만 일본인의 독특한 취향이 반영된, 잘 알려지지 않은 음식을 대하면 '어떻게 이런 음식을 먹지?' 하고 의아해할지 모른다. 이를테면 라면에 마요네즈를 뿌린 '마요라멘', 밥 위에 초콜릿을 올린 '초코덮밥' 같은 음식이다. 최근에 출판된 《곤충 요리》라는 책에는 곤충 마키, 곤충 스시 등의 요리법이 소개되어 있다. 이처럼 재료의 기이한 조합과 먹는 방법의 변형을 통해 색다른 맛을 즐기는 것을 '헨쇼쿠(變色)'라고 한다. 흐르는 물에서 건져 먹는 국수인 나가시소멘도 그 일종이라고 할 수 있다.

대중화된 음식이라도 한국인에게는 헨쇼쿠로 보이는 음식도 있다. 들비둘기 요리가 대표적이다. 오가오 이토가 쓴 《달팽이 식당》을 보면 들비둘기를 구워 먹는 장면이 등장한다. 어머니의 죽음에 따른 충격으로 실어증에 걸렸던 주인공 링고가 들비둘기 요리를 먹고 실어증을 치유했다는 게 대충의 스토리다. 하지만 지금은 '동물애호령' 때문에 조류를 잡을 수 없어 양식 비둘기로 요리를 한다고 한다. 일부 들비둘기 요리 애호가들은 중국이나 홍콩에서 수입한 야생 비둘기로 요리한 음식을 찾는다고 한다. 최근에 미국의 여행 전문 케이블 방송 〈트러블 채널〉이 일본의 엽기 음식을 특집으로 편성해 방영했는데, 일본 여행 중인 한 서양인이 개구리 사시미와 개구리 심장을 시식하는 장면이 전 세계로 전파를 타기도 했다.

정력 때문이야, 정력 때문이야

한국에서는 거의 사라졌지만 일본에서는 여전히 대중적 인기를 끌고 있는 음식도 있다. '사사미'라고 하는 닭가슴살 사시미다. 하지만 닭가슴살의 신선도를 유지하기가 쉽지 않아 일반 횟집에서는 좀처럼 다루지 않는 음식이다.

일본의 향토 음식 중에는 색다른 음식이 많다. 특히 일본으로 귀속된 지 불과 40년밖에 지나지 않은 오키나와는 진귀한 음식의 천국이다. 오키나와의 향토 음식엔 특히 돼지고기 요리가 많다. 돼지족발 국물 요리 '아시데비치', 돼지 귀 요리 '미미가', 돼지고기를 술로 간을 한 '라후테' 등이 있다. 돼지 귀 요리는 콜라겐이 풍부해서 여성에게 인기가 높다. 중국 명나라 때 돼지 코 수프가 방중술에 활용되었다고 하는데, 이것이 돼지 귀 요리로 변형된 것은 아닌지 모를 일이다.

재일동포들에게 한국인이 보기에 색다른 일본 음식을 몇 가지 알려달라고 하면 꼭 빠지지 않는 음식이 있다. 오키나와를 대표하는 음식인 고야 찬푸루다. 고야는 오이와 수세미를 합친 것과 같은 모양의 채소인데, 표면이 고슴도치 털을 입힌 듯하고 맛이 매우 쓰다. 고야 찬푸루가 비타민의 보고이자 더위를 이기고 다이어트에 도움이 되는 식품으로 알려지면서 몇 년 전부터 선풍적인 인기를 모으고 있다. 미야기 현 향토 음식인 규탕도 색다른 음식으로 분류할 수 있을 것 같다. 규탕은 소의 혀만을 숯불에 구워 먹는 요리이다.

이외에도 일본인은 자라, 벌, 말고기 회, 문어 등을 보양식으로 즐긴다. 자라탕은 일본에서 최고가의 음식이라고 한다. 자라고기는 닭고기 맛이 난다고 하는데, 일부 일본인들은 자라 피를 먹기도 한다.

일본 영화 〈피와 뼈〉(최영일 감독)를 보면 돼지고기를 발효시켜 먹는 장면이 있다. 특별한 저장 수단이 없던 옛날에는 돼지고기만이 아니라 대부분의 고기를 발효시켜서 먹었다. 그것이 바로 햄이다. 냉장고가 발달하면서 발효 고기는 서서히 사라졌다. 이 영화의 시대적 배경은 대략 1920년쯤이다. 돼지고기를 발효시킨다는 것은 이상할 게 없다. 문제는 양철통에서 꺼낸 돼지고기 덩어리에 구더기가 다닥다닥 붙어 있었다는 점이다. 그 구더기를 이용한 요리도 있었을까 하는 궁금증이 생겼다. 이 장면은 다큐멘터리 영화 〈몬도가네〉에 나온 낙타 구더기 요리를 연상시켰다. 중동 지방에서는 낙타를 사막에 묻어두었다가 이듬해 여기서 생기는 구더기를 요리해서 먹는다고 한다. 이것이 중동의 사막 지방에서는 최고의 영양식으로 꼽힌다.

2

문화가 된
금기 음식과 생활

중국인은 날계란을 먹지 않는다

'금기' 혹은 '터부'는 명확한 정의가 쉽지 않은 용어다. 합리적·과학적 인과관계를 찾을 수 있는 터부나 금기는 많지 않다. 환경에 적응하기 위해 익힌 생활의 지혜가 문화적 신념으로 이어진 게 대부분이다. 거기에는 경험에서 얻은 삶의 지혜가 묻어 있다.

중국은 음식에 대한 관대함만큼이나 음식에 대한 금기가 덜하다. 그럼에도 사물의 형상과 이름이 길흉화복과 연관된 금기 음식은 어느 나라보다 많다. 금기 사항은 기본적으로 무엇인가를 회피함으로써 화를 면하려는 경향을 반영한 것이다. 이를 역설적으로 해석하면 행복에 대한 열망과 불행을 예방하려는 소망을 담고 있다. 국가적 행사나 가정의 대사에 유독 금기 사항이 많은 까닭이다. 중국에서 제수용품이나 결혼식 피로연 음식에 비늘이 벗겨진 생선은 절대 사용할 수 없다. 비늘이 떨어져나간 생선은 불완전한 음식으로 여기기 때문이다. 이런 음식을 올리면 제주나 혼주는 정성이 부족하다고 핀잔을 듣기 일쑤다. 후베이성에서는 닭고기를, 장쑤성에서는 콩 요리를 제수 음식으로 사용하지 않는다. 이 지방 방언으로 닭고기와 콩 요리가 각각 '굶주리다', '싸우다'라는 의미를 갖고 있기 때문이다. 결혼식 피로연 음식에는 파뿌리 외에는 파 사용을 기피한다. '파'를 뜻하는 '총(葱)'자가 '충돌하다'는 의미의 '충(衝)'과 발음이 비슷하기 때문이다. 부부생활이 원만하고 행복하길 바라는 마음의 일단을 읽을 수 있다.

중국 식탁에는 달걀 두 개로 된 요리는 올리지 않는다. 달걀 두 개를 '얼단(二蛋)'이라고 읽는데 이는 '얼간이', '바보'라는 의미의 욕설이다. 만일 두 개의 달걀을 올렸다면 '바보'라고 조롱하는 게 되기 때문이다. 과일을 대접할 때에는 배를 두 조각으로 잘라놓지 않는다. '배'를 뜻하는 '이(梨)'와 '헤어지다'는 의미의 '이(離)'가 동음이어라서 그렇다. 사업 파트너나 연인 사이에서는 더욱 금기시되는 사항이다.

위생상 이유로 금기시하는 음식도 있다. 중국인은 생선회나 육회 같은 날것을 썩 즐기지 않는다. 특히 날계란을 먹는 것을 질색한다. 중국에 큰 병이 돌아 많은 생명을 앗아간 적이 있는데 그 원인이 날계란에 있다고 생각하기 때문이다.

터부와 금기는 꼭 어떤 행위를 말리는 것만은 아니다. 뜻 깊은 행사에는 권장하는 풍습도 있다. 이를테면 중국인들은 섣달 그믐날 자오쯔(餃子)를 빚고 생선을 굽는다. 자오쯔는 명나라 때 금 5냥, 10냥 혹은 은 50냥으로 만든 화폐 '원보'와 모양이 비슷하다. 새해에 재복이 들어오길 바라는 마음을 자오쯔에 담은 풍속이다. 섣달 그믐에 생선을 굽는 것도 비슷한 이치다. '생선'을 뜻하는 '어(魚)'와 '풍요로움'을 뜻하는 '여(餘)'의 발음이 같기 때문이다. 중국인은 또 생선 중에서 잉어를 유별나게 좋아한다. '잉어(鯉魚)'의 발음이 '이익(利益)'과 비슷하기 때문이다. 잉어 요리를 먹으면서 '해마다 풍요가 깃들기를!' 하고 외친다 하니 풍요로운 삶에 대한 중국인의 갈망을 짐작하고도 남는다.

금기의 연장선 위에 에티켓과 예의가 있다고 해도 과언이 아니다. 중국은 예의를 중시하는 풍습 때문에 에티켓과 관련한 금기 사항이나 권유 사항이 많다. 중국에서는 특히 생선을 먹을 때 주의해야 한다. 절대로 생선을 뒤집으면 안 된다. 만일 생선을 먹는 곳이 해안 지역이라면 더더욱 피해야 한다. 생선을 뒤집는 행위에서 어선이 전복되는 이미지를 연상하기 때문이다. 또 생선 등뼈를 손님 쪽으로 향하게 놓으면 이 역시 실례가 된다. 오나라 사람 희광이 요왕을 집으로 초대하여 생선 배 속에 숨겨놓은 검으로 살해한 고사 '어장검(魚腸劍)'에서 유래한 에티켓이다.

산둥 지방에서는 손님에게 음식을 대접할 때 물만두를 첫 번째 음식으로 내놓아서는 안 된다. 이 지방의 향토 음식인 물만두의 이름(곤포)이 공교롭게도 '꺼져라'는 속어와 중첩되기 때문이다. 그래서 산둥 지방에서는 물만두를 '송별의 음식'으로 여겨 송별회 자리에 빠뜨리지 않는다.

에티켓은 단지 음식에만 해당하는 것이 아니다. 국물 음식을 뜨고 나서 국자를 뒤집어놓아서도 안 된다. 국자를 뒤집어놓으면 주인은 손님을 재복을 물리치는 사람으로 여길 수 있다. 반면에 식사를 마친 뒤엔 숟가락을 뒤집어놓아야 한다. 남에게 수저를 보이지 않는 것을 예의로 삼기 때문이다. 차와 술을 대접할 때에는 주전자의 주둥이가 손님 쪽을 향해서는 안 된다. 주둥이가 향한 쪽에 앉은 사람은 구설수에 오른다는 속설 때문이다. 주전자의 주둥이와 사람의 입을 연계시킨 관습이다.

🌸 밥그릇을 깨끗이 비웠을 때 일본에서 생기는 일은?

밥상머리 교육 즉 '식육(食育)'의 출발점은 식사 예절이다. 식사 예절은 가르침을 받아 깨치는 게 아니라 식사 과정에서 몸으로 체득한 매너이다. 당연히 그것은 문화와 전통에 바탕을 두고 있어 동양 3국 사이에 많은 차이를 보이고 있다.

중국에서는 무엇이든지 먹을 수 있지만 어떤 것도 함부로 먹을 수 없다. 그만큼 식사 예절이 까다롭다고 할 수 있다. 손님이 멀리 있는 음식을 집기 위해 일어서서 팔을 내밀면 예의 없는 행동으로 지탄받는다. 식탁 위에 놓인 쟁반을 돌려서 먹고 싶은 음식을 자신의 앞으로 옮긴 뒤 먹을 만큼 음식을 덜어내야 한다. 주인은 또 손님보다 먼저 자리에서 일어나거나 접시를 치운다든지 행주질을 해서도 안 된다. 그런 행위는 손님에게 빨리 나가달라는 재촉의 메시지를 담고 있다.

연장자나 손윗사람을 배려하는 예의도 꽤 많다. 생선 요리가 제공되었다면 머리 부분은 자리를 함께한 사람 중에서 좌장에게 주고, 그 다음으로 높은 사람에게는 꼬리를 주는 게 관례이다. 또 생선 토막이 하나 남았을 경우에는 손윗사람이나 높은 사람에게 양보하는 것이 중국의 전통이다. 남은 생선 토막을 복을 부르는 음식으로 여기기 때문이다. 마찬가지로 술병에 술이 한 잔 정도 남았을 때에도 연장자나 좌장에게 따르는 게 예의다. 그런 행위 속에는 장수와 축복을 기원하는 의미가 내포되어 있다. 아마도 귀한 음식을 남기지 않기 위한 '지혜'가 배어 있는 듯하다.

정력 때문이야, 정력 때문이야

중국에서는 손님이 접시를 깨끗이 비우면 주인의 대접이 소홀했다는 의미로 해석된다. 그래서 만족한 식사 대접을 받았다는 의사를 전달하기 위해 한 숟가락 정도 음식을 남기는 게 예의다. 반면에 일본에서는 밥그릇을 깨끗이 비우지 않으면 예의에 벗어나는 일이다. 만일 밥을 남긴 채 수저를 놓으면 밥이 부족하니 조금 더 달라는 뜻이 된다. 또 손님에게 최대의 환대를 표시하는 중국식 방법은 젓가락으로 음식을 집어주는 것이다. 반면에 일본에서 같은 행위를 하는 것은 절대 금기 사항이다. 일본에서는 그러한 행위를 죽은 사람에게나 하는 짓으로 여긴다. 시체를 화장할 때 젓가락으로 유골을 집어서 전달하는 풍습 때문이다. 일본에서 우리처럼 술잔을 돌리지 않는 것은 이미 상식이 되었다. 대신 먹던 잔에 술을 첨잔한다. 잔이 비었는데도 첨잔을 하지 않으면 술자리를 끝내자는 의미가 된다.

🌱 남편이 지어준 밥을 먹으면 입덧이 멎는다

출산과 관련한 동양 3국의 금기 사항은 비슷하다. 아기가 무사히 태어나고 건강하게 자라기를 바라는 마음이야 나라와 문화가 다르다고 차이가 있겠는가. 더욱이 이웃한 나라로서 유사한 문화를 공유하고 있고 가족의 가치를 중시하는 공통된 전통이 비슷한 금기를 낳은 이유다.

한국의 한 연구기관에서 전국 농민을 대상으로 임산부가 출산 전후에 엄격하게 가리는 음식에 대해 조사한 결과, 금기 음식이 무려 116종에 이르는 것으로 나타났다. 음식의 금기를 한마디로 정의한다면 '부정한 음식'을 기피하는 것이다. 재미난 것은 동양 3국이 똑같은 이유로 꽤 많은 음식을 금기시한다는 점이다. 특히 음식 재료의 모양이나 특징과 관련된 금기가 유난히 많다. 예를 들면, 닭고기를 먹으면 아기의 피부에 닭살이 돋고 오리고기를 먹으면 갈퀴 모양의 손가락을 갖고 태어난다거나, 토끼고기를 먹으면 언청이를 낳고 자라고기를 먹으면 목이 짧은 아이가 나온다거나 하는 식이다. 게를 먹으면 난산이 된다는 얘기도 세 나라에 똑같이 있다.

그렇다고 모두가 일치하는 것은 아니다. 음식 재료가 된 동물의 특성을 자국의 문화적 입장에서 해석한 탓이다. 한국에서는 문어, 오징어, 낙지 등 두족류 연체동물을 먹으면 아이의 뼈가 튼튼하지 않다고 믿었다. 뼈가 없는 연체동물의 특성에서 발상된 얘기다. 또 말고기를 먹으면 난산할 가능성이 높고, 개고기를 먹으면 목청이 나쁘다고 믿었다. 일본에서는 오징어를 먹으면 탯줄이 아이를 감아 유산될 수 있다고 경고했다. 오징어의 긴 다리와 탯줄을 동일시한 것이다. 중국에서는 튼튼한 다리를 가진 말과 개를 자주 보면 건강한 아이를 낳는다고 믿었다.

한국의 속설은 먹고살기 어려웠던 시절 산모의 건강을 챙겨야 한다는 일깨움을 주기도 한다. 예를 들면, "임산부가 먹고 싶은 것을 못 먹으면 짝눈이 아이를 낳는다"고 경고했다. 또 "남편이 해준 밥을 먹으면 입덧이 멈춘다"는 얘기도 있다. 이는 산모가 음식을 충분히 섭취할 수 있도록 남편을 독려하려는 지혜가 배어 있는 속설이다. 임산부와 고통을 함께하기 위해 남자들이 산욕기를 치른 것이라 할 수 있다. 한 지방에서는 산모가 난산으로 고생을 하면 남편이 초가지붕 위에 올라가 애를 낳는 시늉을 하는 풍습도 있다. 일종의 '산옹제(産翁制)'라고 할 수 있다.

일본에는 한국과 중국에는 없는 독특한 임신 행동이 있다. 복대를 차는 것이다. 이를 '오비이와이'라고 한다. 임신 5개월째 되는 달 중에서 '개의 날'을 택하여 복대를 찬다. 순산과 다산을 상징하는 개처럼 산통 없이 출산하기를 바라는 희망이 '개의 날'을 선택한 이유임은 쉽게 예측할 수 있다. 일본에서는 복대를 '신의 선물'로 여긴다. 신의 선물로 허리를 둘러 아이를 보호하면 아이가 배 속에서 건강하게 자랄 것이라는 '엄마의 마음'을 담고 있는 것이다.

일본에는 최근에 생긴 '집단적 버릇'도 있다. 교토 중심지에 '산넨자카'라는 가파른 계단 언덕이 있다. 임신한 여성이 순산을 기원하며 계단을 오르내리는 곳이다. 여기에는 산모의 운동이 태아에 도움이 된다고 믿는 일본인들의 생각이 담겨 있다. 하지만 지금은 단지 산모만을 위한 언덕이 아니다. 그 의미가 일반 사람에게까지 확대되어 "산넨자카에서 넘어지면 3년 밖에 못 산다"는 '미신'이 생긴 것이다. 이 말에는 산넨자카에서 넘어지지 않으려고 애를 쓰듯 평생 조심스럽게 처신하며 살라는 뜻이 담겨 있다. 산넨자카, 즉 '3년의 언덕'이라는 이름이 붙여진 이유이기도 하다.

일본 여성들은 임신을 하면 부적을 품고 다닌다. 순산을 기원하는 '이누 하리코'라는 종이로 만든 개 모양의 부적이다. 부정한 기운을 막고 아기가 잘 자라게 해달라는 기원이 담겨 있다. 이런 노력에도 불구하고 아이가 태중이나 출산 과정에서 사망할 경우, 사산한 아이를 위해 제사를 지낸다. 사산아의 제사를 전문으로 지내는 신사도 있다. 배 속의 아이도 한 생명을 가진 인격체로서 생각했음을 암시한다. 사산한 아이는 '마이코(迷子)'라고 불렀다.

태교의 발생지인 중국은 다양하면서도 체계화된 태교 교육 시스템을 갖춰나갔다. 중국 태교는 주나라 문왕의 어머니 태임(太任)으로부터 비롯되었다는 게 통설이다. 사마천의 《사기》에 의하면 주나라 때 '태교의 어머니'로 불리는 태임의 가르침을 옥판에 새겨 후대의 교육 지침으로 삼았다는 기록이 남아 있다. 중국에서는 태임을 '큰 스승 태임'이라는 의미로 '타이타이(太太)'라고 부른다. 후세대를 위한 태중 전인교육의 중요성을 일깨운 태임을 존경의 대상으로 삼고 있음을 직감할 수 있다.

　태교 종주국의 면모는 수많은 태교 교육서를 통해서 다시 한 번 확인이 된다. 태임의 태교법을 모범으로 삼아 정치가, 의학자, 교육가 등이 시대정신을 담아 재구성한 것이다. 태교의 바이블이라는 《열녀전》, 임신이라는 단어를 처음 사용한 《가의신서》, 왕세자 태중 교육 지침서 《안씨 가훈》, 임신한 황후의 특별관리법을 적은 《청사씨》, 음양오행에 따른 태교 음식관리법 등을 소개한 《의성》 등이다. 이 서적들은 태교의 핵심이라고 할 수 있는 복육설(腹育說)을 여러 가지로 해석했다는 점에서 일맥상통하는 면이 있다. 복육설은 산모의 건강과 정신상태가 태아의 발육에 영향을 미친다는 주장이다. 특히 《안씨 가훈》은 산모에게 좋은 음악을 듣고 시를 읽으라고 충고하고 있다. 《의성》은 태아의 호흡을 돕는 운동을 권하고 있다. 또 뜨겁거나 찬 음식을 피하고, 생마늘, 개고기, 양고기, 새우, 게 등을 가려먹을 것을 권유하고 있다. 이런 주장은 기본적으로 태아와 산모의 기가 통한다고 믿는 것에서부터 시작한다. 이를테면 해산을 앞두고 산모의 몸에 향기가 나고, 방에 붉은 빛이 나도록 해야 비범한 인물을 낳는다는 식이다.

정력 때문이야, 정력 때문이야

🌀 산후조리용 음식

산후조리용 음식은 건강식이다. 출산 과정에서 벌어진 골반은 연골화되어 있는 상태다. 또 여러 근육과 골절 역시 이완되어 있다. 산후조리를 제대로 하지 못하면 출산후유증에 시달리게 되는 이유다. 출산후유증을 줄이는 최고의 방법은 역시 음식 섭취이다. 임신 이전과 같은 건강한 상태로 되돌리는 데 도움이 되는 음식을 먹는 것이다.

한국의 대표적인 산모 건강식으로는 미역국을 들 수 있다. 조선시대 여성의 생활풍속을 소개한 《조선여속고》에 "해산 뒤 쌀밥과 미역국 세 그릇씩 삼신상을 차려 바쳤는데 여기에 놓았던 밥과 국은 반드시 산모가 먹었다"고 기록되어 있다. 최남선은 삼신의 '삼'은 '태(胎)'를 의미한다고 주장했다. 태는 태아, 태반, 탯줄을 의미한다. 삼신은 출산과 육아를 관장하는 산신(産神)이다. 삼신상을 차리는 것은 아닐지라도 산모가 삼칠일 동안 미역국을 먹는 풍습은 지금까지 이어지고 있다.

출산 후 처음으로 미역국에 밥을 말아 먹는데 이를 '첫국밥'이라고 한다. 《민족문화백과사전》에 의하면, 첫국밥상에는 삼신상에 올린 정화수로 지은 밥과 해산미역으로 끓인 국을 올린다. 해산미역은 산모를 위해 미리 마련해둔 미역을 말한다. 산모의 빠른 회복을 바라는 의미에서 특별히 길고 넓적한 최상품으로 고르는 게 관례다. 해산미역이 아무리 길어도 이를 꺾는 법이 없다. 만약에 부러지기라도 하면 매우 불길하게 여겼다. 산모의 건강이 나빠지거나 난산을 할 수 있다고 믿은 것이다. 부러지지 않게 접어놓은 해산미역의 모양이 마치 꼬부랑 할머니의 허리와 닮았다고 해서 허리 굽은 사람을 "해산미역 같다"고 비유하기도 했다.

우리 조상은 산후에 먹는 미역을 '선약(仙藥)'이라 했다. '장수의 약'이라는 뜻이다. 미역의 약리 효과를 이미 알고 있었던 것이다. 아니, 약리 작용을 확인하고 미역을 먹기 시작했다고 해야 옳을 것 같다. 당나라 때 저서인 《초학기》에 "고래가 새끼를 낳은 후 상처를 처리하기 위해 미역을 먹는 것을 보고 고려 사람들이 먹기 시작했다"는 기록이 있다. 사실 미역은 칼슘과 요오드 함량이 많아 자궁의 수축과 지혈을 돕는다. 또 옥소가 피를 맑게 하는 조혈제 역할을 한다는 사실이 현대의학에서도 밝혀졌다.

가물치도 영양식으로 취급된다. "닭을 먹으면 3일 효과가 있고, 보신탕은 7일 가고, 쇠고기는 15일이 가고, 흑어(黑魚)는 한 달 간다"는 말이 있다. 여기서 흑어는 가물치를 가리킨다. 가물치는 강장 능력이 뛰어나고 다량의 무기질이 함유되어 있어 산모의 기력 회복에 도움이 되는 산후 조리 음식으로 높은 인기를 끌고 있다.

중국에서는 미역이 낯선 식품이다. 해안 지방의 사람들도 해초류를 그다지 즐기지 않는다. 중국인은 산후 건강식으로 미역국 대신 계란탕을 끓인다. 분만 후 충분한 영양소 섭취를 위해 죽순, 해삼 등 고급 재료를 넣은 계란탕을 장복한다. 계란탕은 부드럽고 위에 부담을 주지 않아 산모에게 더없이 좋은 음식이다. 최근 노른자에 들어 있는 콜린이 아이의 두뇌 성장을 돕는 '브레인 영양소'라는 사실이 알려지면서 우리나라에서도 산모 건강식으로 각광을 받고 있다.

삶은 계란도 많이 먹었다. 아들을 낳으면 삶은 달걀에 빨간 물을 들이고, 딸을 낳으면 빨간 점을 찍어 이웃들과 나눠 먹는 풍습이 내려오고 있다. 붉은색으로 칠하거나 점을 찍는 것은 붉은색이 상서로움을 뜻하기 때문이다. 붉은 계란을 먹음으로써 신생아에게 복을 준다는 것이다.

중국에서는 삶은 계란을 상서로운 음식으로 여긴다. 한국이나 중국에서는 정월 초하루(1월 1일), 삼짇날(3월 3일), 단오(5월 5일), 칠석(7월 7일), 중양절(9월 9일)과 같이 음력으로 홀수 달에 달과 겹치는 날을 길일로 친다. 특히 삼짇날에는 삶은 계란을 넣어 끓인 냉이탕을 먹는 게 중국의 관습이다. 이런 풍습은 삼짇날 달걀을 먹고 임신한 아이가 상나라의 시조가 되었다는, 중국 고대국가 상나라의 건국신화와 관련이 있다.

일본에서는 산후조리 음식으로 '즈이키(토란)조림'을 즐겨 먹는다. 체력 증진 음식으로 사랑받고 있는 토란이 산후회복 음식으로도 인기를 누리고 있는 것이다. 일본인은 특히 산모의 젖 생산을 늘리고 어혈을 풀어 노폐물 배출에 뛰어난 효과가 있다고 믿고 있다. '흙에서 나는 알'로 알려진 토란은 생명력이 매우 강한 식물이다. 이 음식을 먹으면 회복이 빠르리라는 기대를 한 것은 아닐까. 또 산모는 '치카라모치'라는 떡을 먹는다. 치카라모치는 먹으면 힘이 나는 떡이라는 의미이다. 보통의 떡보다 크기도 크고 곱절이나 많은 팥을 넣어 찌는데, 친정어머니가 보낸 찹쌀과 팥으로 만드는 풍습이 있다.

산후조리 음식과 풍속은 어느 나라, 어느 부족이든 있게 마련이다. 유대인은 야자나무 열매를 산후조리 음식으로 이용했다. 이 열매는 '마리아의 산후 음식'이라는 별칭을 갖고 있을 정도로 풍부한 영양분을 함유하고 있다고 한다. 인도네시아는 카레 원료인 강황을 산후조리 음식으로 먹는다. 르완다에서는 난산을 겪는 산모에게 낙엽 달인 물을 준다. 나뭇잎이 나무에서 떨어지듯 아기가 엄마 몸에서 쉽게 빠져나오라는 바람을 담은 주술이라고 한다.

3

세속의 욕망이 꽃피는
보양 음식

🌿 양생의 정신을 먹는 보양 음식

사람은 먹어야 산다. 한 인간이 일생 동안 먹는 음식의 양은 얼마나 될까? 한국인은 평생 동안 약 25톤의 음식을 섭취한다고 한다. 이렇게 많은 양의 음식을 단지 생명 유지만을 위해서 먹지는 않는다. 에너지와 생명력을 얻기 위해, 즉 양생을 위해 음식을 섭취하기도 한다. 이런 음식을 보양 음식이라고 한다. 보양 음식은 일상식보다 더 약식동원의 원칙에 충실하다. 기의 보충이라는 특별한 목적을 갖고 먹기 때문이다.

동양 3국은 보양식 문화가 유난히 발달되어 있다. 계절별, 연령별, 성별, 체질별로 구분해서 가려 먹을 정도로 세분화되어 있기도 하다. 서양에도 보양식이 있다. 하지만 동양처럼 강정 식품과 보양 음식에 애착을 보이지 않는다. 서양의 3대 보양식으로 꼽히는 식품이 고작 양배추, 요구르트, 올리브라고 한다. 보양 음식이라고 하기엔 좀 궁색맞다. 영양가가

정력 때문이야, 정력 때문이야

풍부한 식재료라는 표현이 적절할 것 같다. 물론 서양에도 영양관리나 체력관리가 필요한 사람을 위한 스태미너 음식은 있다. 하지만 건강한 사람이 기를 보충하기 위해서 먹는 특별한 음식은 없다고 해도 무방하다.

보양 음식이 동서양의 음식문화를 구분하는 요인이 될 수 있을까. 근력 강화, 체력 증진이 주목적인 서양의 식이요법과 달리 동양의 보양 음식은 생명을 키운다는 의미를 담고 있다. '양생의 정신'이라는 철학적 토대 위에서 발전해온 것이다. 양생이란 기를 키우는 것이다. 즉, 머리에 정기, 얼굴에 생기, 눈에 총기, 몸에 화기, 피부에 윤기를 찾도록 돕는 것이다.

우리 선조들은 양생을 모든 건강관리의 출발점이라고 여겼다. 몸에 이상이 오면 반드시 기가 허약해진 상태라고 보았다. 건강한 사람도 더위나 추위가 극성을 부릴 무렵에는 체력이 떨어지게 마련이다. 이럴 때 제철 음식을 먹어 기를 보충했다. 여름에는 보리를 먹고, 겨울에는 쌀을 먹었다. 약초전문가인 전문희는 저서 《지리산에서 보낸 산야초 이야기》에서 "추운 겨울 땅속에서 자란 보리를 음기가 부족하기 쉬운 여름에 먹고, 반대로 여름에 땅속의 양기를 빨아들인 쌀을 추운 겨울에 먹음으로써 기의 균형을 유지한다"고 주장했다. 음식물을 통해 영양분만 섭취하는 것이 아니라 기를 보충했다는 얘기다. 여름에 음기를, 겨울에 양기를 섭취함으로써 균형 잡힌 생명력을 얻는 것이다.

그렇다면 무엇이 음기이고, 무엇이 양기인가. 음기는 우리 몸이 뜨거워지지 않도록 제어하는 기운이다. 음기가 부족하면 몸에 열이 난다. 이를 허열이라고 하는데, 병 때문에 체온이 올라가는 체열과는 구분된다. 음기를 보충하는 음식으로는 쌀, 배추, 두부, 콩나물, 된장, 오리고기 등이 대표적이다. 단백질과 무기질이 듬뿍 들어 있는 음식이 대부분이다. 허열의 발생을 막기 위해선 불필요하게 열을 빼앗기는 행위도 자제해야 한다. 복날과 관계있는 속신(민간에서 행하는 미신적인 신앙 관습)으로 "복날에 개울이나 강에서 목욕을 하면 몸이 여윈다"는 말이 있다. 찬물로 목욕해서 체온을 떨어뜨리는 게 오히려 건강에 해가 될 수 있음을 경고한 것이다.

우리 선조들은 또 한 해 중 가장 더운 삼복(초복·중복·말복) 때 빠뜨리지 않고 보양 음식을 먹었다. '삼복'에 대한 유래는 명확하지 않지만 중국에서 유래된 속절에서 비롯됐을 것으로 추측된다. 속절은 계절이 바뀔 때마다 사당이나 조상의 묘에 바치는 제사를 말한다. 복날에 더위를 무사히 이기고 건강을 지키도록 해달라는 기원을 담아 제사를 지낸 것이다. 최남선은 《조선상식》에서 삼복을 '서기제복(暑氣制伏)'이라고 풀이했다. '더위를 이긴다'라는 뜻이 담겨 있다. 한마디로 이열치열이다.

반면에 양기가 부족하면 몸과 손발이 차진다. 그럴 경우에는 외부의 열을 끌어들여 몸을 데워야 한다. 몸을 데우는 데 좋은 음식으로는 보리, 생선, 쇠고기, 닭고기, 호두, 식초, 인삼 등이 있다.

조선에서 가장 맛있는 개고기

한국에서 양기 음식의 대명사는 개고기다. 개는 하루 중 양기가 가장 성한 술시(저녁 7~9시)의 동물이다. 말하자면 최고의 양기 음식을 음기가 폭발하는 복날에 먹었다는 얘기다. 이수광은 《지봉유설》에서 "복날의 복(伏)이란 음기가 장차 일어나고자 하지만 남은 양기에 압박되어 상승하지 못한다는 뜻"이라고 하였다. 개고기가 보신탕으로 대접받는 것은 복날에

정력 때문이야, 정력 때문이야

개고기를 먹음으로써 음기와 양기의 조화를 이루기 때문은 아닐까.《동의보감》은 "개고기는 오장을 편안하게 하며 혈맥을 조절하고, 장과 위를 튼튼하게 하며, 골수를 충족시켜 허리와 무릎을 따뜻하게 하고, 양도(陽道)를 일으켜 기력을 증진시킨다"고 개고기의 효능을 구체적으로 설명하고 있다.

개고기 식용 역사는 깊다. 4세기경의 고구려 사람들의 생활상을 보여주는 황해도 안악고분 3호의 벽화에 도살된 개의 모습이 보인다. 살생을 죄악으로 여겼던 불교를 국시로 했던 고려시대엔 식용 개에 관한 자료가 많지 않다. 육식 문화가 전해진 고려 후기에도 유독 개고기에 대한 기록과 유적은 거의 보이지 않는다. 최근에 고려 말 무신정권 때 침몰한 고려 선박(마도 3호)이 태안 앞바다에서 인양되었는데, 거기서 인양된 물건에 '개고기 포를 담은 그릇'으로 해석될 수 있는 글씨가 발견되었다.

이성계의 역성혁명은 식탁의 혁명이기도 했다. 국시를 성리학으로 채택한 조선은 육식을 허용했다. 더욱이 공자가 개고기를 즐겨 먹었다는 기록은 양반들이 개고기에 탐식하게 한 빌미였다. 개고기를 먹는 게 성현의 길을 좇는 것인지는 알 수 없지만, 개고기는 점차 보양식으로 인기가 치솟았다. 김정호는《조선의 탐식가》에서 "개고기를 좋아하는 것은 반상이 따로 없었다"고 주장했다.《조선왕조실록》에는 '가장(家獐)', '견적(犬炙)', '도구가(屠狗家)'라는 용어가 나온다. 가장은 개장국, 견적은 개고기 구이, 도구가는 개 잡는 집을 뜻한다. 정조의 화성 행차를 기록한《원행을묘정리의궤》에도 '구증(狗蒸)' 즉 '개고기찜'이라는 단어가 나온다. 개고기가 적어도 궁중 음식으로 대접을 받았음을 짐작할 수 있다.

개고기는 뇌물 목록에 포함되기도 했다. 조선 중종 때의 문신 이팽수가 중종의 사돈인 김안로에게 개고기를 꾸준히 상납했다는 기록이 《중종실록》에 남아 있다. 《조선왕조실록》은 매직으로 벼슬에 오른 이팽수를 '가장주서'라고 비난했다. 주서는 정7품의 벼슬 이름이다.

　김정호는 다산 정약용도 개고기 탐식가로 지칭한다. 정약용이 흑산도에서 귀양살이 중인 형 정약전에게 보낸 편지를 근거로 삼은 것이다. 주인 없는 개를 잡아 단백질을 보충하라고 권하는 내용인데, 개고기가 보신용 음식임을 분명히 알려준다. 편지에는 개를 요리하는 방법까지 상세히 적혀 있는데, "나라면 5일에 한 마리씩 먹겠다"는 내용도 있다. 《농가월령가》에는 며느리가 삶은 개를 친정에 가져가는 대목이 나오기도 한다. 한국의 개고기 식용 문화가 최초로 해외에 소개된 것은 1847년 프랑스 선교사 달렌이 쓴 《조선교회사》에 의해서다. 이 책은 첫머리에 "조선에서 가장 맛있는 고기는 개고기이다"라고 밝히고 있다. '개고기 박사'로 통하는 안용근 충청대 교수는 "조선시대에 개고기 요리법이 9가지나 된다"고 주장했다.

　우리나라에서는 개고기 먹는 일조차 일종의 집단 행사로 여겼다. 마을 사람들이 함께 개를 잡아 개고기를 나눠 먹었다. 많은 사람들이 먹을 수 있도록 개장국(狗醬)을 끓이기도 했는데, 개고기를 먹지 않는 사람들은 쇠고기를 넣은 장국을 끓여 먹었다. 이것이 바로 육개장이다. 경상도 일부 지역에선 여름철에 맞게 되는 어르신의 생일 잔칫상에 반드시 개고기를 올리고, 충청도 일부 지역에선 상갓집에서 개고기를 문상객에게 대접하는 관습이 아직까지 내려오고 있다.

정력 때문이야, 정력 때문이야

개고기에도 등급이 있다

중국인도 계절 보양식으로 개고기를 즐긴다. 다만 한국처럼 여름이 아니라 겨울에 먹는다. 무덥고 활동이 많은 여름에 보양식을 먹으면 땀으로 다 빠져나가기 때문에 효과가 없다는 게 중국인의 생각이다. 신진대사 및 혈액순환 기능이 떨어진 추운 겨울에 보양식을 먹는 게 당연하다고 생각한 것이다. 지방에 따라서는 '작은설'이라는 동짓날에 개고기를 먹는 풍습이 있다. 중국 지린성에서 발간한 《중국의 생활민족》에 의하면, 어느 해 동짓날 개장수를 했던 한나라 창업 공신 번쾌가 한고조 유방에게 개고기를 끓여 대접한 것이 이런 풍속의 기원이라고 한다. 하지만 대부분의 지방에서는 동짓날이나 복날같이 특정한 날에 집중적으로 먹는 게 아니라 기회가 되면 수시로 먹는다. 개고기를 먹는 데에서도 한국인은 음양오행설과 같은 명분을 중시하는 반면 중국인은 실용성에 충실하고 있음을 알 수 있다.

중국인은 털 색깔에 따라 개고기의 기호를 달리한다. 개털 색깔로 등급을 구분하는 것이다. 누렁이를 최고급으로 치고 그 다음이 검둥이, 얼룩이, 흰둥이 순이다. 색깔에 따라 선호도가 구별된 때문인지 시장에서 파는 식용 개고기의 꼬리 부분은 어떤 색깔의 개인지를 알 수 있도록 남겨져 있는 게 보통이다. 지금도 베이징이나 홍콩 야시장에 가면 꼬리털이 붙어 있는 개고기가 정육점에 걸려 있는 것을 볼 수 있다. 중국에서는 암캐고기보다는 수캐고기를 즐겨 먹는다. 그러나 개고기 중 최고로 여기는 '사자개' 차우차우만큼은 암캐고기를 더 쳐준다고 한다. 일명 '황궁의 개'로 알려져 한 마리당 수천 만원에 팔리는 차우차우를 제일 맛있는 개고기라며 먹어치운다니 다소 어이가 없다.

뿐만 아니다. 중국인은 개의 연령에 따라 보신 효과가 다르다고 믿고 있다. 정석원이 지은 《불가사의한 중국인》에 따르면, 중국인은 갓 난 강아지는 정력에, 어린 새끼는 보혈에, 늙은 것은 신경통에 좋다고 여긴다. 음식은 나라마다 취향과 습관에 따라 재창조되는 것인가. 똑같은 음식을 나라마다 먹는 방식이 이렇게 다를 수 있다는 점이 흥미롭다.

베트남도 중국이나 한국 못지않게 개고기를 먹는 사람들이 많다. 절기음식으로 먹는 게 아니라 연중 내내 먹는다. 하지만 음력으로 매달 상반기에는 개고기 식용을 기피하는 독특한 관습이 있다. 그때 개고기를 먹으면 몸에 있는 좋은 기운을 빼앗긴다는 속설 때문이다. 이유는 알 수 없지만 베트남에서는 개고기를 먹을 때 반드시 탁자나 밥상이 아니라 다리가 없는 상이나 종이를 편 방바닥에서 먹는다. 개고기 식당의 구조도 거의 바닥 식사를 하도록 꾸며져 있다고 한다. 또 쇠고기처럼 부위별로 요리한 메뉴를 판다고 한다.

어떻든 중국이나 베트남은 개고기 요리에 있어서 한국보다 다양한 방식으로 즐기는 듯하다. 그 같은 현상은 식도락의 저변이 넓기 때문이 아닐까. 사실 중국에서 개고기는 왕의 음식, 제사의 음식이었다. 황실 메뉴에 올랐던 팔진요리 중의 하나이기도 했다. 뿐만 아니라 군주들이 첫 수확한 곡식을 맛볼 때 곁들여 먹은 게 개고기였다는 기록도 남아 있다. 《사기》에 "진덕공 2년에 처음으로 삼복 제사를 지냈으며, 개를 잡아 충재(蟲災: 해충으로 농작물이 입는 재해)를 방지했다"는 기록이 있다.

중국인이 개고기를 얼마나 좋아하는지를 단적으로 보여주는 에피소드가 있다. 청나라 말기 중국 근대화에 일조했던 위안스카이와 관련된 얘기다. 독일제국의 마지막 황제 빌헬름 2세가 위안스카이에게 애완용 개를 선물했는데, 그에 대한 서신 답변이 "맛있게 잘 먹었습니다"였다고 한다.

✿ 일본은 '소의 날'에 보양식을 즐긴다

서양에도 우리나라 복날에 해당하는 날이 있다. 영어로 무더운 여름날을 'dog-day'라고 한다. 별자리인 큰개자리(Sirius)는 'Dog Star'라고 한다. 서양에서는 이 별이 더위를 불러온다고 믿었다. 우연치고는 기이하다. 동서양의 이치가 통하는 것일까.

일본의 복날은 12간지로 치면 '개의 날'이 아니라 '소의 날'이다. 우리의 중복과 비슷한 시점이다. 이날 일본인들은 장어구이를 먹는 관습이 있다. 장어가 여름 보양식이 된 데에는 일본에서 처음으로 발전기를 발명한 히라가 겐나이라는 학자의 순발력이 중요한 역할을 했다. 어떤 사람이 장어 가게를 냈다. 담백한 음식을 좋아하는 일본인들은 기름기가 많은 장어를 외면했다. 손님이 없어 파리를 날리던 장어 가게 주인이 "대박날 방법이 없겠느냐"고 단골손님인 히라가에게 물었다. 히라가는 "여름 더위를 이기는 데 장어만한 것이 없다"고 선전하라고 일러주었다. 히라가가 "여름 더위에 지친 몸에는 장어가 좋다"고 적은 일본 고전 요리책 《만엽집》을 읽었는지는 알 수 없다. 어떻든 장어는 폭발적인 인기를 얻었고, 이후 여름철 보양 음식으로 굳어진 것이다.

일본에서 가장 보편적인 장어 요리는 '가바야키'이다. 토막 친 장어를 꼬챙이에 꿰어 양념간장을 발라 구운 것으로, 한국의 일식집에서도 흔히 먹을 수 있는 요리이다. 그 밖에 장어 요리로는 가바야키를 밥 위에 얹어 먹는 우나돈, 장어초밥인 우나리즈시 등이 있다.

사실 일본에서만 장어를 즐긴 게 아니다. 중국은 물론 서양에서도 장어는 보양 음식의 대열에서 누락되지 않는다. 기록에 의하면 뱀장어는 6세기경에 유럽 전역에 식용으로 이용되었다. 중국에서는 8세기부터 가장 좋은 영양 음식으로 자리 잡았다. 동양 3국 모두 고전에 장어의 효능에 대한 기록을 남기고 있다.

중국의 《계신록》의 이야기가 가장 드라마틱하다. 간단하게 소개하면 "과촌이라는 곳에선 전염병에 걸린 병자를 죽기 전에 관에 넣어 강물에 떠내려 보내는 관습이 있었다. 하류에서 고기잡이를 하던 어부들이 죽어가는 사람을 구출해 장어고기를 먹였는데 신기하게도 병이 나았다"는 내용이다. 한국의 《동의보감》에는 "오장이 상한 것을 보완하며 여러 가지 균을 죽이는데, 특히 여자의 질병에 좋다"고 나온다.

동양만이 아니다. 유럽에서도 장어의 인기가 높다. 독일 사람들은 여름 별식으로 일종의 장어 수프인 '아르스페'를 먹는다. 영국 사람도 여름철 스태미너 음식으로 장어젤리를 즐겨 찾는다. 프랑스에서는 장어샌드위치가 인기다.

장어가 보양 음식으로 이용된 데에도 까닭이 있을까. 아마도 신비로운 뱀장어의 산란의 비밀이 인간의 상상력을 자극한 것인지도 모른다. 산란기를 맞은 뱀장어는 수십 킬로미터나 떨어진 심해를 찾아간다. 산란지에 도착할 때까지 아무것도 먹지 않고 수천 미터가 되는 해구에서 산란한다. 깊은 바다에서 부화된 치어는 다시 강으로 되돌아와 성장한다. 장어의 일생과 관련하여 궁금한 게 한두 가지가 아니다. 어떻게 그렇게 먼 거리를 아무것도 먹지 않고 갈 수 있을까. 뱀장어 알은 엄청난 수압을 어떻게 견딜 수 있을까. 어떻든 신비의 비밀은 아직까지 밝혀지지 않고 있다.

사람들은 이 비밀 속에 장어의 효능이 숨어 있다고 믿는지 모른다. 한국인은 뱀장어의 장거리 수영 능력은 꼬리에서 나온다고 '신봉'한다. 장어 꼬리 요리를 최고의 정력 식품으로 손꼽는 이유다. 뱀장어의 신비성에 뱀의 성적 능력을 덧붙인 것이다. 뱀은 약 3일 동안 쉬지 않고 교접이 가능하다. 뱀을 닮은 뱀장어를 보고 '뱀고기'라고 부른 이유도 이와 무관하지 않은 듯하다. 하지만 장어에 흠뻑 빠져 있는 일본인들은 몸통을 즐긴다. 장어의 어느 부위가 최고의 보양 효과가 있는지는 알 수 없다.

뱀장어 껍질의 끈끈한 물질인 뮤신은 정력을 강화하고 탄력적인 피부를 만드는 성분으로 알려져 있다. 특히 이 성분은 식물성 지방과 유사하다. 불포화 지방이라는 얘기다. 이것이 단백질 흡수를 도와 세포의 활동을 왕성하게 하고 혈관의 수축과 노화를 방지한다. 정력과 미용 음식으로 인기를 얻는 이유다. 뿐만 아니라 비타민 A가 유난히 많이 함유된 고단백질 음식으로 알려져 있다. 장어 100그램을 먹으면 계란 10개, 우유 5팩을 먹는 것과 마찬가지라고 한다.

4

정력 음식은 성력을 지키는
마음의 부적

정력의 도그마가 만든 음식들

정력 음식의 실체는 무엇일까. 삶에 활력과 에너지를 주는 음식이다. 보다 노골적으로 말하면 양질의 정자(난자)를 많이 만드는 음식이다. 인체는 필요한 영양분이 제공되면 원기가 회복되고 정자(난자) 생산 능력도 높아진다. 이것이 한의학에서 말하는 약물이론의 토대다.

인간은 욕망의 동물이다. 특히 남성이 정력을 추구하는 것 역시 욕망에 충실한 행위이다. 남성이 '정력의 도그마'에 빠진 것은 아마도 아름답고 똑똑한 여성에 대한 '정복욕'이거나 아니면 우수한 자손을 얻고 싶은 본능에서 출발한 것은 아닐까. 조금 더 직설적으로 말하면, 정력 식품을 먹으면 변강쇠가 된다고 믿는 것일지도 모른다.

어떻든 남성들은 자신의 경쟁력은 스태미너에서 나온다고 맹신하는 경향이 있다. 그래서 정력을 증진시킬 수 있는 음식에 맹목적으로 탐닉

한다. 정력이 좋아지는 강정·보신 음식이라면 우선 먹고 보는 집착을 보이는 것이다. 욕망이 지나칠 때 남성은 '정력만능주의'에 빠진다. '정력제일주의'는 남성중심적 사고에서 나온 일종의 일탈이다. 식탐의 죄를 범하는 것이다.

의학적 측면에서 정력 음식에는 많은 오해가 숨어 있다. 남성 발기를 돕는 영양소는 혈액순환을 원활하게 해주는 비타민 A와 C이다. 또 세칭 '섹스비타민'이라고 불리는 비타민 E가 있다. 최고의 정력제로 여기는 해구신, 개고기에는 정작 발기에 도움이 되는 영양소가 많지 않다. 남성호르몬 즉 테스토스테론이 조금 더 함유돼 있을 뿐이라고 한다. 대부분의 정력 식품으로 여겨지는 음식들이 그렇다고 할 수 있다. 그럼에도 많은 남성들은 "성력(性力)은 성공의 조건"이라는 마법에 걸린 듯 물불을 가리지 않고 정력 음식을 찾고 있다. 강정 음식이 마치 마음의 부적인 양 말이다.

보신 음식 시장은 전 세계적으로 발전 일로에 있다. 하지만 나라마다, 민족마다 보신 문화는 차이가 난다. 뱀의 경우, 우리나라에서는 병약한 체력을 보강하기 위해 먹지만 중국에서는 일상 식품이다. 정력을 보강하는 음식은 육식이 대부분이지만 야채영양식을 중시하는 민족도 있다. 또 시대에 따라 달라지기도 한다. 밭에서 나는 쇠고기로 여겨지는 콩은 과거 서양에서 '악령이 깃든 불길한 곡물'로 간주되었던 적도 있다. '비타민의 보고'라는 토마토는 한때 미국에선 '늑대사과', 영국에선 '사랑의 사과'라고 했다. 도덕적 타락을 낳는 음식이라는 의미이다.

한국도 마찬가지다. 옛날에는 개구리, 뱀, 미꾸라지, 개고기, 메뚜기 등은 결코 보신 식품이 아니었다. 손쉽게 구해 허기진 배를 채우던 구황식품에 가까웠다. 하지만 영양상태가 워낙 좋지 않았던 당시에는 이런 음식도 원기 회복에 상당한 도움을 주었을 게 틀림없다. 이것들은 대부분 고열량, 고단백, 고지방 음식이기 때문이다. 이 같은 과거 경험이 음식습관으로 신념화되어 지금은 그런 음식의 영양, 유래 등을 무시한 채 강장·보양·정력 식품으로 인식하는 것은 아닌지 모르겠다. 이런 모습은 '스탬피드 현상(stampaede phenomenon)'을 연상시킨다. 스탬피드 현상은 원래 소떼나 말떼가 질서정연하게 이동하던 중, 한두 마리가 날뛰면 나머지도 덩달아 뛰게 되어 누구도 통제할 수 없는 상태에 빠지는 상태를 말한다. 조금 더 '과격하게' 말하면, 맹목적으로 정력 음식에 심취하는 사람들은 북유럽에 서식하는 일명 '나그네쥐'라고 불리는 들쥐, 레밍을 닮은 것은 아닐까. 모든 종류의 쥐가 그렇듯 레밍도 번식력이 대단하다. 그런데 레밍은 개체수를 조절하는 방법이 독특하다. 한 집단에서 개체수가 생존이 불가능한 과포화 상태가 되면 대장 쥐를 따라 집단적으로 바다에 투신자살을 한다. 여기서 이탈하는 쥐는 한 마리도 없다고 한다. 왜 바다로 뛰어드는지, 왜 이탈자가 생기지 않는지 그 이유는 아직까지 과학적으로 설명되지 않는다. 아무튼 대세에 맹목적으로 추종하는 현상을 빗대어 '레밍효과'라고 한다. 정력제일주의도 레밍효과의 일단은 아닐까.

어떻든 산삼, 해구신, 용봉탕, 보신탕, 말벌집, 웅담, 사슴 피, 녹용, 뱀, 지네, 지렁이, 까마귀, 메뚜기, 달팽이, 태반, 고추잠자리, 누에나비, 개똥벌레 등 다소 엽기적으로 보이는 음식들이 '정력 음식'이라는 이름으로 암암리에 유통되고 있다. 이것도 부족해서 정력 음식을 먹기 위해 '해외 원정'에 나서는 보신 음식 맹종자들이 종종 언론에 보도되곤 한다.

아마도 정력 음식으로는 해구신을 빼놓을 수 없을 듯하다. 인간이 정력을 증강하기 위해 가장 많이 희생시킨 동물이 물개다. 물개는 '정력의 제왕'으로 통한다. 체력이 얼마나 강한지 두서너 달 동안 굶은 상태에서도 하루에 예닐곱 차례의 교미가 가능하다고 한다. 이 같은 뛰어난 체력을 가진 물개의 생식기를 먹음으로써 정력의 화신이 되고 싶은 마음을 드러내는 것이다.

한국인들은 녹용을 '보약의 보통명사'로 여길 만큼 녹용에 빠져 있다. 녹용은 교미하기 이전의 수사슴의 연한 뿔을 말한다. 수사슴은 발정기 이전까지는 뿔을 단련시키기 위해 모든 영양과 에너지를 뿔에 집결시킨다. 약한 뿔을 가진 성인 수사슴은 지도자 자리는커녕 암컷을 차지할 수 없기 때문이다.

한의학에서 청령(蜻蛉)이라고 부르는 고추잠자리도 정력제로 여긴다. 교미한 채로 하늘을 날며 노니는 모습에서 엉뚱한 연상을 한 것은 아닐까. 여기다가 '고추'는 남성 성기를 상징한다. 이 때문에 여자아이들에게 "고추잠자리를 잡지 말라"는 얘기가 나온 듯하다. 고추잠자리는 양기를 튼튼하게 하고 정액을 다스린다고 한다.

🌿 바다에 널려 있는 '산삼'들

진정한 정력제는 제철 음식, 특히 지방의 제철 특산물에 있다는 게 음식 전문가들의 공통된 견해이다. 대표적인 예가 흑산도의 특산물인 홍어다. 옛날부터 홍어 같은 연골어류는 훌륭한 보신 식품으로 여겨져왔다. 홍어의 제철은 겨울부터 이른 봄까지다. 특히 삭힌 홍어의 톡 쏘는 맛은 발효의 진미라며 환호하는 사람들이 적지 않다. 삭힌 홍어에서는 화장실 암모니아 냄새가 나는데, 이는 홍어 몸속에서 배출된 효소에 의한 화학작용 때문이다. 효소가 피부에 있는 끈적끈적한 물질인 뮤신과 결합해 발효되면서 독특한 향과 맛을 내는 것이다. 홍어와 구분조차 하기 어려운 가오리를 삭히면 홍어 맛이 나지 않는다. 그것은 홍어 몸속에 유난히 많은 효소가 있기 때문이다.

최근 홍탁(홍어+막걸리+신김치)이 새롭게 보양 음식으로 주목받고 있다. 사실 묵은 김치에 돼지고기와 삭힌 홍어 한 점을 싸서 먹은 다음 들이켜는 막걸리 맛은 그 자체가 진미다. 전남 지방에서는 고소한 맛을 내는 홍어 애(간)와 파릇한 보리 순을 넣어 된장에 끓인 '보릿국'도 훌륭한 강장 음식으로 친다. 이 음식은 궁중의 잔칫상에도 자주 올랐다. 미식가들은 홍어 수놈의 정액과 긴 코를 가장 맛있는 부위로 쳤다. 삭힌 코를 오래 씹으면 박하향이 난다고 한다. 정액은 싱싱한 회로 떠서 먹는 게 보통이다.

《본초강목》은 홍어를 '태양어' 혹은 '해음어(海淫魚)'라고 표현했다. 이처럼 유별난 이름을 갖게 된 것은 진귀하게 생긴 홍어의 생식기 모양 때문이다. 그런데 말이 될까. 물고기에 성기라니? 홍어는 '되다 만 물고기'라는 우스갯소리가 있다. 어류보다 못하다는 뜻이 아니라 어류보다 더 진화되었다는 의미이다. 물고기와 포유류인 고래의 중간쯤 된다고 할까. 암놈과 수놈의 생식기가 구분되는 데에서 유래한 말이다. 홍어는 다른 물고기처럼 암놈이 알을 낳으면 그 주위에 정액을 뿌리는 어류의 전통적인 수정 방식을 따르지 않고 직접 교미를 한다.

홍어가 전라도의 건강식이라면 경상도의 겨울철 보양식은 과메기다. 이 음식들의 유래에는 서글픈 사연이 담겨 있다. 전라도 지방의 어부들이 왜구의 수탈을 피해 도망가는 과정에서 삭은 홍어의 맛을 보고 홍어 발효법을 발견했다는 얘기가 있다. 과메기 역시 도시로 생선을 팔러 가던 보부상이 해가 지면 생선이 짐 보따리 속에서 상하지 않도록 주막의 한 모퉁이에 청어를 걸어 말린 게 유래가 되었다고 한다.

《명물기략》이라는 옛 서적에는 청어를 '비유어(肥儒魚)'라고 표현했다. 그 이유를 "청어는 값이 싸서 가난한 선비들이 쉽게 사 먹을 수 있어 '선비를 살찌우는 생선'이라고 했다"고 설명하고 있다. 지금은 청어를 '바다의 홍삼'이라고 부른다. 청어를 볏짚으로 엮어 장대에 매달아 바닷가에서 말리는 광경은 비릿한 냄새만큼이나 인상적이다. 청어는 한겨울 동안 얼고 녹기를 반복하면서 윤기가 좔좔 흐르는 과메기가 된다. 일체 가공하지 않고 발효시켜 건조시킨 음식인 과메기는 핵산이 다량 생성되어 체력 보강에 효능이 있다. 청어가 점차 사라지자 요즘은 청어 대신 꽁치를 사용한다.

낙지, 동어(숭어 새끼), 순무, 깨나리, 감 등과 함께 '강화도의 6미' 중 하나로 꼽히는 밴댕이도 스태미너 음식으로 손꼽힌다. 특히 회가 그렇다. 밴댕이는 속이 훤히 들여다보일 정도로 투명한 물고기이다. 하지만 갈치처럼 성질이 얼마나 급한지 그물에 걸리는 즉시 죽어버리기 일쑤라고 한다. 이런 밴댕이의 성질을 속 좁은 사람에 비유해서 "밴댕이 소갈머리"라고 했다. 밴댕이의 특성이야 어떻든 그 맛은 명성에 손색이 없다. 조선시대에는 임금께 올리는 진상품이었다. 밴댕이를 관리하는 관청인 소어소(蘇魚所)까지 설치하고 얼음으로 신선도를 유지했을 정도로 귀한 음식이었다.

음식의 인기는 결국 맛과 영양이 결정한다. 밴댕이의 영양을 한마디로 압축하는 말이 있다. "밴댕이 먹고 외박하지 말라"는 속세의 '경고'가 그것이다. 그만큼 정력 효과가 크다는 얘기다. 밴댕이는 칼슘과 철분 성분이 다른 물고기에 비해 유난히 많다. 특히 입맛을 돋우는 데에는 밴댕이 만한 게 없다고 한다.

동서고금을 떠나 미식가들이 즐겼던 정력제는 '바다의 우유'라고 불리는 굴이다. 서양인들은 날것을 좋아하지 않지만 유독 생굴은 꺼림 없이 먹는다. "굴을 먹어라. 그러면 더 오래 사랑하리라"는 서양 속담이 있다. 이 속담을 실행에 옮긴 사람이 더러 있다. 카사노바와 나폴레옹이 대표적인 인물이다. 서양의 대표적인 바람둥이 카사노바가 끼니마다 먹었던 음식이 생굴이다. 나폴레옹도 생굴 마니아였다. 나폴레옹이 수많은 여성 편력을 보였던 것은 굴의 영양소와 관련이 있는 것일까. 우리나라에서는 정조 관념이 굳은 여성을 일컬어 '굴 같은 여인'이라고 불렀다. 동서양 모두 굴을 섹스와 연관 짓고 있다는 게 흥미롭다. 우연의 일치만은 아닐 것이다.

굴에는 아연이 풍부하다. 달걀의 30배에 해당하는 양을 함유하고 있는데, 이게 바로 정력 강화제이다. 아연은 정자 활동을 활발하게 하고 정자 생성을 돕는 대표적인 미네랄이다. 아연이 부족하면 정력이 감퇴한다. 남성호르몬인 테스토스테론 생성에 지장을 받기 때문이다. 그래서 아연을 '섹스 미네랄'이라고 한다.

굴은 전형적인 겨울 음식이다. 한국에서는 "보리가 피면 굴을 먹지 말라"고 했고, 일본에서는 "벚꽃이 피면 굴을 먹지 말라"고 했다. 굴은 초여름에 산란한다. 실제로 산란을 앞둔 때 먹는 굴은 맛이 덜하다고 한다. 뿐만 아니라 개체수 감소를 막기 위한 지혜가 이 속담의 의미에 내포되어 있다고 할 수 있다.

'바다의 인삼'인 해삼은 요즘도 '바다의 비아그라'로 여겨진다. 옛날에는 해삼을 '해남자(海男子)'라고 불렸다. 이름이 다소 원색적인 것은 우락부락하게 생긴 해삼의 외모가 마치 정력이 센 남성과 닮았기 때문으로 풀이된다. 서양에서는 '바다의 오이'라고 한다. 중국에서는 해삼이 약으로 대접받는다. 한국의 인삼과 같은 수준이다. 인삼을 쪄서 말린 것이 홍삼이고, 해삼을 쪄서 말린 것이 건해삼이다. 건해삼은 생 해삼보다 더 귀하게 여겨진다. 《자산어보》에는 해삼이 "바다 생물 중 가장 몸에 이롭다"고 적혀 있다. 해삼에는 특히 콜라겐이 많이 함유되어 있어 '바다의 화장품'이라고도 불린다. 해삼 속의 콜라겐이 서식 환경의 변화에 따라 많아지기도 하고 적어지기도 한다는 사실이 최근 연구에서 밝혀졌는데, 이 연구 결과로 '동안의 비밀 열쇠'를 찾을 수 있다는 기대가 높아지고 있다.

양생은 항생으로 통한다

고려시대 말 약용으로 쓰기 위해 들여왔던 흑염소도 중요한 보양식이 되었다. 특히 동물성 보양식으로는 으뜸으로 꼽았다. 흑염소고기는 칼슘이 쇠고기나 돼지고기에 비해 10배 이상 많다. 또 쇠고기나 돼지고기에는 없는 '섹스비타민' 비타민 E(토코페롤)를 다량 함유하고 있다. 이 때문인지는 모르지만 흑염소 수놈은 하루에 10여 차례의 교미가 가능할 정도로 스태미너가 뛰어나다. 이같이 훌륭한 성 능력 때문에 흑염소를 '산속의 물개'라고 부른다.

흑염소고기는 여름철 보양식이다. 특히 불균형한 영양 상태를 보정하는 데 특별한 효과가 있는 것으로 알려져 있다. 과거 결핵 환자들이 꼭 먹어야 하는 음식이었다. 결핵의 결정적 원인은 영양의 불균형이다. 결핵 환자와 영양 상태가 좋지 않은 사람은 흑염소를 곤 뒤 들깨와 꿀을 넣은 음식을 먹었다.

흑염소 등 동물성 보양 음식과 함께 먹는 채소가 있다. '양기초(陽氣草)'란 별명을 갖고 있는 부추다. 양기초는 말 그대로 양기를 돋우는 채소란 뜻이다. 식도락가 서태후가 직접 붙여준 이름으로 유명하다. 아마도 부추를 먹고 난 뒤 몸의 변화를 느꼈기 때문이 아니겠느냐는 게 호사가들의 말이다. 반대로 금욕 생활을 하는 불가에서는 부추와 함께 마늘, 파, 달래, 무릇을 '오신채(五辛菜)'라 하여 먹지 못하도록 했다. 이것들은 몸의 체온을 올리는 음기를 일으키는 음식으로 여겼다. 음기 성질인 흑염소와 부추를 같이 먹은 까닭은 중화작용을 통해 자양강장 효과를 극대화시키기 위한 것이다. 거기다가 부추는 고기의 독을 해독한다고 한다. 《본초강목》에 따르면 "부추는 고기의 독을 풀어주고 상기돼 천식이 나타나는 증세를 완화해주며, 부추를 달인 물은 갈증과 식은땀을 멈추게 하고 혈액순환을 돕는다"고 한다. 부추는 배추보다 80배 가까운 비타민 A를 함유하고 있다고 하니 그런 효과가 있고도 남을 듯하다.

양생 음식으로서 마늘의 효능은 이미 잘 알려져 있다. 불가사의한 건축물 중의 하나인 피라미드의 비밀을 풀어주는 열쇠가 바로 마늘이라는 얘기는 잘 알려진 이야기다. 피라미드 건설에 동원된 노예들이 마늘을 먹은 힘으로 고된 노동을 이겨냈다는 것이다. 동양에서는 '일해백리(一害百利)'의 식품으로 인식되어왔다. 고약한 냄새를 빼고는 모든 게 좋은 음식이라는 의미이다. 서양에서는 마늘을 '영웅의 음식'으로 대접한다. "영웅이 되기 위해서 마늘을 먹어라"라는 속담이 있을 정도이다.

마늘 효과의 비밀은 스코르디닌이라는 물질이다. 스코르디닌을 투여한 쥐는 투여하지 않은 쥐보다 수영 지속 시간이 4배나 되었다는 실험 결과도 있다. 또 마늘에 함유된 항균성 물질인 알리신 성분은 혈관을 확장시켜 혈전을 예방하는 역할을 하고 남성호르몬 분비를 자극해 정자 수를 증가시킨다.

알리신은 양생 효과에 못지않게 항생 효과도 뛰어나다. 페니실린보다 더 높은 효능의 항생제로 주목받고 있는 물질이다. 과거 두 차례의 세계대전 때 러시아 병사들은 마늘을 갖고 다녔다고 한다. 또 "마늘이 있는 식탁은 약국보다 낫다"는 얘기도 있다. 최근에 와서 이런 이야기들이 실체가 있음이 속속 밝혀지고 있다. 미국 국립암연구소는 "인류가 먹은 40여 가지의 항암 음식 중 마늘이 최고"라는 연구 결과를 발표하기도 했다. 건국신화에 나올 정도로 친숙한 마늘이 우리 민족의 건강지킴이 역할을 해온 셈이다.

복분자(覆盆子)는 이름 자체가 정력 음식임을 암시한다. 갓 결혼한 새신랑이 우연히 산딸기를 따 먹었는데, 이튿날 오줌발이 얼마나 센지 요강이 뒤집혔다고 해서 붙여진 이름이라고 한다. 옛날부터 한방에서는 소변 양이 증가한다고 해서 남성에게 복분자 술을 담가 먹을 것을 권하곤 했다. 아이를 갖지 못해 고생하는 여인들도 복분자를 구해 먹었다. 하지만 복분자의 성분을 현대의학적으로 분석한 결과, 동맥경화의 주범인 활성산소를 제거하는 데에는 탁월한 효과가 있지만 정력과는 직접적 관계가 없다고 한다.

조선시대 평민들에게 최고의 보양식은 무와 메밀이었다. 조선 후기 때 평민사회에서 최고의 신랑감은 장돌뱅이였다고 한다. 무거운 짐을 지고 워낙 많이 걷다 보니 만들어진 단단한 근력이 그들의 경쟁력이었다. 그들이 먹는 음식은 산속에서 쉽게 얻을 수 있는, 즉 스님들이 먹던 음식인 선식이었다고 한다. 쇠로 만든 칼과 창을 자유자재로 다루던 군사들 역시 기력이 떨어질 때 먹는 '특별 음식'은 세칭 강장 음식이 아니었다. 고깃국도 아니었다. 메밀과 무, 그리고 조개탕 국물이었다고 한다. 주변에 가까이 있는 음식이 바로 양기 음식이라는 얘기다.

5

피부색을 바꾸는
먹는 화장품

모녀가 자매처럼 보이는 비법

행복지수는 자신이 바라는 것을 가진 것으로 나누고 거기에 100을 곱해 나온 수치, 즉 (희망사항/현실)×100이다. 바라는 게 크면 행복지수는 낮아진다. 집착하는 것보다 체념하는 게 더 행복해지는 길이라는 의미를 담고 있다. 하지만 생각처럼 욕심 관리가 쉽지 않은 게 인간사 아닌가.

결혼도 마찬가지다. 남성이라면 누구나 고운 피부, 미끈한 몸매, 상냥한 여인을 꿈꿀 것이다. 이는 동양 3국 여성의 미적 장점을 조합한 한국 남성의 미인상을 표현한 것이다. 이를테면 "한국 여성처럼 고운 피부, 중국 여인같이 미끈한 몸매, 일본 여자와 같은 상냥함을 갖고 있는 사람과 결혼한다면 진정으로 행복한 한국 남성"이라는 얘기다. 어쩌면 여성에 대한 한국 남성의 미적 취향을 드러낸 것일지도 모른다. 정작 동양 3국의 여성이 갖고 있는 미적 감각은 다소 차이가 난다. 《한국인, 중국인, 일본인》의 저자 진웬쉐는 동양 3국의 여성이 좇는 미적 패턴의 차이를 지적하면서 "한국 여성은 얼굴이, 중국 여성은 다리가, 일본 여성은 가슴이 예쁜 사람이 되고 싶어한다"고 주장했다.

미인상은 시대의 흐름과 지역 사회에 따라 다르다. 각 사회를 형성하는 구성원의 미의식을 반영하고 있기 때문이다. 미인의 기준이 어떻든 여성들이 예뻐지고 싶어하는 욕심이야 동서고금을 막론하고 변할 리가 있겠는가. 그렇다면 여성들이 미적 용모를 추구하는 이유는 무엇일까. 남성의 강렬한 욕망을 자극하기 위한 것은 아닐까.

우리 조상들에게 미용의 기본 개념은 한마디로 체내 독소의 배출과 같은 의미이다. 요즘 말로 하면 '디톡스(detox)'다. 자연의 재료를 갖고 만든 정갈하고 좋은 음식을 통해 장기의 건강을 유지하는 게 곧 미용이라는 얘기다. 한의학에서는 피부의 색깔과 상태로 건강 상태를 진단했다. '관용찰색(觀容察色) 진단법'이다. 피부에 건강미가 넘치는 사람치고 병치레를 하는 사람은 없다는 생각이 기본에 깔려 있다. 우리 조상들은 피부를 독소의 배수관 역할을 하는 장기의 일종이라고 인식했다. 피부를 '제3의 장기'라고 한 것도 그 때문이다.

옛날 여성들은 투명하고 고운 피부를 만들기 위해, 요즘 말로 하면 피부 관리를 위해 음식을 가려 먹거나 골라 먹었다. 피부 화장품이 음식이기 때문이다. 이런 음식을 통해 만들려고 했던 것은 '꿀 피부', 즉 곱고 투명할 뿐만 아니라 탄력 있고 윤기 나는 하얀 피부다.

미용에 있어서도 약식동원의 원칙이 적용되었다. 미용 비법을 음식에서 찾은 것이다. 옛사람들은 아름다운 피부를 만들고 유지하기 위해 마른 명태의 눈, 미역귀, 꼴뚜기젓 등을 먹었다. 이것들은 현대과학에서도

323

피부 노화를 방지하는 효과가 큰 음식임이 입증되었다. 특히 미역귀를 최고의 미용 음식으로 꼽는다. 미역귀에는 포자 즉 미역씨눈이 숨겨져 있다. 미역씨눈은 한마디로 생식세포다. 미역귀는 생식세포를 보호하기 위해 외부 환경의 변화에 민감하게 반응한다. 물고기에게 조금만 건들려도 미끈미끈한 물질을 품어내는데, 이것이 바로 후코이단이다. 해충, 박테리아 등으로부터 자신을 보호하기 위해 내놓는 고추의 켑사이신과 같은 성질의 물질이다. 미역 줄기보다 미역귀가 더 미끄러운 것도 이 때문이다. 후코이단은 피부에 탄력을 주며 잔주름을 없애주는 효과가 있다고 한다. 미역귀에는 또 불포화 지방산이 풍부하다. 알긴산이나 프로이산 성분의 작용 때문이다. 거기다가 이 성분은 인체 내 불순물을 배출하는 작용을 한다. 조선시대에 궁녀들이나 대갓집 안방마님들은 미역귀 장아찌를 만들어 먹었다. 바닷가 어부들과 그 가족이 장수한다는 데 주목하고 찾아낸 식품이라고 한다.

미역귀만큼 즐긴 미용 음식이 검은깨다. 검은깨는 한방에서 흑임자라고 일컫는다. 신장 계통에 이상이 생기면 주로 처방한 음식이다. 신장은 체내의 노폐물을 배설하고 체액을 조절하는 기능을 담당한다. 이 때문에 신장에 이상이 생기면 피부 건강 역시 나빠진다. 검은 음식을 선호했던 조선시대 궁궐에서는 검은깨를 특히 즐겼다고 한다. 궁녀들은 끼니마다 검은깨를 넣은 반찬을 먹었다고 한다. 또 들깨죽도 즐겨 먹었다. 들깨죽을 1년만 상식하면 나이를 거꾸로 먹어 모녀를 자매로 오해할 정도가 된다고 한다. 그래서 미용 음식만이 아니라 보양식으로도 인식되었다. 하루에 검은깨를 한 숟가락씩 먹으면 봉황삼과 같은 효과가 있다고 믿었다.

봉황삼은 아니지만 일반 인삼도 중요한 미용 음식이었다. 황진이가 인삼차를 상복했다는 사실은 잘 알려져 있다. 실제로 인삼의 사포닌이 세포 활동을 왕성하게 해서 피부를 부드럽고 탄력 있게 해준다고 한다. 또 파나긴산으로 인한 보습 효과도 높아 피부 건조를 막는다. 미용 목적으로 인삼을 먹는다면 굵은 뿌리보다 잔뿌리나 인삼 잎을 먹는 게 더 효과적이라고 한다. 이 부분에 미용 효과를 내는 성분이 더 많은 것으로 알려져 있다.

마늘은 '먹는 피부 화장품'으로 불릴 정도로 피부 건강에 효과가 있다. 마늘의 알리신 성분이 혈액을 맑게 유지해 피부가 약산성을 유지하도록 돕기 때문이다. 우리 조상들은 초마늘, 삼밀탕 등 마늘로 만든 음식을 먹었다. 특히 초마늘은 '아침저녁으로 식사한 후 초마늘 두세 쪽을 먹으면 허리가 가늘어진다'는 이야기가 궁중에 내려올 정도로 궁녀들의 사랑을 받았다고 한다. 마늘 조직이 풀릴 정도로 곤 뒤 꿀 등을 넣고 달인 삼밀탕도 미용 음식 중의 하나다. 상극관계에 있는 마늘과 꿀을 중화시킨 삼밀탕은 산삼과도 바꿔 먹지 않을 만큼 귀한 음식으로 여겼다.

밴댕이와 순무김치는 궁합도 잘 맞고 갱년기 여성에게는 더없이 좋은 미용 식품으로 알려져 있다. 배추 뿌리인 순무는 '밭의 화장품'이라고 불릴 정도로 미용 효과가 높다. 특히 강화도 순무는 궁중의 대표적인 미용 식품으로 통했다.

조선시대의 기생은 미모뿐만 아니라 시문을 읊고 거문고를 탈 수 있어야 했다. 오늘날로 말하면 미모와 실력을 갖춘 '재원'이었다. 그뿐만이 아니라 패션, 미용, 화장 등에서도 시대의 유행을 선도한 '트렌드 세터'였다. 신현규 교수가 쓴《기생, 조선을 사로잡다》에 의하면, 술 담배를 많이 했던 그들은 파래를 먹어 담배 독소를 배출하고, 생김과 생쌀을 먹어 숙취와 술 냄새를 쫓았다고 한다. 실제로 비타민 A가 다량 함유된 파래는 니코틴 해독작용을 한다는 게 밝혀졌다. 또 고운 목소리를 내고 목청을 보호하기 위해서 꿀을 탄 무즙을 음료수로 만들어 먹었다고 한다.

🕸 조선시대 남성도 비만을 수치스러워했다?

우리 조상이 아무리 피부 건강을 중시하긴 했지만 여성의 특권인 미모 가꾸기를 도외시한 것은 아니다. 당연히 예뻐 보이기 위해 화장도 하고 가발도 쓰고 각종 장식도 했다. 다만 튀어 보이기보다는 좋은 인상을 만드는 데 비중을 두었다는 게 학자들의 공통된 의견이다. 지금 방식으로 말하면 한 듯 만 듯 한 '물광화장'을 선호했다는 얘기다. 옛말로는 피부를 희고 깨끗하게 멋을 낸 화장인 담장(淡粧) 정도가 될 것이다. 《조선왕조실록》에도 짙게 화장한 여성에 대한 거부감을 드러내는 내용이 나온다. 여성 편력이 심하기로 유명한 연산군의 입을 통한 '품평'이라는 점이 다소 의외다. 연산군 11년 궁중 의식에서 음악과 춤을 담당했던 장악원(掌樂院)에서 뽑은 예기(藝妓)들에 대해 연산군은 "자색(姿色: 아름다운 모습과 얼굴빛)은 분칠로 바뀐 것이니, 어찌 분칠한 것을 참 자색이라 할 수 있으랴" 하고 개탄했다고 한다. 그 뒤로 정도가 심하게 분칠한 예기는 장악원에 들어갈 수 없었다.

그렇다고 개성을 중시하던 여성의 화장술이 물광화장 수준에 머문 것은 아닌 것 같다. 《규합총서》에 보면 머리 모양과 눈썹, 입술과 연지 등에 관한 화장 정보가 상세하게 기술되어 있다. 한때는 궁녀와 사대부 부녀자들에게 머리 장식이 유행했다. 그 정도가 얼마나 심했는지 '가채금지령'이 영조와 정조의 이름으로 내려질 정도였다. 또 화장품과 화장 용구를 의인화한 한글소설《여용국평란기》에는 거울, 족집게, 얼굴 면도에 사용한 실 등의 화장구와 백분, 연기, 머릿기름, 향수, 미안수 따위의 화장품 등이 등장한다. 나름대로 '뷰티산업'도 싹을 틔웠음을 알 수 있다.

물론 허기진 배를 채우기에 급급했던 백성과는 거리가 먼 얘기다. 왕실과 궁궐, 사대부의 여인들에게 국한된다. 조선시대 최고의 화장술은 궁궐에, 그중에서도 왕비에게 있었다는 것은 두말할 여지도 없다. 특히 장희빈의 녹두 클렌징, 명성황후의 팥 미용법이 조선시대 화장술의 정수로 꼽힌다. 40대 중반의 명성황후가 얼마나 젊어 보였는지 시해하기 위해 잠입한 일본인 자객들도 알아보지 못했다고 전해진다. 명성황후는 임오군란 망명 중에도 비누를 챙겼으며, 비누로 마사지한 뒤 세수를 하였다고《왕실양명술》에 전한다. 또 서양인들이 선물한 서양 비누를 마다하고 국산의 자연 비누를 고집했다고 한다.

궁녀 출신의 장희빈은 팥, 콩, 녹두 등을 이용한 피부 미용을 했다. 이 시대를 다룬《동계록》에 의하면 녹두가 세안제와 팩 형태로 활용되었음을 알 수 있다. 녹두는 특히 미백, 각질 제거에 효과가 있다는 사실이 최근에 알려지면서 한방화장품 업체에서 새삼 관심을 보이는 식품이다. 장희빈은 특히 머리채 모양에 대해 관심이 컸다. 자신의 숙소 근처에 '수용사'라는 전문미용실을 두고 머리 관리를 받았는데, 머리 층이 높은 가채를 선호했다고 한다. 가채의 높이는 곧 권력과 부를 상징하는 것이었다.

반면에 후궁들은 팥, 녹두, 쌀겨, 메밀 등으로 만든 다양한 형태의 비누를 사용했다. 조선 말기의 내시가 구술한 것을 기록으로 남긴《왕실의 미용법》이라는 책에 조선조 순조 무렵 왕실에서 유행한 쌀겨 미용법, 천

라수 미용법 등이 소개되어 있다. 《왕실의 미용법》은 "후궁들은 왕에게서 받은 패물들을 고운 쌀겨를 구하는 데 썼을 정도이다"는 기록을 남기고 있다. '미용 비누'가 얼마나 귀했는지 짐작이 가는 대목인데, 비누 한 개 값이 당시 쌀 한 가마니보다 훨씬 비쌌다고 한다. 쌀겨를 구하지 못하는 궁녀들은 쌀뜨물로 세수를 했다고 한다. 쌀뜨물 미용법은 이미 고려 시대부터 유행했다는 게 정설이다.

천라수란 수세미의 즙이다. 궁녀들 사이에서 유행하던 미용 재료 중의 하나였다고 한다. 《왕실의 미용법》은 "수세미 줄기에서 나오는 즙을 '사과수'라 하여 궁녀들이 봉선화와 함께 애지중지했는데, 특히 어린 수세미의 즙을 최고의 화장수로 쳤다"고 기록하고 있다. 수세미즙을 얼굴과 손에 바르고 쑥 가루와 달걀노른자 등을 '사과수'에 버무려 팩으로 사용하기도 했다고 전해진다. 율무도 애용되던 천연 팩 재료다. 율무는 기미나 검버섯 등 잡티 제거에 효과가 좋은 것으로 알려져 있다. 또 인진쑥, 무청이나 순무 잎, 죽염 등을 우려낸 물로 몸을 씻기도 했다고 한다.

피부 호흡과 피부 휴식을 위한 다양한 시도도 있었다. 다소 뜻밖이지만 나체 취침도 그중의 한 방법이다. 왕의 간택을 받기 위해 미용에 신경을 써야 하는 궁녀들은 물론 사대부 권문세가의 아녀자들도 옷을 입지 않은 채 잠자리에 들었다고 한다. 이원섭이 쓴 《조선왕조 500년의 자연요법 왕실비방》에 "왕실과 대갓집 안방마님들도 발가벗고 잠자리에 드는 게 옛 섭생법"이라는 기록이 나온다. 피부의 모공을 열어 피부를 예쁘게 하기 위한 일종의 양명술인 셈이다.

기생들은 자신들만의 독특한 미용법을 사용했다. 그중의 하나가 전신 목욕이다. 잦은 공연으로 피로가 쌓인 근육을 풀어주기 위해 따뜻한 물로 찜질도 했다. 당시 일반 사람에게 목욕은 제례를 앞두고 하는 연중행사였다. 예외가 있다면 치료를 위한 것이다. 목욕이라는 것도 수건에 물을 묻혀 닦아내는 정도였다. 심신의 긴장을 풀기 위하거나 스트레스를 풀기 위해 하는 지금의 목욕과는 거리가 멀다. 조선시대 최고의 명기인 황진이는 녹두와 살구씨, 쌀뜨물 등을 활용해서 목욕을 했고, 인삼물 미용법을 애용했다고 한다.

보통 홍화씨를 빻아 만든 연지를 입술에 바르는 게 보통이었지만 기생 사회에서는 이 대신 갓꽃 열매를 빻아 립스틱으로 사용했다. 또 지위고하를 막론하고 조선 여인들의 생리대는 흰 무명이나 광목이었는데, 기생들은 여기에다가 말린 삼나무 껍질을 넣어 사용했다고 한다.

한편 궁중의 남자들도 미용에 신경을 썼다. 조선시대 내시들은 비만을 매우 수치스럽게 생각했다고 한다. 그들이 비만을 어떤 고질적인 질병보다 더 두려워한 데에는 나름대로 이유가 있다. 내시들 중에는 비만과 피부 건조 등으로 고생한 사람이 유난히 많다고 한다. 남성호르몬 부족으로 인해 나이가 들면 피부가 쭈글쭈글해지고 젊은 나이에 살이 찌는 부작용이 나타난 것이다. 그만큼 노화 진행이 빨랐던 것이다. 내시들은 이런 후유증을 방지하기 위해 콩국, 콩나물 등 콩 식품을 상식했다고 한다. 밥 대신 두부를 먹기도 했다. 여름에 비지찌개 반찬에 잡곡밥을 먹어 비만을 방지한 내시도 있었고, 꿀에 버무린 콩가루를 먹고 감량에 성공한 내시도 있었다고 한다.

🍵 고운 피부와 커다란 유방을 원하면 모과를 먹어라

중국인들은 피로 회복과 미용을 위해서 달걀을 즐겼다. 특히 달걀홍차조림을 좋아한다. 미용차엽단(美容茶葉蛋)이라는 이름에서도 이 음식에 대한 중국인의 사랑을 느낄 수 있다. '9988건강법'을 전파했던 '건강박사' 유배종은 저서 《음식궁합》에서 "비타민 C가 다량 함유된 홍차를 끓여낸 물에 달걀을 조려낸 음식"이라고 이 음식을 소개한 뒤 "중국인들이 최고로 꼽는 미용 음식 중 하나"라고 밝혔다.

중국인은 '은이'라고 불리는 백목이버섯을 가장 귀한 영양 식품으로 여긴다. 요리를 하면 백목이버섯에서 끈적끈적한 성분이 나오는데 이 물질이 변비에 즉효가 있다고 한다. 배변을 원활하게 하니 신진대사가 좋아지고 피부를 윤택하게 하는 미용 효과가 큰 것이다. 한고조 유방의 황후인 여치도 기품과 미모를 유지하기 위해 아침 식사 이전에 꼭 '은이죽'을 먹었다고 한다. 중국 황궁에서 은이죽을 먹은 기록은 청 왕조까지 이어졌다. 특히 율무로 끓인 죽에 백목이버섯으로 조미한 율무목이버섯죽은 최고의 미용 음식으로 손색이 없다고 한다. 율무는 검버섯, 여드름, 사마귀, 티눈, 잡티 등을 없애주는 효능이 있는 것으로 알려져 있다.

피부에 신경을 조금이라도 쓰는 중국인이라면 두부를 이용한 음식에 깊은 관심을 보인다. 다만 된장, 간장 등 발효시킨 콩보다 콩 자체가 건강식이라고 여기는 점이 우리와 다르다. 중국인은 특히 두부 요리를 좋아하는데, 두부가 주름과 검버섯 방지에 도움이 된다고 여긴다.

중국에서는 복어도 중요한 미용 식품으로 대접받는다. 지방이 없어 다이어트와 피부 미용에 적격인 음식으로 여겨지고 있다. 중국에서는 복어를 '물속의 돼지'라는 의미로 '하돈(河豚)'이라고 부른다. 물이 오른 복어가

마치 경국지색을 갖췄다는 서시의 젖가슴을 닮았다고 해서 '서시유(西施乳)'라는 별명도 갖고 있다. 미식가 소동파는 "그 신비한 맛은 죽음과도 맞바꿀만한 가치가 있다"고 복어의 맛을 극찬했다.

최근 중국에서는 '리치 먹는 다이어트'가 유행하고 있다. 광둥성의 특산물인 열대과일 리치는 작은 털이 달린 공처럼 생겼는데 맛이 일품이라고 한다. 한국의 고급 중국음식점에서 식사 후 디저트로 제공될 정도로 잘 알려진 과일이다. 리치는 특히 내장지방과 피하지방 분해에 효과가 있는 것으로 알려졌다.

모과도 미용 음식으로 큰 인기가 있다. 중국의 모과는 우리의 것보다 꼭지 부분이 유난히 불거져나와 마치 젖꼭지를 닮았다. 이 때문에 모과를 먹으면 유방이 커진다는 속설이 있다. 이런 속설에 연유한 것인지는 알 수 없지만 중국 남성은 사랑하는 여인이 생기면 모과를 선물하는 것을 잊지 않는다고 한다. 모과가 사랑의 증표인 셈이다. 모과는 특히 소화에 좋은 효과가 있다고 해서 중국에선 '명과', '보과'라고 불렀다. 사랑도 확인하고 미용에도 좋으니 일석이조의 과일이라고 할 수 있겠다.

미용에 제일이라는 비타민의 보고는 따로 있다. 드래건 푸르츠라는 별명을 가진 휘룽궈(火龍果)다. 휘룽궈는 선인장과에 속하는 과일로 겉모양이 용의 비늘같이 생겨서 이 같은 이름이 붙었다고 한다. 표면이 붉은색이고 절개하면 검은 점이 박힌 흰색의 과육이 드러나는데, 맛은 키위와 비슷하다. 용과 중국을 동일시하는 것도 중국인이 이 과일을 선호하는 까닭이다.

🌺 양귀비는 '만들어진 미인'

미인이란 '피부 한 꺼풀의 문제다'라는 말이 있다. 미인의 기준은 이목구비의 생김새나 몸매가 아니라 피부라는 의미이다. 여성이 피부에 관한 지대한 관심을 갖는 것은 어쩌면 당연지사다. 황제의 사랑과 관심을 끌어야 하는 황후나 궁녀들에게 미용 관리는 더 큰 관심사였음은 두말할 필요도 없다. 특히 중국의 권력을 한 손에 흔들었던 청나라 서태후의 미용법은 흥미진진하다.

중국이 낳은 3대 여걸 중의 한 명으로 꼽히는 서태후는 60세가 넘는 나이에도 소녀 같은 보드라운 손을 가졌다고 한다. 피부 미용에 얼마나 열심이었는지 화장하는 데에만 보통 하루에 서너 시간씩 소비했다고 한다. 달걀과 옥으로 만든 막대로 수시로 얼굴을 마사지하고 장미와 재스민 등으로 만든 비누로 목욕하는 데 많은 시간을 썼다고 한다.

이 정도라면 서태후의 미용법이 세인들에게 회자되지도 않을 것이다. 중국농촌정책연구센터 비서장인 자오양이 저술한 《5000년 내력의 중국 황실건강법》(이하 《중국황실건강법》)에 기록된 '서태후의 미용법'은 기발하다 못해 파격적이다.

서태후의 최고 미용 식품은 '인간의 젖'이었다. 《중국황실건강법》은 "서태후는 매일 밤 큰 찻잔으로 반 컵 정도의 모유와 우유를 마셨다"고 소개하고 "모유를 얻기 위해 유모를 선발해 궁으로 불러들였다"고 기록하고 있다. 유모의 선발 조건도 매우 까다로웠다. 적당한 체격, 아름다운 미모, 건강한 신체가 유모의 발탁 기준이었다. 건강한 젖을 제공하는 유모를 위해 식솔까지 궁궐 생활을 하도록 배려했다고 한다.

서태후는 또 진주가루를 열흘에 한 숟가락씩 복용했다고 한다. 먹기 편하도록 하기 위해 진주가루를 빻는 담당 환관도 고용했다. 《동의보감》도 "진주가루를 유즙(乳汁)에 섞어 바르면 검은 반점을 제거하며 얼굴을 윤기 나게 하여 안색을 좋게 한다"고 진주가루의 미용 효과를 인정하고 있다. 하지만 진주가루를 먹으면 신체에 어떤 영향을 미치는지에 대한 기록은 없다.

서태후는 화장에도 꽤나 열심이었다. '서태후 화장법'의 진수는 미백용 화장품인 서시옥용산이다. 이 화장품의 원료는 참새, 수컷 독수리, 비둘기의 똥오줌이다. 결국 서태후는 '분뇨 화장품'으로 얼굴을 가꾼 셈이다. 이 밖에도 얼굴에 익모초를 발라 윤기를 유지하고 천연 약재로 만든 팩을 발라 주름을 없앴다고 한다.

서태후도 콤플렉스가 있었다. 거친 머릿결과 숱 없는 머리 때문이었다. 《중국황실건강법》에 따르면, "서태후는 고지방 식품을 먹어서 두발에 기름이 많고 머리카락이 빠졌다"면서 "국화를 빻은 가루로 머리를 감아 머릿결에 광택을 주고 비자나무 열매와 호두, 측백나무 잎을 찌어서 끓인 물로 머리를 감아 탈모를 방지했다"고 한다.

중국 최초의 여황제인 당나라 측천무후도 서태후에 못지않게 '얼짱'과 '몸짱'을 추구했다. 중국의 고서 《신당서》는 측천무후가 80세의 고령에 이르러서도 여전히 젊은 시절의 용모를 유지했다고 전하고 있다. 측천무후가 젊음을 유지한 비결은 독특한 음식 취향에 있다. 중국의 역사학자 바이하이쥔이 쓴 《여왕의 시대》에 따르면, 그는 장미꽃이나 계수나무 꽃으로 만든 장(醬)같이 꽃을 원료로 만든 음식을 좋아했다고 한다. 뿐만 아니라 온갖 꽃을 갈아 쌀가루와 찐 '백화떡'을 간식으로 즐겼다고 한다. 꽃을 먹으면 꽃처럼 예뻐진다고 생각한 것은 아닐지 모르겠다.

측천무후의 건강 비법은 《신수본초》에 소개된 '익모초택면방(益母草澤面方)'이다. 익모초는 노화 방지 기능이 탁월하다. '익모초택면방'이란 익모초로 얼굴에 윤기가 나게 하는 '미용 비법'으로 '신선옥녀분'(神仙玉女粉)이라고 부른다. 측천무후는 또 익모초 가루로 목욕과 세수를 했다고 한다. 얼마나 철저히 건강관리와 피부관리를 했는지 62세에 이르기까지 '꽃미남'을 침실로 불러 회춘을 즐겼다고 한다.

중국 최고의 미인 반열에서 빼놓을 수 없는 여성이 양귀비이다. 얼마나 미모가 뛰어났으면 당나라 현종이 자신의 13번째 아들 수왕의 부인이었던 양귀비를 취했을까. 그리고 '개원(開元)의 치(治)'라고 칭송을 받으며 태평성대를 구가했던 나라를 한순간에 패망의 나락으로 떨어뜨렸을까.

양귀비는 특히 광둥 지방의 특산물인 리치라는 열대과일을 즐겨 먹었다. 이 때문에 '과일의 황후'로 통한다. 수천 킬로미터가 떨어진 곳에서 수확한 신선한 리치를 양귀비에게 공급하기 위해 수백 명의 파발 병사가 동원되었다고 한다. 미식가로 유명한 소동파는 리치의 맛을 품평하면서 "하루에 3백 개를 먹을 수 있다면 벼슬을 사양하고 광둥 사람이 되겠다"고 찬사를 아끼지 않았다. 송나라의 식품서 《개보본초》에는 "피부에 도움을 준다"고 리치의 미용 효과를 강조했다.

양귀비는 사실 '만들어진 미인'이다. 양귀비는 살구를 밥 대신 먹을 정도로 좋아했다고 한다. 살구는 양귀비의 운명을 바꾼 과일이라 할 만하다. 어린 시절에 그는 까무잡잡한 피부에 주근깨투성이인 데다가 피부도 거칠기 이를 데 없어 미인과는 거리가 멀었다고 한다. 그를 절세의 미인으로 바꾼 게 바로 집 안에 있던 살구나무였다. 양귀비는 살구 꽃잎을 띄운 물을 화장수로 사용했다. 또 살구 열매를 늘 입에 달고 살았다. 그랬더니 어느 순간 피부가 희어지고 주근깨도 사라졌다고 한다. 절세의 미인으로 다시 태어난 것이다.

양귀비는 '양태진홍옥고'라는 피부미용법을 애용했다. 매일 아침 세수를 한 뒤 양태진홍옥고를 얼굴에 바른 채 전신 목욕을 했다고 한다. 그 비방에는 주요 약재로 만들어지는데 행인, 즉 살구씨는 빠지지 않았다고 한다. 살구씨는 피부를 윤택하게 하는 것으로 잘 알려져 있다. 또 매일 청주로 목욕을 즐겼다. 서양의 최고 미녀로 꼽히는 클레오파트라는 식초에 진주가루를 타 마시고 포도주로 세수하고 맥주 거품으로 목욕했다고 전해진다.

정력 때문이야, 정력 때문이야

한·중·일 밥상 문화

초 판 1쇄 발행일 | 2012년 12월 5일
초 판 2쇄 발행일 | 2013년 1월 2일

지은이 | 김경은
펴낸이 | 하태복

펴낸곳   이가서
주소   서울시 영등포구 양평동 2가 37-2 양평빌딩 406호
전화·팩스   02-336-3502~3 02-336-3009
등록번호   제10-2539호

ISBN 978-89-5864-301-2   03900